聶石樵文集

第六卷

司馬遷論稿

中 華 書 局

目　录

[附录]

自　序

我国古代诸子散文、史传散文发展到汉朝，达到了顶峰，这个顶峰的代表就是司马迁。司马迁不仅是伟大的历史学家，而且是伟大的散文家。屈原的辞赋、司马迁的散文、杜甫的诗歌、曹雪芹的小说都是我国古代文学史上划时代的作品，他们各自以不同的文学形式，对他们以前的文学作品、文化遗产作了总结。他们各自处在一个由鼎盛转向衰败的时代，他们作品的价值就在于反映了这一转变时期的历史特点，反映了这一时期的社会面貌。他们总是批判那个时代旧的、腐朽的东西，探讨新的、未来的东西。就司马迁来说，他的名著《史记》总结了汉武帝以前三千多年的历史和文化。我国的古代社会发展到汉武帝时代，达到了一个极其兴盛的时期。盛之始，衰之渐也。随着桑弘羊平准政策的成功，社会弊端也在滋长、丛生，作为一个历史学家和文学家的司马迁，他以一支饱含着感情的笔，在批判已经滋生的各种社会弊端的同时，也在寻找自己对历史发展的答案。我们就是要探讨司马迁是怎样批判当时社会的各种弊端的，他是怎样看待历史发展的。

关于司马迁的生年，主要有两种说法，一种认为他生在汉景帝中元五年（前 145 年。见《太史公自序》张守节“正义”，王国维《观堂集林》卷十一《太史公行年考》），一种认为他生在汉武帝建元六年（前 135 年。见《太史公自序》司马贞“索隐”，李长之《司马迁之人格与风格》中之《司马迁生年为建元六年辨》）。我们采取第二种说法，即生于建元六年说。卒年不能确定，但是汉武帝征和三年

(前90年)以后,他就没有什么活动了。他可能死在武帝末年或昭帝初年,活了五十岁左右。他的一生是和汉武帝的统治相始终的。

司马迁出生在一个世代相传的史官家庭,所谓“世典周史”(《太史公自序》)。远的且不谈,他父亲司马谈,就曾做过三十多年的太史令。司马谈的学问很渊博,他曾“学天官于唐都,受《易》于杨何,习道论于黄子”。他根据道家的观点写了一篇富有学术和政治意义的论文《论六家要指》,批判了儒、墨、名、法和阴阳五家,而充分肯定了道家。《史记》有关诸子的评价,不少即保留了他的观点。他的道家思想也给司马迁以很大影响。司马谈临死时,告诉司马迁,要做第二个孔子,写第二部《春秋》。司马迁矢志继承他父亲的遗愿。

司马迁10岁学习“古文”(籀文),曾向孔安国学习古文《尚书》,又曾向董仲舒学习公羊派《春秋》,这对他的学术修养起过很大作用,也使他接受了一些儒家思想。

司马迁20岁开始漫游,先出武关,经南阳,渡江,到了长沙,看到了屈原沉江的地方;又东南到会稽,了解了越王勾践的故事;然后北到淮阴,搜集了韩信的传说;再北上齐鲁,熟习了孔庙的车服礼器;转回来又到徐州,考察了楚汉相争的战场;归途中在大梁,看了信陵君的史迹;在登封凭吊了传说中的许由冢。这次漫游,对他写《淮阴侯列传》、《越王勾践世家》、《屈原贾生列传》、《孔子世家》、《魏公子列传》、《伯夷列传》等都有很大帮助。之后,他开始入仕,做了郎中。24岁,他侍从武帝到西北的扶风、平凉、空峒,搜集了一些关于黄帝的传说。25岁又奉使巴、蜀、滇,为他写《西南夷列传》准备了材料。26岁参加武帝在泰山的封禅,封禅之后,又侍从武帝东到海上,北至碣石,巡辽西,历九原,为他写《封禅书》、《齐太公世家》、《蒙恬列传》、《武帝本纪》等创造了条件。他亲眼看到桑弘羊平准政策的成功，所以有《平准书》那样深刻的论述。他亲身参加武帝负薪塞河的活动，亲自参加太初历的制订，所以才有《河渠书》、《天官书》、《历书》的写作。司马迁的著作就是从长期的实地考察和实际生活经验中概括出来的。

司马迁28岁做了太史令。32岁那年，当太初元年，武帝下令实行太初历，即改秦历为夏历。司马迁认为这应该是一个新纪元的开始，因此在这年着手写《史记》。正当司马迁专心著述的时候，发生了李陵抗击匈奴、兵败投降的事件。司马迁认为李陵并非真心投降，而是想寻找机会报答汉朝。武帝认为他有意为李陵辩护，便把他处以"腐刑"。司马迁这时候也未尝没有想到死，但考虑到《史记》的"草创未就"，便"就极刑而无愠色"（《报任安书》）。司马迁37岁入狱，40岁出狱。在狱中呆了四年，使他对汉朝的吏治，对汉朝的刑法，对汉武帝的统治，都有了更深一层的认识，因此有《酷吏列传》的写作，也因此使他在全部《史记》的写作中，有意无意间都流露出对这一不幸遭遇的隐痛。

司马迁出狱后，做了中书令，他又跟从武帝到各地去巡视过。45岁那年写了《报任安书》这篇名文，谢绝了任安让他以"推贤进士为务"的要求。就在这前后，他又写了一篇《悲士不遇赋》，抒发了受腐刑后的愤激情绪。46岁写了《匈奴列传》，据王国维说，这是最晚的可信为出自司马迁手笔的一篇。以后的活动就不知道了，他怎么死的，也不清楚。

司马迁的一生是个悲剧。这个悲剧的意义就在于：他忠于封建统治者，希望巩固封建制度，结果却被封建统治者和封建制度残害了。因此，他怀着愤懑和不平来揭露封建社会，鞭挞封建统治者。他的愤懑和不平，他的爱和憎，他的思想观点，他的学说，他的操守，他的全部精神意向，都集中地体现在他的伟大著作《史记》

之中,《史记》是他整个精神世界的再现。在这种意义上说,《史记》也是一部伟大的悲剧!

《史记》是我国第一部纪传体通史。它记载了从黄帝到汉武帝太初年间大约三千年的历史。分为十二本纪、十表、八书、三十世家、七十列传,共130篇。“本纪”,是按帝王的世代顺序记叙的政治军事等天下大事。“表”,是排比并列了历代帝王和诸侯国的政治军事大事。“书”,是关于经济、文化、天文、历法等的专门论述。“世家”,是先秦各诸侯国和汉朝有功之臣的传记。“列传”,是一般人物的传记。这五种不同的体例,互相配合补充,构成了《史记》全书的整体结构。司马迁明确地提出了自己的写作主张,即“究天人之际,通古今之变”。那就是要研究自然界和人类社会的关系,探讨古今历史变化的原因。从《史记》的实际内容看,他的主张在一定程度上是达到了。他比较地能用朴素的唯物主义观点解释自然界和社会现象,能从经济基础着眼分析社会历史。

关于“天人之际”的探讨,他说自己作《天官书》的目的,就在于反对那些“多杂禨祥,不经”的“星气之书”(《太史公自序》)。实际上,《天官书》记载了两千多年前星球的运行,星座的位置,而且从天象、星座的位置说明星座的运行,在神秘主义思想笼罩的当时,这是极其可贵的。他继承他父亲在《论六家要指》中的学说,对自然界的历史作了唯物主义的解释:“夫阴阳、四时、八位、十二度、二十四节各有教令,顺之者昌,逆之者不死则亡,未必然也,故曰‘使人拘而多畏’。夫春生夏长,秋收冬藏,此天道之大经也,弗顺则无以为天下纲纪,故曰‘四时之大顺,不可失也’。”(《太史公自序》)赞扬了阴阳五行学说主张顺从自然规律,掌握自然规律的发展。同时,他批判了继承孟轲的阴阳家邹衍的缺点,认为“其语闳大不经”,“其言不轨”,说他那种“迂大而闳辩”之术,助长了秦汉之际“营于巫祝，信禨祥”（《孟子荀卿列传》）的迷信思想。他批判了历史上一系列的迷信现象，如揭露了龟策的骗人：“江傍家人常畜龟饮食之，以为能导引致气，有益于助衰养老，岂不信哉！”（《龟策列传》）在这里以正为反，以褒为贬，含有辛辣的讽刺意味。揭露了神仙家说的荒诞：“方士之候祠神人，入海求蓬莱，终无有验。而公孙卿之候神者，犹以大人之迹为解，无有效。”（《封禅书》）神仙方士那一套，都是骗人的把戏。揭露了地脉的不可信，认为蒙恬“阿意兴功，此其兄弟遇诛，不亦宜乎？何乃罪地脉哉！”（《蒙恬列传》）由于他在政治上受到残酷的迫害，对自己曾经相信过的荡荡“天道”也发生了怀疑：为什么一个人操行不轨，专犯忌讳，却能终身逸乐，富贵不绝？而另一些人谨言慎行，公平正直，却遭灾祸？“余甚惑焉，傥所谓天道，是邪非邪？”（《伯夷列传》）李广为汉朝立下汗马功劳，却得不到尺寸之封，而诸校尉以下，才能不及中人，却都可以封侯，“何也？岂吾相不当侯邪？且固命也？”对“天命”发出了怀疑。对“天道”“天命”的怀疑、指责，是司马迁唯物主义哲学思想中最光辉的部分。

关于“古今之变”的研究，他把物质生产的历史当作不以人的意志为转移的自然史去看待，把它看成和自然现象一样，必有一定的规律（道）可寻：“故物，贱之征贵，贵之征贱，各劝其业，乐其事，若水之趋下，日夜无休时，不召而自来，不求而民出之。岂非道之所符，而自然之验邪！”（《货殖列传》）而且他能从物质生产方面去解释历史变化的原因，他说：“干戈日滋，行者赍，居者送，中外骚扰而相奉，百姓抏弊以巧法，财赂衰耗而不赡。入物者补官，出货者除罪，选举陵迟，廉耻相冒，武力进用，法严令具。兴利之臣自此始也。”（《平准书》）汉武帝的穷兵黩武，并非他个人的意志使然，而是社会经济发展的结果。随着经济实力的发展，必然出现军事的扩张,又由于军事的扩张,而造成经济的衰竭,社会矛盾因此激化,于是酷吏任用。他洞察到封建社会通过生产过程,自然地发生了压迫和被压迫的关系:“凡编户之民,富相什(十)则卑下之,伯(百)则畏惮之,千则役,万则仆,物之理也。”(《货殖列传》)他虽然不是阶级论者,但他客观上却揭示了阶级社会的阶级奴役关系是“物之理”,是一种自然规律。他对社会政治制度的历史,往往从发展的观点去考察,反对不考察历史实际,专以成败论事,而蔽于偏见的思想。他说:“秦取天下多暴,然世异变,成功大。传曰‘法后王’,何也?以其近己而俗变相类,议卑而易行也。学者牵于所闻,见秦在帝位日浅,不察其终始,因举而笑之,不敢道,此与以耳食无异。悲夫!”(《六国年表序》)他身居汉代,而能不避嫌疑地评价秦代的历史地位,当然是难能可贵的。但更重要的是他能从客观实际出发,看出社会政治制度的发展和变化。

司马迁在政治上是主张“大一统”的,因此,他极力维护和巩固封建中央集权的统治。他对汉初反对刘邦的韩信很不满意,申斥说:“天下已集,乃谋畔逆,夷灭宗族,不亦宜乎!”(《淮阴侯列传》)而对平定诸吕之乱、迎立代王刘恒为帝的周勃,则给予很高的评价:“诸吕欲作乱,勃匡国家难,复之乎正。虽伊尹、周公,何以加哉!”(《绛侯周勃世家》)他对吴、楚等诸侯王封地广、势力大也很有意见,认为“古者诸侯地不过百里,山海不以封”(《吴王濞列传》),主张诸侯王“大国不过十余城,小侯不过数十里……以蕃辅京师”(《汉兴以来诸侯王年表序》),以形成“强本干,弱枝叶之势”。他谴责淮南、衡山诸王联合反抗汉武帝,是“挟邪僻之计,谋为叛逆”(《淮南衡山列传》)。竭力支持汉武帝的削藩措施,衷心拥护汉武帝的推恩令:“盛哉,天子之德!一人有庆,天下赖之。”(《建元已来王子侯者年表序》)这种拥护中央集权的政治思想,在当时的历史条件下,与历史发展的进程是一致的,因而有积极意义。

但是,司马迁并不是一味地对汉帝国歌功颂德,而同时又批判了汉代统治者的残暴,揭露了汉代统治者对人民残酷的剥削。尽管这个地主政权在当时有积极作用,但它的阶级本质是在压迫、剥削人民,因此司马迁对它的批判和揭露是有进步意义的。他的《平准书》和《酷吏列传》是两篇互为表里的文章,其中通过对那些财政大臣和一群酷吏的描写,暴露出封建社会统治者和被统治者、剥削者和被剥削者的矛盾。酷吏杜周,当人们责问他为什么不按照法律办事,而专以人主的好恶治狱时,他给法律下了个定义:“三尺(法律)安出哉? 前主所是著为律,后主所是疏为令,当时为是,何古之法乎?”(《酷吏列传》)这就揭露了法律专为统治者服务的阶级本质。但是,法律并不能维持封建统治阶级的“盛世”。司马迁能“见盛观衰”,随着财产的高度集中,阶级斗争的危机也就表现了出来。他借历史现象来抨击汉武帝统治下的现实说:“自是之后,天下争于战国,贵诈力而贱仁义,先富有而后推让。故庶人之富者或累巨万,而贫者或不厌糟糠。……于是外攘夷狄,内兴功业,海内之士力耕不足粮饷,女子纺绩不足衣服。古者尝竭天下之资财以奉其上,犹自以为不足也。”(《平准书》)在这种社会危机下,农民起义已经广泛出现,著名的大暴动和不可胜数的小暴动风起云涌:“而吏民益轻犯法,盗贼滋起。南阳有梅免、白政,楚有殷中、杜少,齐有徐勃,燕赵之间有坚卢、范生之属。大群至数千人,擅自号,攻城邑,取库兵,释死罪,缚辱郡太守、都尉,杀二千石,为檄告县趣具食;小群盗以百数,掠卤乡里者,不可胜数也。……散卒失亡,复聚党阻山川者,往往而群居,无可奈何。”(《酷吏列传》)这就揭示了农民起义和封建统治者残酷压迫、剥削的因果关系,揭示了社会发展的客观规律。司马迁通过汲黯的口指责汉武帝说:

"陛下内多欲而外施仁义。"(《汲郑列传》)一针见血地揭露了汉武帝统治和镇压人民软硬兼施的两手。"何知仁义,已飨其利者为有德。""窃钩者诛,窃国者侯,侯之门仁义存。"(《游侠列传》)说穿了,所谓"仁义",不过是封建统治阶级进行杀戮、掠夺和追求无耻生活享受的遮羞布而已。这是司马迁对"仁义"本质的认识,同时也可以说是针对汉武帝的。司马迁在《匈奴列传》里说:"孔氏著《春秋》,隐桓之间则章,至定哀之际则微,为其切当世之文而罔褒,忌讳之辞也。"作为历史家,对古代历史由于时代久远,可以无所忌讳,对当代历史却不能不有所忌讳。司马迁能够尊重历史事实,把生死置之度外,掌握汉朝历史发展的内容,揭露了汉朝社会阶级压迫、阶级剥削的现实,充分表现了他的胆识。

当然,《史记》中的思想,并不都有意义、都有价值,也有很多腐朽、落后的东西。从整部《史记》看,司马迁主要是写帝王将相在历史上的活动,把历史上的一些兴亡成败,看成是帝王将相活动的结果。同时也宣扬了不少神学观念,不同程度上相信人事的变化决定于自然的变化,往往用"天命"论解释历史现象。他主张儒家的"德政",认为一个朝代兴亡的关键在于能否实行"德政"。司马迁是地主阶级的史学家和文学家,他的思想不可能超出他那个阶级和时代的范畴,他的著作中保留不少腐朽落后的东西,并不足怪。这些都是应该抛弃的封建糟粕。但是重要的不是这些,而是他的著作中表现出来的那些进步的有价值的思想,那些民主性的精华。我们主要就是要阐发其进步的有价值的思想,阐发其民主性精华的意义。正是这些,使他在文学史上取得了崇高的地位。

《史记》是文学的历史,也是历史的文学,它是历史、文学高度完整的统一体。

《史记》的体裁,主要是以描写人物为中心的传记体,也就是传记文学。这在我国文学史上是个开创,从司马迁开始才系统地集中地给人物写传记。他在“本纪”、“世家”和“列传”中写了各阶级各阶层的历史人物,表现了高度的概括力,展开了广阔的社会生活面。司马迁描写人物,不是一般的情节的叙述,而是善于表现人物的特征,表现人物的基本政治倾向。如《万石张叔列传》写万石君一家以“恭谨”取得高官厚禄,以“恭谨”闻名于天下,他的长子建的行径是这样:“建为郎中令,书奏事,事下,建读之,曰:‘误书!马者与尾当五,今乃四,不足一。上谴死矣!’甚惶恐。其为谨慎,虽他皆如是。”他的少子庆的行径同样如此:“庆为太仆,御出,上问车中几马,庆以策数马毕,举手曰:‘六马。’庆于诸子中最为简易矣,然犹如此。”他们都以恭谨自保,从来不在朝廷上谈出自己的看法,也从来不提出自己对国计民生的主张,但由于恭谨,得到皇帝的亲近尊礼,却能长期做高官以至官至丞相。如:“建为郎中令,事有可言,屏人恣言,极切;至廷见,如不能言者。是以上乃亲尊礼之。”又如庆做丞相,“醇谨而已。在位九岁,无能有所匡言。”“庆文深审谨,然无他大略,为百姓言。”通过对这些人物特征、政治态度的描写,揭露了当时官场的腐败和官僚作风的丑恶。为了表现人物的特征和基本政治倾向,司马迁对所要采用的材料,都加以缜密的选择,并非有文必录。如他在《留侯世家》里说:“(留侯)所与上从容言天下事甚众,非天下所以存亡,故不著。”张良是辅佐刘邦定天下的人物,不是关于兴亡成败的言行,都不足以表现这个人物,所以舍弃不用。这是司马迁选择材料的一条总原则。他写孔子,重在学礼、问礼、订礼、习礼;写屈原,重在“其志洁”;写李广,重在“才气无双”;写信陵君,重在“礼贤下士”。为了表现一个人物的主要特征和基本政治倾向,不惜把次要的方面都略去。此外,他还采用“互见法”,即在本人传记中没法写的内容,便放在其他传记中写。如在《项羽本纪》中集中一切有关重要事件，突出了项羽的叱咤风云、气盖一世的英雄形象。为了不损害他的英雄性格，便把他政治上军事上的错误放在《淮阴侯列传》中写。在《信陵君列传》中集中写了信陵君的“礼贤下士”，而把他不收留魏齐的事放在《范睢蔡泽列传》中写。这是司马迁普遍采用的方法。他有时明确注明：“其事在《商君》语中”（《秦本纪》），“语在《晋》事中”（《赵世家》），“语在《淮阴侯》事中”（《萧相国世家》），“语在《田完世家》中”（《滑稽列传》），等等，不胜枚举。有时不注明，而实际在运用。这种写法，不只是为了避免重复，主要是为描写人物服务的。司马迁还善于用一件小事概括一个人物的一生活动。如陈涉为人佣耕时，曾对同伴说：“苟富贵，无相忘。”“燕雀安知鸿鹄之志哉！”（《陈涉世家》）后来果然成为农民起义的领袖。陈平为里社宰时，分肉食很平均，得到里社人的称赞，他说：“嗟乎，使平得宰天下，亦如是肉矣！”（《陈丞相世家》）后来果然做了丞相。李斯少年时，见厕鼠、仓鼠吃的东西不同，发为感叹：“人之贤不肖譬如鼠矣，在所自处耳！”（《李斯列传》）后来也做了宰相。张汤年轻时曾审讯制裁偷肉吃的老鼠，“视其文辞如老狱吏。”（《酷吏列传》）后来竟成为滥施刑法的残酷的官吏。这样描写人物，使人物不但富有个性，而且具有典型性。司马迁描写的是历史人物，必须根据历史事实，不能虚构，但在选择、剪裁材料时，一定包含着自己对事实的体会、认识和想象，因此，他的描写过程，同时也就是一个创造。

司马迁的文章是严格的散文体。和贾谊、晁错等人的文章那样整齐、骈偶化的句式不同，他有意识地避免偶句，而专心熔炼散句，使他的文章的语言比较接近当时普通的口语。因此，《史记》中有些文字，从语言风格上也可以判断出它的真伪。像《南越列传》的太史公曰：“尉佗之王，本由任嚣。遭汉初定，列为诸侯。隆虑离湿疫,佗得以益骄。瓯、骆相攻,南越动摇。汉兵临境,婴齐入朝。其后亡国,征自樛女;吕嘉小忠,令佗无后。楼船从欲,怠傲失惑;伏波困穷,智虑愈殖,因祸为福。成败之转,譬若纠墨。"这种以四字为韵的赞语,与司马迁散文的风格不调和,绝不可能是司马迁的手笔,而应当是后人羼入的。司马迁的散体文的句子最长者达28字,如《平准书》中云:"毋赋税南阳汉中以往郡各以地比给初郡吏卒奉食币物传车马被具","吏卒"以下11字是"给"字注语。最短者仅一字。其间有各种句式和句法,表现不同的语意和文气。有议论中夹带叙事的,如《吕太后本纪》云:"孝惠为人仁弱,高祖以为不类我,常欲废太子,立戚姬子如意,如意类我。""类我"与"不类我"之间数字即是叙事。有叙述之中加注语的,如《项羽本纪》云:"汉王乃封侯公为平国君。匿弗肯复见。曰:'此天下辩士,所居倾国,故号为平国君。'""匿弗肯复见"显然不是汉王的指令,而是司马迁的注语。有言简而意赅的,如《孔子世家》云:"故所居堂弟子内,后世因庙藏孔子衣冠琴车书。"这句话"内"字上省略"所居"二字,"庙"字用作动词,意思是孔子所居之堂、弟子所居之内,后世因以为庙而藏孔子之衣冠琴车书。有言有尽而意无穷的,如《高祖本纪》云:"汉王三让,不得已,曰:'诸君必以为便,便国家。'"语意未完,全文的意思应该是必以为便国家,也可以商量。又如《项羽本纪》云:"当是时,诸将皆慑服,莫敢枝梧。皆曰:'首立楚者,将军家也,今将军诛乱。'"句末"诛乱"后,省略了许多文字,语意无穷。又如《孟尝君列传》云:"秦虽强国,岂可以请人相而迎之哉!折秦之谋,而绝其霸强之略。""略"之后文气未完,盖写冯驩说齐王之急迫。此外,还有其他各种句法,如《楚世家》云:"予我下东国,吾为王杀太子,不然,将与三国共立之。""下东国"即东国的下方,指楚东部的东边。又"三国以兵割周郊地以便输而南器以尊楚,臣以为不然”。“输而南器”,即“输器而南”的倒装句。又如《孔子世家》云:“夏人殡于东阶,周人于西阶,殷人两柱间。”“周人”后省“殡”字,“殷人”后省“殡于”二字,逐句省字,文法灵活。又如《淮南衡山列传》云:“其非吏,他,赎死金二斤八两。”“他”字用法奇特,犹如今天的“及其他”。这些都说明司马迁所运用的句式、句法,变幻多端,毫无准则,然而参差错落,摇曳多姿。他采用了大量古籍中“佶屈聱牙”的古语,如《尚书》中之《尧典》、《洪范》,都用通畅明白的散文翻译过来。对《左传》、《国语》、《国策》中材料的引用,或意译,或直译,经过提炼加工,形成自己的散文风格。他的散文的语言,就是这样疏疏落落,有一种不整齐之美,生动活泼而富于表现力。他往往用口语来描写人物的形貌、神态,如田成子相齐简公,修釐子之政,齐人歌咏说:“妪乎采芑,归乎田成子!”(《田敬仲完世家》)“妪乎”即“噢呀”。用口语表现齐人都心向田成子。陈涉旧时的同伴见陈涉时说:“夥颐!涉之为王沈沈者!”(《陈涉世家》)用楚地方言来形容陈涉为王之显赫。周昌口吃,对刘邦说:“臣口不能言,然臣期期知其不可!陛下虽欲废太子,臣期期不奉诏!”(《张丞相列传》)活现出一个口吃者的声貌。他还采用大量的谚语、民谣来加强文章的表现力。像《魏其武安侯列传》引颍川儿歌:“颍水清,灌氏宁;颍水浊,灌氏族。”《李将军列传赞》引“谚曰”:“桃李不言,下自成蹊。”《白起王翦列传赞》引“鄙语曰”:“尺有所短,寸有所长。”等等,例子很多。这些民谣、谚语,都是从群众实际生活中概括出来的,含义深刻,足以增加文章的丰富性、生动性。司马迁能够把古语、谚语、民谣融化到自己散文中去,形成整洁、精炼、通畅、流利的统一的语言风格。

《史记》以善于叙事著称,班固即说:“善序事理,辨而不华,质而不俚。”(《汉书·司马迁传》)他是朴朴实实地把事件讲清楚。

他的强烈的倾向性和鲜明的褒贬态度，有时不是通过发议论表现出来，而是包含在对人物、事件的具体叙述之中。顾炎武也说："古人作史有不待论断而于序事之中即见其指者，惟太史公能之。"（《日知录》卷二十六）顾炎武举五个例子来说明司马迁这一写作特点，但都不十分典型。典型而确切的如对汉武帝的描述。一篇《武帝本纪》都是通过叙述贬斥汉武帝的。汉武帝迷信方士，追求长生，对方士李少君的胡言乱语，深信不疑，李少君病死，而"天子以为化去不死"，揭露了他的愚蠢。又方士少翁诳言能用方术把武帝所宠爱的王夫人的魂魄招来，武帝信以为真，便按照他的要求，把宫室布置成神仙境界，住在其中，以待神仙。"居岁余，其方益衰，神不至。"结果被骗了。因为怕人嘲笑，具体细节不肯对人谈，"详弗知也"，"隐之"，直书其事以贬斥之。武帝相信游水发根的话，说上郡有巫神可以治病，当他患病时便把神君请到寿宫中来，这个神君什么样呢？"非可得见，闻其音，与人言等"，并没有什么特殊，而武帝却对之恭谨、虔诚之极，"神君所言，上使人受书其言，命之曰'画法'"。果真神异灵验吗？完全不是。司马迁叙述说："其所语，世俗之所知也，毋绝殊者，而天子独喜。其事秘，世莫知也。"其情伪之态毕现。栾大妄言能入东海见仙人，得到不死之药，武帝又信以为真，拜他为五利将军。当五利将军治装东去时，他"使人微随验，实无所见。五利妄言见其师，其方尽，多不雠"。再次受骗！又公孙卿告诉武帝黄帝学仙升天的事，他无限感慨地说："吾诚得如黄帝，吾视去妻子如脱躧耳。"自此以后，他经常东巡海上，求神仙。如"于是上欣然庶几遇之，乃复东至海上望，冀遇蓬莱焉"。如"东至海上，考入海及方士求神者"。如"临渤海，将以望祠蓬莱之属，冀至殊庭焉"。结果都无应验，"然无验者"，"终无有验"，"无其效"。但是这个昏庸的君主仍然不回头，"莫验，然益遣，冀遇之”。最后他倦怠了，并开始讨厌方士的迂怪言论：“天子益怠厌方士之怪迂语矣。”然而他总不能忘怀这件事：“然终羁縻弗绝，冀遇其真。”全是叙述，而对武帝的愚蠢、昏愦揭露得多么深刻！又如刘邦与项羽相距京、索之间，多次派人回来慰问萧何，为什么呢？“有疑君（萧何）心也。”（《萧相国世家》）在叙述之中揭露刘邦的猜忌。汉景帝做太子时，过司马门不下车，张释之曾弹劾过他。到他即位后，便把张释之调去做淮南王相了。司马迁点明说：“犹尚以前过也。”（《张释之冯唐列传》）在叙述之中贬斥景帝的忌恨。一篇《李将军列传》集中写李广之不遇时，段落之际、辞句之间，对李广充满了深厚的同情。这种把自己的思想、观点、态度寓于叙述之中的方法，是一种很高的表现手法，可以增强艺术效果，增强艺术感染力。

我国古代散文成就最高的是汉代，汉代散文成就最高的是传记文学，传记文学成就最高的是《史记》。

鲁迅曾给《史记》以崇高的评价，说它是“史家之绝唱，无韵之《离骚》”（《汉文学史纲要》）。这是对《史记》在文学、史学两方面最正确的概括。特别是他指出了司马迁在精神上思想上和伟大诗人屈原的联系。司马迁从屈原的政治悲剧中，感受到自己的遭遇，从屈原的文学事业中，产生了共鸣。他赞扬屈原说：“屈平疾王听之不聪也，谗谄之蔽明也，邪曲之害公也，方正之不容也，故忧愁幽思而作《离骚》。……《国风》好色而不淫，《小雅》怨诽而不乱。若《离骚》者，可谓兼之矣。……其文约，其辞微，其志洁，其行廉，其称文小而其指极大，举类迩而见义远。其志洁，故其称物芳。其行廉，故死而不容自疏。濯淖污泥之中，蝉蜕于浊秽，以浮游尘埃之外，不获世之滋垢，皭然泥而不滓者也。推此志也，虽与日月争光可也。”（《屈原贾生列传》）这是对屈原的赞扬，但却包含着自己的血泪,或者说简直就是自己感情的倾泻了!对那个谗谄蔽明、邪曲害公、方正不容的社会,有什么可说的!只有含着血和泪,“述往事,思来者”(《太史公自序》)了。他借修史以抒情,借撰文以抒情,整部《史记》可以说是一首抒情的长诗!

关于司马迁的评价,自新中国建立以来,随着国内政治形势的变化,不同时期有不同的看法,有些问题争论比较激烈,分歧也比较大。我的心意在采取实事求是“不虚美,不隐恶”的精神,对司马迁进行的论述,既要说明他在当时历史条件下提出了哪些新思想、新问题,又看到他的不足;既要陈述他对史学和文学等各方面的贡献,又指出他的阶级和历史的局限。即通过这些论述,能给司马迁以比较完整、准确的评价,给司马迁以科学的历史地位。

司马迁是伟大的历史家和文学家。因此,我在论述时兼顾他的著作的这两方面的特点。即既不单纯地从文学创造典型、描写人物的角度评论司马迁所写的历史事实,也不单纯地根据历史必须真实地记载历史事件的要求,来责备司马迁对某些事件或传记记载不完备的现象。因为单纯从文学角度评价,就会歪曲司马迁笔下的历史事实,反之,则要损害司马迁在文学方面的成就。我是注意从史学、文学统一的角度进行评价的。至于分寸是否把握得当,就有待公论了。

我在撰写过程中,那丰富的历史文献资料以及历代学者、专家对司马迁的广泛论述,使自己受益良多,在此基础上,遂“寄身于翰墨,见意于篇籍”(曹丕《典论·论文》),提出了一些自己的见解,也算作一家之言吧!谓之“论稿”,亦仿拙著《屈原论稿》之意也。

一九九九年三月二十日

于北京师范大学

第一章　司马迁的生平

司马迁是伟大的历史家和文学家，他的《史记》既是一部历史名著，又是一部文学巨作。他取得如此崇高的地位，是历史发展的必然。我国自商、周以来即设置史官，史官所记即为历史，所谓“左史记言，右史记事；事为《春秋》，言为《尚书》。”（《汉书·艺文志》）战国时期的史记，也指史官关于王朝兴亡的记述。司马迁是太史，他的《史记》记述了我国上自轩辕下迄汉武帝时代约三千年的历史。但是历代史官修史不但注意史实，也重视文笔。范晔在《后汉书·自序》中，即恨“但多公家之言，少于事外远致”，以为“情志所托，故当以意为主，以文传意”。所以，编年体的《左传》，其为人所瞩目，一方面固然为史，另一方面也为文。“左氏、屈原，始以文章自为一家，而稍与经分。”（王应麟《困学纪闻》卷十七“左、屈始以文别经”条）即说明这个问题。至于纪传体的《史记》，勿论史或文都远远胜过《左传》，其对后世的深远影响，也不是其他著作所能比拟的。这是司马迁对历史传统的继承，同时也是他在新的社会条件下，加以发展创造而完成的。

司马迁的成就是伟大的。他的伟大成就，与他对我国历史的缜密考察有关，与他对汉武帝时期政治、经济、思想学术的深刻认识有关，与他丰富的学识和高度的文化修养有关。他是用毕生的精力搜集、整理并总结几千年的历史文化遗产的，他也是用全部生命从事著述的。整部《史记》都灌注着他的生命。

对这样一位伟大人物的生平事迹，作一番叙述，尽管没有提供什么新的资料，作出新的考证，也有助于了解他的为人，了解他的写作过程，了解他所以取得如此高的成就的原因。作为本书的开端，也是有意义的。

第一节 家世渊源

关于司马迁的世系，历史上记载很少，唯一的是他在《自序》中的追述。他说：

> 昔在颛顼，命南正重以司天，北正黎以司地。唐虞之际，绍重、黎之后，使复典之，至于夏商，故重黎氏世序天地。其在周，程伯休甫其后也。当周宣王时，失其守而为司马氏。司马氏世典周史。

他远溯自己的祖先到传说中的颛顼，据说颛顼曾命南正（官名）重掌管天，北正（官名）黎掌管地。关于重、黎的传说极为纷纭，要之，他们都是著名的神巫，掌管天文、祭祀之事。其后，从唐虞到夏商，重、黎的后代便世世代代承袭这一职守。本来在上古时代，是一人身兼巫史，代表天神发言，指导国家的政治、文化事业。随着社会的发展，巫与史才分离，各有职掌。周朝普遍建置史官，有大史、小史、左史、右史等职。周宣王时，重、黎的后人程伯休甫失掉了世代相传的职位，而做了“司马”的官，从此就称司马氏。司马迁认为他的始祖即重和黎，他的家世即是从重、黎时代传下来的。这段历史很渺茫，并不可信，但司马迁意在强调自己的史官家世，所谓“司马氏世典周史”，“余先周室之太史也”。

春秋战国之后，由于时代动乱，司马氏史职中绝，一族人分散到了各诸侯国，历任各种官职。司马迁出身的一支，由周去晋，又迁到少梁，汉代也称夏阳（即今陕西韩城市），秦惠文王时出了个司马错，这是司马迁比较可考的先人，是他的八世祖。他在《自序》中说：

> 在秦者名错，与张仪争论，于是惠王使错将伐蜀，遂拔，因而守之。错孙靳，事武安君白起。而少梁更名曰夏阳。靳与武安君阬赵长平军，还而与之俱赐死杜邮，葬于华池。靳孙昌，昌为秦主铁官。……昌生无泽，无泽为汉市长。无泽生喜，喜为五大夫，卒，皆葬高门。喜生谈，谈为太史公。

司马错与张仪曾在秦惠文王面前辩论过伐蜀和伐韩的问题，张仪主张伐韩，司马错主张伐蜀。秦惠文王采用司马错的意见而取胜，因此让他做蜀郡守。司马错的孙子靳做武安君白起的将领，昭襄王四十七年（前260）长平（今山西高平县西北）大战，他和白起坑杀赵国士卒45万。后来与白起同时被昭襄王逼迫在咸阳西门外的杜邮（今陕西咸阳市东）自杀。司马靳的孙子昌，秦始皇时做过管铁矿的官。昌的儿子无泽，做过汉市长（汉初长安有九市，汉市是其一）。无泽的儿子喜，曾得五大夫的爵位。喜的儿子谈，做太史令，即司马迁的父亲。

司马迁的家世是如此久远而简略，他的先祖在重要历史事件中起过作用的，只有司马错和司马靳，其他都不显赫。对司马迁影响最大的自然是他父亲司马谈了。

司马谈卒于元封元年（前110），即汉武帝举行封禅的那一年。生年不详，假如他比司马迁长20余年，司马迁这年26岁，那末他应当生于汉文帝后元三年（前161）左右。他是生活在由文、景到武帝的过渡时期的人物。但他所承受的主要是文、景时代的思想，即黄老思想。司马谈于武帝建元年间（前140—前135）为太史令。

太史令官阶不高，俸禄六百石，然而从家世传统看，正是与重、黎相同的天官，因此司马迁在《自序》中说明："太史公既掌天官，不治民。"即管天时星历，不管人间的事。所以，不被重视。司马谈是一个善于学习并学问渊博的人。他曾"学天官于唐都"，唐都是当时著名的天文学家；"受《易》于杨何"，杨何是汉初传《易》的学者；"习道论于黄子"，黄子即黄生，好黄老之术，曾在景帝面前与儒者辕固生辩论汤伐桀、武王伐纣的性质问题。司马谈是融汇天文星历、阴阳吉凶、清净无为于一的人。他虽然身为卑微的史官，但却有明确的政治见解和深刻的哲学思想。他写过一篇重要的学术论文《论六家要指》，把战国以来的学术思想归纳为阴阳、儒、墨、名、法、道六家，"天下一致而百虑，同归而殊途。"他认为这六家的学说都是为了治理好天下，只是方法不同而已。他简要地肯定和批评阴阳等前五家的优点和缺点，而全面地褒扬了道家的学说。在他看来，道家学说是治理天下的最好药方。这明显地是承受了黄生的思想观点，同时也给司马迁以有力影响。司马迁为先秦诸子立传和在其著作中的一些对黄老思想的推崇，都是这种影响的结果。扬雄说："司马子长有言曰：《五经》不如《老子》之约也。"(《扬子法言·寡见》)就直接道出了他对道家思想的见解。

司马迁《自序》说："太史公仕于建元元封之间"。从建元元年(前140)到元封末年(前105)共35年。司马谈之为太史令不会自始至终，但说他做了30年的史官可能没有什么问题。这期间他可考的行迹是元狩二年(前121)冬，武帝既祭祀了上帝，又想祭祀后土，"有司与太史公、祠官宽舒议"，武帝依照他们议定的祭后土的仪式，后来东渡黄河到汾阴(今山西万荣县西北荣河镇北)，"始立后土祠汾阴脽丘。"(《史记·封禅书》)又元鼎五年(前112)冬，武帝开始郊祀泰一，有司说："祠上有光焉。""太史公、祠官宽舒等曰:'神灵之休,祐福兆祥,宜因此地光域立太畤坛以明应。"(《史记·封禅书》)武帝也是照办了的。因此可以推测,司马谈也应该参与了泰山封禅的筹划工作。作为一个史官,他应该侍从武帝巡幸四方,并时参末议,谨奉职守的。

司马谈为史官30年,必然搜集、记录了大量的历史资料,并开始了部分的著述工作,这都成为司马迁后来写作的根据和基础,保存在今天《史记》130篇之中。特别是他那种勉励司马迁要继承自己史官的家世传统,学孔子写《春秋》的精神,以完成自己未竟之业的遗嘱,给司马迁以很大影响,成为司马迁后来著述的动力。

第二节　诞生龙门

司马迁在《自序》中说:"迁生龙门,耕牧河山之阳。"司马迁生于龙门,是确切不移的。问题是生于哪一年,意见却比较分歧。但主要有两种看法,一种认为他生于景帝中元五年(前145),另一种则认为他生于武帝建元六年(前135)。两种意见产生于司马贞和张守节对《自序》一段话的两条注,《自序》这段话是:

> 卒三岁(指司马谈)而迁为太史令,紬史记石室金匮之书。五年而当太初元年,十一月甲子朔旦冬至,天历始改,建于明堂,诸神受纪。

司马贞《索隐》于"迁为太史令"下,引《博物志》云:"太史令茂陵显武里大夫司马迁,年二十八,三年六月乙卯除,六百石。"张守节《正义》于"五年而当太初元年"下说:"案:迁年四十二岁。"据司马贞的意见,司马谈死三年,司马迁28岁。那末司马谈死于元封元年(前110),"卒三岁"是元封三年(前108),上推28年,司马迁当生于武帝建元六年（前135）。据张守节的意见，太初元年（前104），司马迁42岁，那末从此上推42年，司马迁当生于景帝中元五年（前145）。两种意见相差10年。王国维《太史公行年考》和梁启超《要籍解题及其读法》都主中元五年说。王国维认为《索隐》之"年二十八"的"二"，当是"三"之讹。此后人们都沿袭他的说法。李长之先生提出异议，认为司马迁应当生于建元六年（见《司马迁的人格与风格·司马迁生年为建元六年辨》）。赵光贤先生也提出建元六年的说法（见《北京师范大学学报》1983年第3期《司马迁生年考辨》）。我认为他们的意见是可取的。

其中最重要的是《索隐》所引《博物志》一条材料，这条材料记载着司马迁的姓名、年龄、籍贯、官爵、拜官年月、俸禄等，详细而具体。这很合于汉人文书的习惯，汉人履历都得把县、里、官爵写全。很明显这是录自汉代的文书或户籍簿。参之以敦煌出土的汉简，有"敦德亭闲田东武里士伍王参"，又有"新望兴盛里公乘□杀之，年廿廿八"的记载，更其可信无疑，具有很高的史料价值，远非一般史书中的材料所能比拟。王国维宁取《正义》而舍《索隐》，认为"《正义》所云亦当本《博物志》"，并推论说张守节所见本《博物志》作"年三十八"。但张守节《正义》根据什么，并未注明出处，我们怎么能说他也是根据《博物志》呢？这显系王氏在考证上的疏漏。所以我们认为《索隐》的注释最可取。那么怎样解释张守节《正义》关于"迁年四十二岁"一条注呢？按：汉简四十写作"廿廿"，三十写作"卅"，形体相似，因此42岁应是32岁之误。

司马迁《自序》说："二十而南游江、淮，上会稽，探禹穴，窥九疑，浮于沅、湘；北涉汶、泗，讲业齐、鲁之都，观孔子之遗风，乡射邹、峄；厄困鄱、薛、彭城，过梁、楚以归。于是迁仕为郎中，奉使西征巴、蜀以南，南略邛、笮、昆明，还报命。"《集解》引徐广曰："元鼎六年，平西南夷，以为五郡。其明年，元封元年是也。”徐广的话为我们提供了两个具体年代，可以帮助我们考查司马迁20岁之南游究竟在哪一年。徐广的意见是司马迁奉使巴、蜀在元鼎六年，这有《汉书·武帝纪》为证；“还报命”则是在第二年，即元封元年。那么司马迁之“仕为郎中”，肯定在元鼎六年之前。按照我们的说法，司马迁生于建元六年，则20岁南游是元鼎元年。这次经历了浙江、湖南、山东、江苏、安徽等省的漫游，从当时的交通条件看，估计要两三年的时间，回来时当在元鼎二、三年间，文中“于是”一词与上文文气联系紧密，说明回来后即为郎中。两三年后又奉使巴、蜀。于事实、情理完全符合。假若按照司马迁生于中元五年的说法，则元朔三年司马迁20岁。从元朔三年到元鼎年间共十多年，他之南游绝对不会持续这样久，而且其间除此之外又无他事可记，这是无论如何解释不通的。

司马迁在《报任安书》中说：“仆赖先人绪业，得待罪辇毂下二十余年矣。”“待罪辇毂下”指“仕为郎中”。按此书应作于征和二年（程金造先生在《从〈报任安书〉商榷司马迁的生年》一文中驳王国维此书作于太始四年说，是可取的）。根据我们的推断，司马迁为郎中在元鼎三年，那么下距征和二年是24年，正符合待罪辇毂下20余年的自白。如果说司马迁生于中元五年，照《自序》的意思，司马迁南游归来后即为郎中，那么下距征和二年是30余年，与《报任安书》所叙差距太大。

以上三点论证的根据，一是司马迁的户籍，二是自叙，三是自白，都是原始材料，最能说明问题。那么说司马迁生于建元六年是完全可以肯定的，没有疑问。

司马迁于武帝建元六年生于龙门。据《尚书·禹贡》记载：“导河积石，至于龙门。”《孔传》：“龙门山在河东之西界。”即今天山西河津县和陕西韩城市之间,跨黄河两岸。金履祥《尚书注》:“又南至河中府龙门县之西,山开岸阔,自高而下,奔放倾泻,声如万雷,是为龙门。”传说大禹治水,开凿此山以疏导黄河。山上有“相工坪”,是大禹监工的地方。司马迁就生在龙门山南70里韩城市芝川镇。他的六世祖司马靳所葬之华池,四世祖司马昌、曾祖司马无泽、祖父司马喜所葬之高门,都在芝川镇。他自己的墓和祠也在这里。这是司马迁六世祖以来,世世代代生长、居住的地方。这里峡谷险隘,山势高峻,水流湍急,富于神奇色彩,古来曾产生了不少神话。如传说每年江海的鱼群集于此,争跳龙门,跳上去就化为龙,跳不上去便点额暴腮等。这种自然环境培育了司马迁幼年的心灵和丰富的神思。

第三节 少年生活

司马迁的少年生活,主要有两方面,即劳动和学习。司马迁的家庭当其幼年时期可能还是以务农为业的。祖父司马喜为五大夫,只是个空头爵位,并无实际官职,父亲司马谈尚未做太史令,应当在家乡务农。司马迁自己说“耕牧河山之阳”,说明他生活在这一以农为业的家庭中,自己也参加了耕作和放牧之事。尽管从他耕牧的地区是山南到河曲数十里间的广袤原野看,他家未必是一个普通农民家庭,他自己也未必是个真正的农民,但是他毕竟亲身参加了劳动,在农民中间生活,这对他体察农民的劳动疾苦和认识发展生产对人民生活的必要性有极其重要的意义。

在耕牧的同时,司马迁也开始了学习。他说“十岁诵古文”。“古文”即“籀文”,是和汉代通行的隶书“今文”对称的。汉初传习古书,多用今文,但也有秦以前保存下来,用古文写的。司马迁十岁即能背诵古文，说明他学习的勤奋，同时也是当时官僚制度影响的结果。据《说文解字叙》说：汉代“学僮十七已上，始试，讽籀书九千字，乃得为史。又以八体（案：指大篆、小篆、刻符、虫书、摹印、署书、殳书、隶书）试之，郡移大史，并课最者，以为尚书史。书或不正，辄举劾之。”就是说能背诵法律条文（即尉律），并能“推演发挥”之，再能缮写九千字，“试其记诵文理”，才得做一个县或郡的文书。如果还能写“八体书”，“试其字迹”，县即可推荐至郡，郡推荐至太史，太史将二者合试一次，最佳者即可做尚书令史等官。无论官民上书，文字写得不正确，就要遭到弹劾。（见《说文解字》段注）这是汉初学僮入仕必经的途径。在这种社会风气的影响下，可能司马迁在十岁以前已经开始了文字的学习，开始认字和写字，王国维即说：“自是以前，必已就闾里书师受小学书，故十岁而能诵古文。”（《太史公行年考》）到十岁时便能背诵用古文写的书了。司马贞《索隐》云：“刘氏（伯庄）以为《左传》、《国语》、《系本》等书，是亦名古文也。”不能否认刘伯庄意见的正确性，而认为所学的只是古文《尚书》。我认为司马迁诵古文与学习古文《尚书》是两回事。武帝元朔三年（公元前126），司马谈到了长安，任太史令，司马迁大概就在这年跟随父亲到了长安。诵古文应该是到长安以后的事，即到了长安便开始背诵用古文写的《左传》、《国语》、《系本》等书。至于学习古文《尚书》，那是从孔安国问故得来。李长之先生认为诵古文即向孔安国学习古文《尚书》，因为孔安国当时正为博士。这个意见值得商榷。一个年仅十岁的儿童，能向一个经学老儒求教，于情理上说不通。按《汉书·儒林传》云：“安国为谏大夫，授都尉朝，而司马迁亦从安国问故。迁书载《尧典》、《禹贡》、《洪范》、《微子》、《金縢》诸篇多古文说。”这段话的意思是说：孔安国为谏大夫，以古文《尚书》授与都尉朝，同时司马迁也向孔安国求教古文《尚书》,所以他的《史记》还保留不少古文家说法。可见司马迁向孔安国问故,是在孔安国为谏大夫之后。那么孔安国何时为谏大夫呢?据《汉书·百官公卿表》记载:“武帝元狩五年(公元前118),初置谏大夫。”则孔安国为谏大夫不能早于元狩五年。又《史记·孔子世家》记载:“安国为今皇帝博士,至临淮太守,早卒。”据《汉书·地理志》:“临淮郡,武帝元狩六年置。”那么孔安国为临淮太守不能早于元狩六年(公元前117)。他大概是临淮第一任太守,“早卒”,说明他的死年距元狩六年不远。由此我们可以推断,司马迁向孔安国问故应在孔安国做谏大夫之后和出任临淮太守之前,即元狩五年以后的一二年间,当时司马迁十八九岁,一个好学的青年向长辈求教古文《尚书》,便是合情合理的事了。司马迁学习古文,对他写《史记》影响很深,这不仅见于《汉书·儒林传》中所举诸篇中采用古文说法,其他篇章也保存有古文影响的痕迹。例如:

> 《五帝本纪》云:“总之不离古文者近是。予观《春秋》、《国语》,其发明《五帝德》、《帝系姓》章矣,顾弟弗深考,其所表见皆不虚。”
>
> 《三代世表》云:“余读谍记,黄帝以来皆有年数。稽其历谱谍终始五德之传,古文咸不同,乖异。……于是以《五帝系谍》、《尚书》集世纪黄帝以来迄共和为《世表》。
>
> 《十二诸侯年表》云:“于是谱十二诸侯,自共和迄孔子,表见《春秋》、《国语》,学者所讥盛衰大指著于篇,为成学治古文者要删(疑为“册”字)焉。”
>
> 《吴太伯世家》云:“余读《春秋》古文,乃知中国之虞与荆蛮、句吴兄弟也。”
>
> 《仲尼弟子列传》云:“学者多称七十子之徒,誉者或过其

实，毁者或损其真，钧之未睹厥容貌，则论言（疑为《论语》之误）弟子籍，出孔氏古文近是。余以弟子名姓文字悉取《论语》弟子问并次为篇，疑者阙焉。”

这些都是司马迁采用古文说法以完成自己的著述的重要例证。

司马迁在长安不但从孔安国学习古文《尚书》，而且还从儒学大师董仲舒学习了《公羊春秋》，即今文《春秋》学说。董仲舒曾为中大夫，在职期间给吾丘寿王讲授过《公羊春秋》（见《汉书·吾丘寿王传》）。司马迁不知通过什么途径也向他学过《春秋》，时间也不清楚，可能在从孔安国问故之前，因为元狩之后，董仲舒便告老家居不在京师了。董仲舒的《春秋》学说，对他的影响更大，以至于成为他写作《史记》的思想动力。他在《自序》中说：

余闻董生曰："周道衰废，孔子为鲁司寇，诸侯害之，大夫壅之。孔子知言之不用，道之不行也，是非二百四十二年之中，以为天下仪表，贬天子，退诸侯，讨大夫，以达王事而已矣。"

他所论述的《春秋》大义在《自序》中也表现得很清楚：

夫《春秋》，上明三王之道，下辨人事之纪，别嫌疑，明是非，定犹豫，善善恶恶，贤贤贱不肖，存亡国，继绝世，补敝起废，王道之大者也。……《春秋》以道义。拨乱世反之正，莫近于《春秋》。《春秋》文成数万，其指数千。万物之散聚皆在《春秋》。……

这段议论与公羊家完全相符。实际上司马迁写《史记》在纪事方面，多取自《左传》，但在发挥经义方面，则本于《公羊》学说。

例如：

> 《十二诸侯年表》云："孔子……故西观周室，论史记旧闻，兴于鲁而次《春秋》，上记隐，下至哀之获麟，约其辞文，去其烦重，以制义法，王道备，人事浃。七十子之徒口授其传指，为有所刺讥褒讳挹损之文辞不可以书见也。鲁君子左丘明惧弟子人人异端，各安其意，失其真，故因孔子史记具论其语，成《左氏春秋》。"

这是说《春秋》大义是通过口授传达出来，然而专谈义理，未必尽合事实，所以纪事以《左传》为据。其中说"具论其语"，而不说"具论其义"，即表明司马迁不以《左传》的记载为经义。

又《宋微子世家》云："《春秋》讥宋之乱自宣公废太子而立弟，国以不宁者十世。……襄公既败于泓，而君子或以为多，伤中国阙礼义，褒之也，宋襄之有礼让也。"

这段论述全取《公羊》之义，唯宋襄公战于泓则取之《左传》。这种情况，高阆仙先生早有论证："史公纪事，多取《左氏传》，不可胜举。而发挥经义，仍本《公羊》。"（见其《史记太史公自序笺证》，载于《女师大学术季刊》第一卷第一期）实际上，司马迁受《公羊春秋》学说的影响至深且远，可以说《公羊》学说是支配着他对《史记》的著述的。

建元二年（公元前139），武帝在其母之原籍槐里县茂乡修建自己的陵园，称茂陵（今属陕西咸阳市，在市西）。次年便用金钱和田地作诱饵吸引民众向那里移居，不久茂陵便成为一个名胜区。元朔二年（公元前127），武帝为了加强王朝内部的统治，采纳主父偃的意见，又强令天下郡国豪强及家产在三百万以上者迁徙于茂陵。这样，茂陵不但是封建贵族居住的名胜区，而且是对豪强大族的管理区。司马迁的家庭不知在这两次迁徙中之哪一次也迁到了茂陵，原因也不清楚。司马谈不是郡国豪强，不够条件，可能因为史官的职务，需要时刻侍从皇帝，与皇帝关系密切，也就迁到这里来了。所以茂陵显武里成了司马迁又一籍贯。

元朔二年，在武帝强令迁徙时，轵县（今河南济源县）人郭解也在迁徙之列。大将军卫青在武帝面前为郭解辩解，说郭解家贫，不合迁徙的条件。武帝则说："布衣权至使将军为言，此其家不贫。"（《游侠列传》）郭解不得已也举家迁至茂陵。司马迁大概就在这时见到郭解，郭解专犯王法的侠义行为对他的影响是无形的，郭解"状貌不及中人，言语不足采者"的形貌，给他的印象很深。他写《游侠列传》时，便渗透着对这个人物的深挚感情！

第四节　二十岁漫游

司马迁二十岁开始漫游，到我国的东南和中原去游览名山大川，访问了广大地区和人民，考查了古代和近代的历史。这对他后来写《史记》具有重要意义。

他为什么漫游？历史上没有确切记载。卫宏《汉旧仪》有这样一段话："司马迁父谈世为太史，迁年十三，使乘传（供官吏乘坐的一种马车）行天下，求古诸侯之史记。"（《太平御览》卷二百三十五引）又葛洪《西京杂记》卷六有同样的记载。王国维云："考《自序》云：'二十而南游江、淮。'则卫宏说非也。或本作二十，误倒为十二，又讹二为三欤？"王国维的推论是有道理的，按照王氏的说法，年二十果为十二之误倒，二又讹为三，那么这次漫游是为了搜集古代诸侯的历史，以为他继承父谈的史官事业作准备。

司马迁这次漫游的地区，据他《自序》中说：

> 二十而南游江、淮，上会稽，探禹穴，窥九嶷，浮于沅、湘；北涉汶、泗，讲业齐、鲁之都，观孔子之遗风，乡射邹、峄；厄困鄱、薛、彭城，过梁、楚以归。

他的叙述，不完全是以漫游的先后为序，不然既向东又往西，再从西折回东北，不合情理。他的路程大概是从长安出发，出武关（今陕西丹凤县东南），经南阳（今河南南阳市），过南郡（今湖北江陵县）渡江，到了长沙的罗县，访问了屈原自沉的汨罗江。屈原的不幸，引起他强烈的同情，不禁为之凄然泪下：“适长沙，观屈原所自沉渊，未尝不垂涕，想见其为人。”（《屈原贾生列传》）他从内心悼念这位志洁行廉、方正不阿的伟大诗人。长沙卑湿，汉代辞赋家贾谊曾被贬于此。司马迁因为贾谊吊屈原，更加深了对屈原的悼惜，同时也因为读贾谊聊以自况的《鹏鸟赋》，而在精神上得到了解脱。

司马迁逆湘江而上，到达零陵郡营道县（今湖南宁远县）。这里有九嶷山，传说为舜南巡时，死后所葬之处。他考察了九嶷山。又从湘南去湘西，循沅江而下，此即“窥九嶷，浮于沅湘”了。然后，他又东浮大江，登上江西的庐山，这里河流密布，皆东汇于大江。他说：“余南登庐山，观禹疏九江。”（《河渠书》）在这里考察大禹疏导九江的传说。他顺江而东，上会稽山（今浙江绍兴市东南）。据说禹王曾在此大会诸侯计功，因名会稽。山上有“禹穴”，禹王曾进去过，故名。司马迁也上去探望了一番，即所谓“上会稽，探禹穴”。禹王的后代越王勾践为了报仇，曾在此卧薪尝胆。这段史实必然为他所聆悉。司马迁从会稽回来到吴，登姑苏山，远眺五湖，《河渠书》说：“遂至于会稽、太湟，上姑苏，望五湖。”他见到湖水汪洋浩瀚，相连成片，因而注意到水利：“甚哉，水之为利害也！”（《河渠书》）在这里，他大概还凭吊了吴王阖闾和夫差的遗迹。

司马迁游历了江南之后,便渡江北上,来到淮阴(今江苏淮阴市东南),这里是韩信的故乡及封地。他访问了淮阴人民,获得许多有关韩信的故事。他说:"吾如淮阴,淮阴人为余言:韩信虽为布衣时,其志与众异;其母死,贫无以葬,然乃行营高敞地,令其旁可置万家。余视其母冢,良然。"(《淮阴侯列传》)了解到韩信自幼便有非凡的志向,其母死,家贫没有东西可以埋葬,却把母亲的坟安置在既高又宽的旷野中,周围可以住万户人家,预示自己封侯后的发展。司马迁亲自去看了韩信母亲的墓地,果如人们所说。之后,司马迁又渡淮水,沿泗水向北,即"迎河行淮、泗"(《河渠书》),到了鲁国都城(今山东曲阜市)。这里是圣人产生的地方,是古代文化的中心。司马迁怀着崇敬的心情参观了泗上的孔子墓,墓地大一顷。据说孔子死后,其弟子和鲁人有一百余户迁居于此,因名孔里。鲁人世代相传,每年按一定时节来祭祀,一般儒生也在这里讲习饮酒与射箭的古礼。他看到"故(旧也)所居堂弟子内(内上省"所居"二字),后世因庙藏孔子衣冠琴车书。"即原孔子所居之堂,弟子所居之内,后世因以为庙而收藏着孔子的衣、冠、琴、车、书等物件。对这一切,他都无限的景仰和向往:"余读孔氏书,想见其为人。适鲁,观仲尼庙堂车服礼器,诸生以时习礼其家,余祗回留之,不能去云。"(《孔子世家》)他留恋徘徊而不忍离去。在深味鲁地儒风之余,又到齐国的都城(今山东临淄)去了。在邹县,他停留下来,游历了秦始皇刻石颂德的邹峄山,并在此又学习了饮酒、射箭的礼节,所谓"乡射邹、峄"。

经过齐、鲁之游,司马迁又南行,到了薛城(今山东滕县东南),这里是孟尝君田文的封地。"其俗闾里率多暴桀子弟,与邹、鲁殊",通过访问,始知为当年"孟尝君招致天下任侠,奸人入薛中盖六万余家"影响的结果。并深信"世之传孟尝君好客自喜,名不虚矣。”(《孟尝君列传》)自薛再南行,便到了彭城(今江苏徐州市),这里曾是项羽的都城,是秦、楚和楚、汉战争争夺过的地方。彭城北之沛(今江苏沛县)、丰(今江苏丰县),是秦末农民起义的中心,汉初许多重要人物都生长于此。如刘邦是沛郡丰县中阳里人,卢绾与刘同里,萧何是沛郡丰县人,曹参、周勃、樊哙、夏侯婴、周昌、周緤等皆沛郡人。项羽籍属下相(今江苏宿迁市西),离沛、丰也很近。秦二世元年(公元前209),陈胜、吴广在沛郡蕲县(今安徽宿县)揭竿起义,各地人民都“刑其长吏”,纷纷响应。刘邦在沛县被萧何、曹参等拥戴为当地起义军领袖“沛公”。楚、汉战争时,项羽以3万精兵击败了刘邦56万大军,追迫“汉卒十余万人皆入睢水,睢水为之不流”(《项羽本纪》)。此战场即在彭城及其东南一带。司马迁来到这一具有丰富历史遗迹的地区,虽然非常穷困,所谓“厄困鄱、薛、彭城”,但毫不影响他考察历史的兴味,那许多秦、汉之际重要人物的行迹,应当即是此时收集的。他说:“吾适丰、沛,问其遗老,观故萧、曹、樊哙、滕公之家,及其素,异哉所闻!方其鼓刀屠狗卖缯之时,岂自知附骥之尾,垂名汉廷,德流子孙哉?”(《樊郦滕灌列传》)这些人都出身于社会下层,在风云际会中成为王侯将相。像萧何、曹参原为狱吏,后来官至相国;周勃原为给人治丧时的吹鼓手,也官至相国;樊哙屠狗,被封为舞阳侯;灌婴卖缯,被封为颍阴侯;夏侯婴是车夫,封为滕公;周昌是个小吏,官为御史大夫;卢绾与刘邦既同里、同日生,又共同求学,互相爱怜,刘邦初起义时,卢绾也随从,入汉中为将军,“出入卧内,衣被饮食赏赐,群臣莫敢望……至其亲幸,莫及卢绾。”(《韩信卢绾列传》)后来被封为燕王。这些实际历史的情况,都是他默默地体会,细细地观察得来。

司马迁厄困彭城附近之后,西南至陈(今河南淮阳县),这里是战国楚地，是春申君黄歇的城池、宫室所在。这座城池和宫室，当时可能保存得还比较完好，所以他赞叹说："观春申君故城，宫室盛矣哉！"（《春申君列传》）由此往西北至大梁（今河南开封市），这是战国魏的都城。当地的人们告诉他秦灭魏最后一战的情况："秦之破梁，引河沟而灌大梁，三月城坏，王请降，遂灭魏。"（《魏世家》）司马迁回顾了魏的历史，联系到信陵君在魏的作用，寻访了关于信陵君的逸闻故事。当年信陵君执辔迎夷门监者侯嬴之夷门，他亲自去看了："夷门者，城之东门也。"（《魏公子列传》）这之后，司马迁大概暂时停止了游踪，回长安去了。

通过这次长途漫游，司马迁考察了很多历史遗迹，获得了不少有关历史人物的逸闻逸事，接触到各阶层人民，了解到各地的风俗民情，观赏了雄奇壮丽的山川，并认识到其对人民生活的作用。这一切可以印证古书上的记载，丰富自己活的历史知识，对他后来写《史记》具有重要意义。特别是彭城、沛、丰地区的游历，对他写秦、楚和楚、汉战争以及刘邦集团的活动情况，提供了可贵资料。此行是他一生中的一次壮举！

第五节　侍从和奉使

司马迁 20 岁漫游之后，开始入仕，为郎中。至于他何时仕为郎中，王国维认为"大抵在元朔、元鼎间"。按司马迁在《自序》中说："于是迁仕为郎中"，语气紧接在"过梁、楚以归"的漫游之后。如果漫游的时间是二三年，那么他仕为郎中应在 22 岁左右，即元鼎三年（公元前 114）前后。

郎中是汉朝宫廷内部官僚机构中一个很低的官职，据《汉书·百官公卿表》记载，郎官这一系统"有议郎、中郎、侍郎、郎中，皆无员,多至千人。议郎、中郎秩比六百石,侍郎比四百石,郎中比三百石。中郎有五官、左、右三将,秩皆比二千石,郎中有车、户、骑三将,秩皆比千石。”可见郎中在郎官系统中官阶最低。郎官的具体职务为“掌守门户,出充车骑”,即皇帝在宫廷时,他们守卫宫门,出巡时,又侍从车驾。他们是近侍官,能亲近皇帝,所以官阶虽低,却很光彩,成为富贵子弟追求的美差。做郎中的途径很多,但主要有两条渠道:一是父亲官阶二千石,可以保送儿子;二是富人可以家赀获得。司马迁父司马谈是太史令,官阶六百石,家境并不富裕,他为何能仕为郎中,则不可考。不过从一个地位“近乎卜祝”之间的史官儿子,成为武帝的近侍,他的确感到很荣幸了。

司马迁做郎中之后,便经常侍从武帝。元鼎四年(公元前113),司马迁23岁,武帝开始巡幸郡县,省察民风。《汉书·武帝纪》有如下记载:“四年冬十月,行幸雍,祠五畤。……行自夏阳,东幸汾阴。”这年十月,他先到雍(今陕西凤翔县)祭五畤(即青、黄、赤、白、黑五帝之祭地),然后东北去夏阳到河东(今山西夏县北),“河东守不意行至,不辨,自杀。”(《平准书》)河东太守未料到,措手不及,急得自杀了。“十一月甲子,立后土祠于汾阴脽上。”同年十一月,又到汾阴,立后土祠,并按照太史令司马谈和祠官宽舒议定的仪式行祭礼。“礼毕,行幸荥阳,还至洛阳。”祭祀完了,又南渡黄河,经荥阳,回到洛阳。武帝这次河、洛之行,司马迁及其父司马谈肯定是随从着的。次年,即元鼎五年(公元前112),“冬十月,行幸雍,祠五畤。遂逾陇,登空同,西临祖厉河而还。”武帝又幸雍,登五畤,然后西行,过陇坂山(在今陕西陇县、甘肃清水县境内),“陇西守以行往卒,天子从官不得食,陇西守自杀。”(《平准书》)陇西太守也未料到,来不及供应从官的饮食,急得自杀了。他到了甘肃平凉市以西,登崆峒山,于是“北出萧关,从数万骑,猎新秦中,以勒边兵而归。”(《平准书》)在萧关(今宁夏固原县东南)率数万骑狩猎于新秦中,最后回到甘泉。这一次,司马迁也是随从的,他说:“余尝西至空桐”(《五帝本纪》),当即指这次活动。他到了这一带地方,了解了民情风俗,并访问了黄帝的传说。

司马迁侍从之行刚完,次年,即元鼎六年(公元前111),他25岁,又奉命出使巴、蜀、滇中,他在《自序》中说:“奉使西征巴、蜀以南,南略邛、笮、昆明,还报命。”这次奉使西征,是代表汉王朝去视察和安抚西南地区的少数民族。

开拓西南少数民族地区,是汉王朝的一项重大决策。早在建元六年(公元前135),当时司马迁刚一岁,汉武帝即任命唐蒙为郎中将,率领巴、蜀民千人,通过夜郎,攻取南越。据《史记·西南夷列传》记载:“建元六年……乃拜蒙为郎中将,将千人,食重万余人,从巴、蜀、筰关入,遂见夜郎侯多同。蒙厚赐,喻以威德,约为置吏,使其子为令。夜郎旁小邑皆贪汉缯帛,以为汉道险,终不能有也,乃且听蒙约。还报,乃以为犍为郡。”唐蒙所部由巴(今重庆地区)、蜀(今成都地区)、笮关(今四川合川县西)入夜郎(今贵州西境),见到夜郎侯多同,通过威胁利诱手段,和多同成约,变夜郎为汉朝属地。唐蒙还报,即在那里设置犍为郡。元光五年(公元前130),武帝为了控制夜郎,征集巴、蜀人民修筑从僰道(今四川宜宾县)直通牂柯江的道路。当时西夷的邛(今四川西昌县东南)、笮(今四川汉源县)等君长,“闻南夷与汉通,得赏赐多”(《司马相如列传》),也愿属汉。司马相如对武帝说:“邛、筰、冄駹者近蜀,道亦易通,秦时尝通为郡县,至汉兴而罢。今诚复通,为置郡县,愈于南夷。”(《司马相如列传》)武帝采纳了他的意见,拜他为中郎将,并副使王然于、壶充国、吕越人“驰四乘之传”,去通好西夷。司马相如略定了邛、笮、冄駹(今四川茂县)、斯榆(今四川天全县),"除边关,关益斥",扩大了汉王朝的关塞和疆土,"西至沫(今青衣水)、若水(今雅砻江),南至牂柯为徼,通零关道(今四川芦山县东南),桥孙水(今安宁河),以通邛都。"(《司马相如列传》)武帝很高兴,即在西夷置都尉一人,十余县都隶属蜀郡。

但是,修筑通西南夷的道路,却给巴、蜀人民带来极大的灾难。据《史记·西南夷列传》记载:"当是时,巴、蜀四郡通西南夷道,戍转相饟。数岁,道不通,士罢饿离湿死者甚众;西南夷又数反,发兵兴击,耗费无功。"大有酿成人民造反的可能。为了平息人民的愤激情绪,武帝便派郎官司马相如去视察和慰问。司马相如到了那里,一方面为武帝开脱责任说:"发军兴制,惊惧子弟,忧患长老,郡又擅为转粟运输,皆非陛下之意也。"一方面安抚人民说:"当行者或亡逃自贼杀,亦非人臣之节也。"(《司马相如列传》)才把巴蜀人民平息下来。

元鼎五年(公元前112),南越(今广东、广西一带)相吕嘉杀其王并王太后,同时也杀了汉使者终军等。武帝因此命驰义侯到犍为,发南夷兵大举进攻南越。"且兰君恐远行,旁国虏其老弱,乃与其众反,杀使者及犍为太守。"(《西南夷列传》)南夷且兰(今贵州平越县)君担心他离开国家远行,其他国家会乘虚而入,虏掠其老弱,便率众反抗,杀了驰义侯和犍为太守。"汉乃发巴、蜀罪人尝击南越者八校尉击破之"。南越破后,汉朝军威震动西南,西南少数民族纷纷请为汉朝臣民。武帝即在那里设置了五个郡。以且兰为牂柯郡,邛都为越巂郡,筰都为沈犁郡,冉駹为汶山郡,广汉(今四川梓潼县)、西白马(今甘肃康县)为武都郡。从此,南夷和西夷都归属汉朝。

元鼎六年(公元前111)秋天,司马迁奉命到这些地区去视察。王国维说:"考《汉书·武帝纪》,元鼎六年定西南夷,以为武都、牂柯、越巂、沈犁、文山郡。史公奉使西南，当在置郡之后。其明年（原注：元封元年）春正月，行幸缑氏，登嵩高，遂东巡海上。夏四月癸卯还，登封泰山；复东巡海上，自碣石至辽西，历北边九原，归于甘泉。盖史公自西南还报命，当在春间。"（《太史公行年考》）那么这次奉使是从元鼎六年起程，到元封元年春回来的。他可能是南出汉中，经过巴郡，到了犍为郡，再到牂柯郡。由牂柯郡转到蜀郡，经零关道，到越巂郡，最后抵沈犁郡。这时，武帝对西南地区的开拓已经告一段落，司马迁有条件去了解那里的一切。他观察、了解了西南地区的地理形势和物产状况，认识、体味到那里的风俗习尚和民情爱好，这为他后来写《西南夷列传》和《货殖列传》提供了有力的根据。

司马迁 20 岁漫游了我国的东南方和中原地区，在为郎中之后，24 岁侍从武帝到了西北，25 岁又奉使川、滇，他几乎走遍了全中国，实践经验更丰富了。

第六节　从巡封禅、负薪塞河

汉武帝征服了南越，归属了西南夷之后，国威强大起来。为了向北方的劲敌匈奴炫耀自己的力量，便于元封元年（公元前 110）冬十月，亲自率领十二部将军共 18 万骑兵到朔方，向匈奴挑战。据《汉书·武帝纪》记载："行自云阳，北历上郡、西河、五原，出长城，北登单于台，至朔方，临北河。勒兵 18 万骑，旌旗径千余里，威震匈奴。"他从云阳（今陕西淳化县之甘泉）北上，经上郡（今陕西绥德县）、西河（今内蒙古鄂尔多斯左翼前旗）、五原（今内蒙古五原县）等郡，过长城，登单于台，直达朔方，在北河沿岸布阵，以要挟匈奴。但匈奴乌维单于只是"休养息士马，习射猎，数使使于汉，好辞甘言求请和亲。”(《史记·匈奴列传》)终不肯应战。武帝不得不由原路回来,“还祠黄帝于桥山,乃归甘泉。”(《汉书·武帝纪》)在桥山(今陕西黄陵县西北)祭祀了黄帝冢,然后回到云阳。同年,东越人杀其君王来投降,武帝认为:“东越险阻,反覆为后世患,迁其民于江、淮间,遂虚其地。”(《汉书·武帝纪》)容纳了他们,并将他们迁到江淮平原,以便治理。从此结束了东南沿海地区长期的割据局面,形成了汉王朝全国大一统的形势。

在这种形势下,汉武帝设想封禅,即先到泰山顶上筑坛祭天,再到泰山脚下梁父山上除地祭地。这是封建帝王最隆重的祭祀典礼,它象征着一个时代的帝王真正受命于天,作为天的意志的代表来统治人民。这种思想起源于春秋(齐国管仲即说历史上举行封禅的有七十二君),流布于战国,但究竟是传说,并不可靠。直到秦始皇即位,才开始真正东巡郡县,登泰山封禅。汉初,政权尚未完全巩固,高祖刘邦无暇顾及于此,文帝、景帝崇尚黄老,力求清净无为,也想不到这些。到了武帝时代,地主阶级的政权不但巩固而且十分强大了,国家空前统一,封禅问题便提到日程上来了。其实,封禅不仅是武帝自己的意愿,也是当时地主阶级的普遍要求,这种要求通过汉武帝集中表现出来。特别是“自得宝鼎,上与公卿诸生议封禅。”即自元鼎元年在汾水上获得宝鼎被认为是符瑞之后,武帝与公卿诸儒讨论封禅之事更迫切了。武帝会诸儒拟订封禅仪式,但“用希旷绝,莫知其仪礼”,“群儒既已不能辨明封禅事,又牵拘于《诗》《书》古文而不能骋。”他们认为此礼经书记载不明确,不能凭想象而为。武帝自定“封禅祠器示群儒”,诸儒“或曰‘不与古同。’”武帝气愤之下,“尽罢诸儒不用”(以上皆见《封禅书》)。最后还是自己创制了一套封禅仪式,以告成功于上天了。

元封元年,即司马迁奉使巴、蜀、滇中之次年,汉武帝举行了大规模的封禅。《汉书·武帝纪》记载,这年"春正月,行幸缑氏。"(《史记·封禅书》作"三月")他统帅人马经过缑氏(今河南偃师县南),然后就去泰山封禅了。当时,司马迁正从西南奉使回来,尚未及见武帝,即到洛阳去看望他父亲。司马谈当时侍从武帝到缑氏,可能因病停留在洛阳。司马迁在《自序》中说:"是岁天子始建汉家之封,而太史公留滞周南,不得与从事,故发愤且卒。"是什么原因使司马谈"发愤且卒"?方苞在其《书太史公自序后》论述说:"盖封禅用事虽希旷,其礼仪不可得而详,然以是为合不死之名,致怪物、接仙人蓬莱士之术,则夫人而知其妄矣。子长恨群儒不能辨明,为天下笑,故寓其意于自序,以明其父未尝与此。而所为发愤以死者,盖以天子建汉家之封,接千岁之统,乃重为方士所愚迷,恨已不得从行,而辨明其事也。"(《方望溪先生全集》卷二)方苞的见解可谓深得司马迁之本意,司马迁在表明他父亲为武帝被方士所愚惑,自己因病不能从行辨明其事,而愤慨欲死。可见司马谈为人之明哲,不与世俗同流而耿介不群。他对自己不能参加这次封禅盛典,引为终身遗恨,他"执迁手而泣"说:

> 余先周室之太史也。自上世尝显功名于虞夏,典天官事。后世中衰,绝于予乎?汝复为太史,则续吾祖矣。今天子接千岁之统,封泰山,而余不得从行,是命也夫,命也夫!余死,汝必为太史;为太史,无忘吾所欲论著矣。(《自序》)

这次封禅大典,司马谈是亲自参与计划过的,现在竟然不能身预其事,怎能不惋惜、悲痛呢?他嘱咐司马迁要继承自己毕生的事业和著述理想,司马迁虔诚地接受了这一遗命,表示"小子不敏,请悉论先人所次旧闻,弗敢阙。"(《自序》)这几乎成了他以后从事著述的重要动力。可能因为出使要"还报命",以及郎中这个近侍官职的关系,他离开了洛阳,很快就赶上了封禅的人马,侍从东行。

武帝到了山东,先东巡海上,听方士谈“神怪奇方者以万数”,便“令言海中神山者数千人求蓬莱神人”,但未有验,于当年四月又回到奉高(今山东泰安县),要举行封禅。武帝考虑儒生、方士对如何封禅意见分歧,很难施行,即自己决定“封泰山下东方,如郊祠太一之礼。”然后,“禅泰山下阯东北肃然山,如祭后土礼。”司马迁说:“余从巡祭天地诸神名山川而封禅焉。”(以上引文皆见《封禅书》)可见《封禅书》对武帝的愚蠢、昏庸之讽刺笑骂,并非偶然,而是从实际考察中得来。并且由于东巡海上,对齐就有更深切的认识,他说:“吾适齐,自泰山属之琅邪,北被于海,膏壤二千里,其民阔达多匿知,其天性也。”(《齐太公世家》)认为齐地人民的特性是地理环境决定的。又《史记》中关于驺衍、公孙弘和一些方士如少翁、栾大、公孙卿、丁公、公王等齐人的行迹的记载,也大都是侍从东巡时所得而形成文字的了。

武帝这次登泰山封禅,与当年秦始皇之遇暴风雨不同,是“无风雨灾”,说明自己此行是顺天应时,于是便乘兴又“东至海上望,冀遇蓬莱焉。”不料奉车子侯(即霍去病子霍嬗)暴病死,武帝便由东海北到碣石(所在传说不一,或谓在今河北昌黎县境),巡自辽西(郡治在今河北卢龙县东),历北边至九原(今内蒙古五原县),五月,回到甘泉。司马迁这次从巡,对我国北方有更进一步的了解,他说:“吾适北边,自直道归,行观蒙恬所为秦筑长城亭障,堑山堙谷,通直道,固轻百姓力矣!”(《蒙恬列传》)“直道”即自五原至甘泉的直通之道。他考察了蒙恬所筑长城,为其滥用民力而叹惜!

这之前,司马迁游历了东南、西南、中原、西北等地区,这次又游历了海上和塞外风光,使自己的眼界更扩大了,认识更充实了。

封禅的第二年,即元封二年(公元前109),司马迁又侍从武帝参加了负薪塞河工程。据《河渠书》记载："今天子元光之中，而河决于瓠子，东南注巨野，通于淮、泗。于是天子使汲黯、郑当时兴人徒塞之，辄复坏。是时武安侯田蚡为丞相，其奉邑食鄃（今山东平原县西）。鄃居河北，河决而南则鄃无水灾，邑收多。蚡言于上曰：'江河之决皆天事，未易以人力为强塞，塞之未必应天。'而望气用数者亦以为然。于是天子久之不事复塞也。"又《汉书·武帝纪》记载："（三年夏五月）河水决濮阳，氾郡十六，发卒十万救决河。"这是元光三年（公元前132）夏五月的事。当时黄河在濮阳（今河南濮阳西南）瓠子决口，东南注入巨野（今山东巨野县），流经淮、泗，使河之南十六郡人民大受其灾。武帝派汲黯、郑当时动员十万人去堵塞，但堵得不牢固，以后又经常被水冲坏。时贵戚武安侯田蚡正为丞相，其食邑鄃在河之北，不但不受水灾，而且每年丰收。因此他对武帝说，河决瓠子，是天意，用人力强塞，与天意不合。星相家也有同样的看法。武帝听从他们的意见，停止了堵塞瓠子的工程。此后二十余年，黄河不断在瓠子决口，人民深受其苦。至这次封禅，武帝到处礼祭山川，又念及此事。原来这年春天，方士"公孙卿言见神人东莱山，若云'欲见天子'。天子于是幸缑氏城，拜卿为中大夫。遂至东莱，宿留之数日，无所见，见大人迹云。复遣方士求神怪采芝药以千数。是岁旱。于是天子既出无名，乃祷万里沙，过祠泰山。还至瓠子，自临塞决河。"（《封禅书》）武帝听信公孙卿的话，到东莱山访求神人，经过缑氏，到达东莱（今山东掖县），但并未见到神人，只见到巨人的足迹。因此又派方士去求神怪，采灵芝。当时天旱，武帝感到出巡无名，就祈祷于万里沙神祠，又祭了泰山，回来即亲临濮阳去塞河。他率领百官先行祭礼，"沉白马玉璧于河"，然后"令群臣从官自将军已下皆负薪寘决河"，让侍从百官背柴草填塞。决口处用竹打下排列的桩子，再填上土石和柴草,加以防塞。除了堵塞之外,又为河水开了两条渠道,让水宣泄。如此既宣又防,所以在这里修筑一座宫殿,名宣房(取其与防同音)宫。武帝担心这次塞河工程完成不了,便作了两首《瓠子歌》,以抒发自己悲壮慷慨之情:

瓠子决兮将奈何?晧晧旰旰兮闾殚为河!殚为河兮地不得宁,功无已时兮吾山平。吾山平兮钜野溢,鱼沸郁兮柏冬日。延道弛兮离常流,蛟龙骋兮方远游。归旧川兮神哉沛,不封禅兮安知外!为我谓河伯兮何不仁,泛滥不止兮愁吾人?啮桑浮兮淮、泗满,久不反兮水维缓。

河汤汤兮激潺湲,北渡污兮浚流难。搴长茭兮沉美玉,河伯许兮薪不属。薪不属兮卫人罪,烧萧条兮噫乎何以御水!穨林竹兮楗石菑,宣房塞兮万福来。

在数万人的参加下,终于把瓠子决口塞住了,使河之南十六郡人民免受其灾。这次活动,司马迁也参加了,他说:“余从负薪塞宣房,悲《瓠子》之诗而作《河渠书》。”(《河渠书》)他的《河渠书》即通过实地考察,并有感于《瓠子之歌》而写成的。

第七节 任太史令,开始著述

司马迁在《自序》中说:“(父谈)卒三岁而迁为太史令”。司马谈死后三年,即元封三年(公元前108),司马迁应验了他父亲的预言,作了太史令。这年他才28岁。可能他的文学和史学才能曾为武帝赏识过,所以他父亲临终有“余死,汝必为太史”的话。太史令官阶六百石(见《索引》引《博物志》:“太史令……六百石。”)在整个官僚机构中是低下的,所谓“文史星历,近乎卜祝之间。”不过是“厕下大夫之列”(《报任安书》)而已。但总算是“卿大夫”一流,比郎中冠冕多了。作为一个封建士子,司马迁得到这一职位,自然感到很荣幸,因此他竭尽忠心来奉职:“绝宾客之知,忘家室之业,日夜思竭其不肖之材力,务壹心营职,以求亲媚于主上。”(《报任安书》)希望以此得到武帝的欢心和信任。从这时起,他开始了继承父亲遗命的准备工作,每天“紬史记石室金匮之书”(《自序》)在汉王朝藏书处翻阅、清理历史资料。自汉兴解除“挟书律”以来,“百年之间,天下遗文古事靡不毕集太史公。”(《自序》)汉王朝收藏了大量的书籍。司马迁“网罗天下放失旧闻”,从浩瀚的断简残编里,条理出人物或事件的原委,“论考之行事”,可以想见他付出多少辛勤、艰苦的劳动呵!

可是他在整理、探讨这些古籍之外,由于史官的职务,还要从侍武帝到各地去巡幸。但这与做郎中时之单纯护驾、听呼唤不同,而是要筹划祭祀天地山川的礼仪。据《汉书·武帝纪》记载:元封四年(公元前107)冬十月,“行幸雍(今陕西凤翔县南),祠五畤,通回中(回中宫,在今宁夏固原县境内)道,遂北出萧关,历独鹿(独鹿山,在今河北涿县西)、鸣泽(泽名,在今河北涿县西),自代(今河北蔚县东北)而还,幸河东。”他说:“北过涿鹿”(《五帝本纪》),即是本次纪行。又《汉书·武帝纪》云:元封五年(公元前106)冬,“行南巡狩,至于盛唐(属南郡),望祀虞舜于九嶷(九嶷山,在今湖南宁远县南),登灊天柱山(今安徽灊山县西北),自寻阳(今湖北黄梅县北)浮江,亲射蛟江中,获之。舳舻千里,薄枞阳(今安徽枞阳县)而出,作盛唐、枞阳之歌,遂北至琅邪(今山东胶南县西南),并海,所过礼祠其名山大川;春三月还至泰山,增封。”又云:元封六年(公元前105)冬,“行幸回中,春作首山宫,三月行幸河东,祠后土。”武帝每年都在巡幸,司马迁也每年都侍从着。

司马迁做太史令时，正是汉王朝政治、经济、军事极为发展的时期。司马迁做太史令的前两年，即元封元年，推行了桑弘羊的平准政策，由国家管理物价，贵即卖之，贱则买之，因此仓廪丰满，国库富足。武帝每年巡幸，到处赏赐，全部耗费皆取自此。然而，盛之极，衰之始也。随着平准政策的推行，社会的富庶，新的矛盾也产生并激化着。虽然表面上未必为一般人所见到，但作为历史家和文学家的司马迁却敏锐地观察到了，因此便产生了他的《平准书》。

太初元年（公元前104），司马迁32岁，倡仪并主持了太初历的制订工作。制订新的历法是汉王朝建立后的一项重要改革，是汉王朝巩固政权的需要。我国封建时代历法的改变，象征着某一朝代一切旧制度的改变，是举国瞩目的大事。战国时齐人邹衍即提出“五德终始”的学说。所谓“五德”，即水、火、木、金、土五种物质因素，“五德终始”即这五种物质因素的变化是按一定次序，如“土德后木德继之，金德次之，火德次之，水德次之”这样“终而又始”的循环往复。这一学说的目的在于说明历代王朝的更迭都是由这五种因素决定的，而这五种因素的变更又决定于天降“符瑞”的显现。不同“符瑞”的出现，预示着五德的更替，谁得到五德中之一德，谁就是受命的天子，即有新王朝的建立，即有全部制度的改革。这实际上是一种天人合一即“天人感应”思想的反映，是为巩固新王朝的统治制造舆论。

按照阴阳五行家的观点，最早黄帝得土德，其次夏得木德，商得金德，周得火德。但真正照“五德终始”做的却始于秦始皇，“及秦帝而齐人奏之，故始皇采用之。”（《封禅书》）说明秦始皇正式采用了这种学说。秦始皇统一天下之后，“推终始五德之传，以为周得火德，秦代周德，从所不胜”，从周不能胜秦的角度说，认为秦应得水德，水能灭火。与水德相应，改革社会制度。以十月朔为岁首，“衣服、旄旌、节旗皆上黑。数以六为纪，符、法冠皆六寸，而舆六尺，六尺为步，乘六马。更名河曰德水，以为水德之始。”水主阴，所以“事皆决于法，刻削毋仁恩和义，然后合五德之数。”（《秦始皇本纪》）汉兴，几十年来对刘氏王朝应得何德，统治阶级上层是有争论的。高祖自认为黑帝，得水德，因此一切皆沿袭秦制，不加改革。文帝即位之初，鲁人公孙臣和太中大夫贾谊都主张汉应得土德。公孙臣认为：“始秦得水德，今汉受之，推终始传，则汉当土德，土德之应黄龙见。宜改正朔，易服色，色上黄。”（《封禅书》）贾谊建议“悉草具其事仪法，色尚黄，数用五，为官名，悉更秦之法。”（《屈原贾生列传》）但公孙臣的意见遭到丞相张苍的反对，贾谊则被主张水德说的周勃、灌婴、张相如、冯敬等排挤到长沙去了。文帝十五年（公元前 165），成纪（今甘肃秦安县北）出现了一条黄龙，应验了公孙臣的意见。因此，文帝确信汉为土德，“乃召公孙臣，拜为博士，与诸生草改历服色事。”（《封禅书》）可是并未真正实行。武帝即位后，本想改制，却为好黄老的祖母窦太后所反对，不敢行动。至元封元年，已经举行了封禅典礼，改制就势在必行，司马迁就是推动武帝改制的重要人物。

汉兴以来，本是沿用秦历，即《颛顼历》。《颛顼历》不十分准确，所谓“朔晦月见，弦望满亏多非是”。司马迁为太史令，留意于此，便于元封七年，和大中大夫公孙卿、壶遂等上书，建议改历。武帝诏令御史大夫兒宽和众博士商议，兒宽等都同意，并提出具体的意见。于是武帝“遂诏卿、遂、迁与侍郎尊、大典星射姓等，议造汉历”。为了“更造密度”（以上引文皆见《汉书·律历志》），同时选聘了许多历法专家如邓平、长乐司马可、酒泉侯宜君、侍郎尊以及民间之历法研究者等共 20 余人，方士唐都、巴郡隐士落下闳也参加了。司马迁说："余与壶遂定律历"(《史记·韩长孺列传》)即指这项事业。在几十人的共同谋划、推算下,完成了一个"晦、朔、弦、望皆最密,日月如合璧,五星如连珠"(《汉书·律历志》)的精密新历,这就是《太初历》。这个新历以正月为岁首,以建寅之月为正月,即所谓"夏正"。司马迁本来就想学孔子,孔子要"行夏之时"(《论语·卫灵公》),"孔子正夏时,学者多传夏小正。"(《史记·夏本纪》)那么这次改历,就是对孔子理想的实现。但是,这个历法,并不合乎"五德",而是合乎"三统"。兒宽和博士们上书武帝时说:"臣愚以为三统之制,后圣复前圣者,二代在前也。今二代之统绝而不序矣……"(《汉书·律历志》)说明武帝改历是序"三统"的。"三统"也是一种历史循环论。董仲舒在《春秋繁露》卷七《三代改制质文》中,对"三统"解释说,夏以寅月(农历正月)为岁首,谓之建寅,以黑色为上色,称黑统;商以丑月(农历十二月)为岁首,谓之建丑,以白色为上色,称白统;周以子月(农历十一月)为岁首,谓之建子,以赤色为上色,称赤统。至秦应是黑统,然而汉人舍弃秦,认为汉继承了周,因此定汉为黑统。《太初历》建寅,正合乎"三统"说。《太初历》的完成,主要功绩在司马迁,王国维说:"盖公为太史令,星历乃其专职,公孙卿、壶遂虽与此事,不过虚领而已。"这是完全正确的。和《太初历》的产生相应,武帝下令改元,即改元封七年为太初元年,随之改革的是"色上黄,数用五,定官名,协音律。"(《汉书·武帝纪》)于是汉朝建国百余年来,受命改制的要求终于实现了。武帝实行改制是为了自己江山永固。作为一个史官,司马迁倡议和主持的改历工作,未尝不符合封建阶级的要求,未尝不是以巩固封建政权为目的,但客观上新历却有重要价值,自此以后,除汉王莽、魏明帝、唐武则天之外,历代都沿用这一历法,它支配了中国人民的时间观念两千余年,在历史上是一大贡献。他的这项事业，除了实现“孔子正夏时”的理想外，也是对他父亲所谓“自上世尝显功名于虞夏，典天官事。……汝复为太史，则续吾祖”（《自序》）遗愿的继承。这正是他写《天官书》和《历书》的实际根据。

改历既成，因而也促进了改制，汉王朝制度焕然一新。作为一个史官，司马迁躬逢其时，其心情之兴奋可以想见。在他看来，这应该是一个新纪元的开始，所以就在这年论次其文，动笔写《史记》。父亲让他继承孔子事业的遗言，他记忆犹新：“自周公卒五百岁而有孔子。孔子卒后至于今五百岁，有能绍明世，正《易传》，继《春秋》，本《诗》《书》《礼》《乐》之际？”自己曾表示：“意在斯乎！意在斯乎！小子何敢让焉？”（《自序》）因此，王国维推论说：“是史公作《史记》，虽受父谈遗命，然其经始则在是年。盖造历事毕，述作之功乃始也。”（《太史公行年考》）

司马迁是以孔子自期的，要学孔子之写《春秋》。因此探讨一下他对孔子写《春秋》意图的理解，有助于我们对他写《史记》意图的认识。上大夫壶遂问他，孔子当年为何写《春秋》，他根据董仲舒的意见回答说：

> 周道衰废，孔子为鲁司寇，诸侯害之，大夫壅之。孔子知言之不用，道之不行也，是非二百四十二年之中，以为天下仪表，贬天子，退诸侯，讨大夫，以达王事而已矣。子曰：“我欲载之空言，不如见之于行事之深切著明也。”（《自序》）

他认为孔子处于乱世，疾自己的意见不被采用，志向不能推行，便通过对 242 年历史的记述，表明自己的是非观念，贬斥天子，黜退诸侯，谴责大夫。要之，孔子写《春秋》的目的在讥刺时政。另外，从他对《春秋》的评价中，也可以看出他对《春秋》的历史作用的认识：

> 夫《春秋》，上明三王之道，下辨人事之纪，别嫌疑，明是非，定犹豫，善善恶恶，贤贤贱不肖，存亡国，继绝世，补敝起废，王道之大者也。（《自序》）

他认为孔子写《春秋》是为乱世立法，认为《春秋》比《易》《礼》《书》《诗》《乐》等儒家经典“长于治人”，“拨乱世反之正，莫近于《春秋》”。这些都是他对孔子写《春秋》的意图的理解，同时也是他写《史记》所遵循的精神。他的意见自然都属于封建阶级的王道思想，目的在巩固汉王朝的地主政权。但是在当时那所谓“太平盛世”之中，他却看到了武帝的统治并不合乎王道，看到了社会的混乱，是非颠倒，善恶不明等等。他要以《史记》来匡正这个社会。当上大夫壶遂问他，孔子当时是“上无明君，下不得任用”，所以作《春秋》，现在你“上遇明天子，下得守职，万事既具，咸各序其宜。”为何还写《史记》呢？他“唯唯，否否”，领悟到自己的话有问题，立刻又加以补充说：“余闻之先人曰：‘伏羲至纯厚，作《易》《八卦》。尧舜之盛，《尚书》载之，礼乐作焉。汤武之隆，诗人歌之。《春秋》采善贬恶，推三代之德，褒周室，非独刺讥而已也。”（《自序》）接着对武帝及其“德政”尽情歌颂了一番，表示自己只是“述故事，整齐其世传”，并不是创作，若把它比作《春秋》，那就错了。其实这都是些言不由衷的话，他的本意仍然是以孔子自许，仍然在作《春秋》，仍然像孔子那样通过写《春秋》“刺讥”时政。

司马迁认为自己作为一个史官，“废明圣盛德不载，灭功臣世家贤大夫之业不述，堕先人所言，罪莫大焉。”（《自序》）可见他的著述是以历史人物为中心的，特别多地写汉兴以来近百年的人物。至于他如何开始，如何着笔写，则书缺有间，已不可考了。

司马迁开始写《史记》这一年，武帝为喜好大宛善马，派人“持千金及金马”去换取，宛王不给，他就要出兵攻伐。当时武帝“欲侯宠姬李氏”，要让李氏立功封侯，便拜李夫人之兄李广利为贰师将军，征调属国六千骑及郡国恶少年数万人远征大宛贰师城。李广利出师两年，损兵折卒很多，由于又派了增援部队，才迫使宛王言和，愿“出其善马，令汉自择之”。武帝耗费了大量的人力和财物，才取得“善马数十匹，中马以下牡牝三千余匹”，并“立宛贵人之故待遇汉使善者名昧蔡以为宛王”（《史记·大宛列传》）。这次出征，历四年之久，至太初四年方结束，可谓得不偿失。司马迁的《大宛列传》便产生于这一历史环境。

司马迁写《史记》，是在侍从武帝不断巡幸中进行的。武帝每年都在巡狩、祭祀，如《汉书·武帝纪》记载：“太初元年……秋八月，行幸安定（今宁夏固原县）。二年……三月行幸河东，祠后土……三年春正月，行东巡海上，夏四月，还，修封泰山，禮石闾。四年……冬，行幸回中……天汉元年，春正月，行幸甘泉，郊泰畤。三月，行幸河东，祠后土。”作为史官，他都是从行的。这对他写作无疑都有帮助，并成为他写作的有利因素。

第八节　为李陵受辱

武帝于太初四年战胜了大宛，册立对汉王朝友善的昧蔡为宛王，威震西域各国。但是构成汉王朝严重边患的是匈奴。汉兴，为了维护北方的安定，长期以来实行和亲政策，到武帝时代才开始对匈奴用兵。这次，承伐大宛之余威，武帝要再去征伐匈奴，便下诏说：“高皇帝遗朕平城之忧（指高祖刘邦曾被匈奴困于平城），高后时单于书绝悖逆。昔齐襄公复九世之仇，《春秋》大之。”当时且鞮侯单于初即位，惧怕汉兵来袭，表示愿意与汉和好，并说："我儿子，安敢望汉天子！汉天子我丈人行（即长辈）也。"（以上引文皆见《史记·匈奴列传》）极尽卑躬屈节之相，而且把扣留的汉朝使臣路充国等全部放归汉朝。武帝"嘉其义"，便派苏武以中郎将的身份出使匈奴，同时把扣留的匈奴使臣也全都放归，并"厚赂单于，答其善意。"苏武和副中郎将张胜及假吏常惠等到了匈奴，且鞮侯单于极其骄傲，大拂汉王朝之心。苏武正要回国，匈奴内部发生了"缑王与长水虞常等谋反匈奴中"之事，苏武被诬陷为知情人，遂被拘留。匈奴采取各种手段，诱使其投降，苏武坚贞不屈，最后"乃徙武北海（今俄罗斯贝加尔湖）上无人处，使牧羝，羝乳，乃得归"。苏武留在匈奴20年，"杖汉节牧羊，卧起操持，节旄尽落"（以上引文皆见《汉书·苏武传》），始终未屈服。苏武父苏建，是司马迁的好友。

武帝听到这一消息后，便于天汉二年（公元前99），派贰师将军李广利将三万骑，出酒泉（今甘肃酒泉市），击左贤王于天山。当时，急于为汉王朝立功的李陵出现了。李陵是汉名将李广之孙，李当户之遗腹子，少为侍中、建章宫监，所以司马迁说："仆与李陵俱居门下"（《汉书·司马迁传》）。他"善骑射，爱人，谦让下士，甚得名誉。"武帝很赏识他，"以为有广之风"。他曾将八百骑，出居延（今内蒙古额济纳旗哈拉和图），深入匈奴二千余里，考察地形。回来后，拜骑都尉，在酒泉、张掖（今甘肃张掖市西北）教练勇敢壮士五千人，以防西北胡人。当贰师将军西伐大宛时，武帝曾派他将五校兵为后援，刚到边塞，适逢贰师将军胜利归来，武帝即令他率五百轻骑出敦煌（今甘肃敦煌县），到盐水去迎接。回来，仍留守张掖。这次贰师将军出征匈奴，武帝又要派他跟随，为之管理辎重。他不满意，便向武帝请求说："臣所将屯边者，皆荆楚勇士、奇材剑客也，力扼虎，射命中。愿得自当一队，到兰干山前，以分单于兵，毋令专向贰师军。”武帝对他说：“将恶相属邪？吾发军多，毋骑予女。”他则说：“无所事骑。臣愿以少击众，步兵五千人，涉单于庭！”武帝壮其为人，便答应了，并派驻守居延的强弩都尉路博德率兵接应。路博德曾作过伏波将军，耻居李陵之下，便上奏武帝说：“方秋，匈奴马肥，未可与战。臣愿留陵至春，俱将酒泉、张掖骑各五千人，并击东西浚稽（山名，在今蒙古人民共和国喀尔喀境内），可必禽也。”武帝以为李陵食前言，不敢出兵，而让路博德上书，因此大怒。当时匈奴兵已入西河（今内蒙古鄂尔多斯左翼前旗），便立刻命令路博德将兵去西河，截断钩营之路，又命令李陵在九月里从遮虏鄣（即居延塞）出发，至东浚稽山南龙勒水上，观察敌人的动向，如无所见，即从浞野侯赵破奴出击匈奴的故道，到受降城（今内蒙古巴彦淖尔盟狼山西北）休整士卒。李陵遵命率步卒五千，出居延，北行30日，至浚稽山扎营，图画所过山川地形，令部下陈步乐回去向武帝报告，陈步乐对武帝说：“陵将率得士死力”，武帝很高兴，拜陈步乐为郎官。

李陵至浚稽山，被单于兵三万骑包围。李陵带领士卒在营外设阵，“前行持戟盾，后行持弓弩”，“搏战攻之，千弩俱发，应弦而倒”。单于兵向浚稽山上逃跑，李陵军乘胜追击，杀敌数千人。单于大惊，又调集八万余骑进击李陵，李陵且战且走，南行至山谷中，士兵中矢受伤者甚众。李陵整编了军队，明日再战，又斩敌首三千余级，然后率军东南沿龙城故道而行。四五天后抵达一有芦苇的大泽。单于从上风放火，李陵为自救，也令军中放火，烧掉周围的草木，以绝敌人之火延烧到自己。又南行，至南山下，单于于山上令其子将骑兵进攻，李陵军在树林间与其肉搏还击，又杀敌数千人。因发连弩射单于，单于于是下山走。此时，单于疑心汉“得毋有伏兵乎?"不敢再往南追赶。

适会李陵军一个名管敢的军候,为校尉所辱,便逃亡到匈奴。单于得管敢大喜。管敢向单于具言李陵军情,说李陵军无后援,箭也将用完了,独李陵和成安侯韩延年各率八百人为前行,以黄旗和白旗为标志,若用精锐骑兵射击,立刻可破。单于听后,旋即令骑兵进击李陵,疾呼:"李陵、韩延年趣降!"并遮退路急攻。李陵被困在山谷中,单于兵在山上,四面射击,箭如雨下。李陵军突围南行,还未到鞮汗山,150万枝箭都罄尽了。尚余三千多人,弃其战车,手持从车上砍下来的车辐,军官们仅有尺把长的小刀。他们退至一个峡谷,单于追来,挡住了谷口,以山角为掩护投掷石块,士卒死亡很多,没法再走了。

夜晚,李陵着便衣,走出营寨,对左右说:"毋随我,丈夫一取单于耳!"好久,又回来了,太息说:"兵败,死矣!"部下军官对他说:"将军威震匈奴,天命不遂,后求道径还归,如浞野侯为虏所得,后亡还,天子客遇之,况于将军乎?"他回答说:"公止!吾不死,非壮士也!"于是把全部旌旗都斩断了,把珍贵的东西都埋在地下,感叹说:"复得数十矢,足以脱矣。今无兵复战,天明坐受缚矣。各鸟兽散,犹有得脱归报天子者。"遂令军士各带二升干粮,一片冰,设法逃跑,约会逃到遮虏鄣等待集合。夜半,李陵军击鼓出发,鼓不响了。李陵和韩延年都上了马,跟随的壮士仅十余人,后面追赶的单于骑兵却有数千。韩延年战死了,李陵看到这种情况说:"无面目报陛下。"就投降了。突围的士兵都分散逃跑,逃至边塞者才四百多人。

李陵投降的消息传到京城,武帝知道后大怒,先责问日前回来报信的陈步乐,陈步乐被逼自杀了。又问群臣,群臣都说李陵有罪。当问到司马迁,司马迁却与那些"全躯保妻子之臣"的看法相

反,而是盛赞李陵的操行、品德和功劳,他说:

> 陵事亲孝,与士信,常奋不顾身,以殉国家之急。其素所畜积也,有国士之风。今举事一不幸,全躯保妻子之臣,随而媒蘖其短,诚可痛也。且陵提步卒不满五千,深辕戎马之地,抑数万之师,虏救死扶伤不暇,悉举引弓之民,共攻围之,转斗千里,矢尽道穷,士张空拳,冒白刃,北首争死敌。得人之死力,虽古名将不过也。身虽陷败,然其所摧败,亦足暴于天下。彼之不死,宜欲得当以报汉也。

司马迁的意见主要是李陵已经给敌人以致命打击,其所杀敌人超过自己的能力,赫赫战功足以宣示天下,此外,从李陵的品德、操行看,他在无可奈何的情况下投降,是等待将来有机会再报答汉朝。武帝听了大怒,“以迁诬罔,欲沮贰师为陵游说,下迁腐刑。”(以上引文皆见《汉书·李陵传》)认为司马迁这样虚构事实,以赞扬李陵的功劳,是为了贬斥贰师将军之无功,就处以腐刑。按:司马迁受腐刑并非与李陵降匈奴同年。司马迁在《自序》中说:“七年而太史公遭李陵之祸,幽于缧绁。”《集解》徐广曰:“天汉三年。”《正义》按:“从太初元年至天汉三年,乃七年也。”可见司马迁受腐刑在天汉三年。而《史记·匈奴列传》及《汉书·武帝纪》、《李陵传》记载李陵降匈奴在天汉二年。那末司马迁应当在天汉二年下狱,天汉三年在缧绁中受腐刑。司马迁入狱这年 37 岁,当时他家境穷困,无金钱贿赂;职位低微,得不到贵官显宦为之疏通;朋友对之很冷漠,并不肯加以营救。他只好“独与法吏为伍,深幽囹圄之中”(《汉书·司马迁传》),满腔怨愤对谁说呢!

次年,武帝反悔,当初应令李陵先出塞,再令路博德去接应,免得这员老将生奸诈。于是劳赏了逃回来的李陵军,并派遣因杅将军公孙敖将兵深入匈奴迎李陵。公孙敖军无功而还,只捉得一个俘虏,从俘虏那里知道,李陵在为单于练兵,以对抗汉军。武帝听了,立刻把李陵的母亲、弟弟、妻子杀了,司马迁应该就在这时受了腐刑。但俘虏的话纯属讹传,真正为单于练兵的并不是李陵而是李绪,李陵又蒙受一次不白之冤。

对司马迁来说,受腐刑是奇耻大辱。他为自己的不幸遭遇而痛苦、悲伤和愤慨。他认为自己对武帝所谈的是出于耿耿忠心,然而反被刑戮:“拳拳之忠,终不能自列,因为诬上,卒从吏议。”岂非是非颠倒! 而且所受的是最下之腐刑,他说:“太上不辱先,其次不辱身,其次不辱理色,其次不辱辞令,其次诎体受辱,其次易服受辱,其次关木索被箠楚受辱,其次鬄毛发婴金铁受辱,其次毁肌肤断支体受辱,最下腐刑极矣。”他糊涂了,为什么忠反受辱? 因此反复陈述:“而事乃有大谬不然者!”“且事本末未易明也!”他未尝没想到自杀,但自己先人地位卑下,“假令仆伏法受诛,若九牛亡一毛,与蝼蚁何异! 而世又不与能死节者比,特以为智穷罪极,不能自免,卒就死耳。”因此自杀等于白死,得不到人们的称许。他认为“人固有一死,死有重于泰山,或轻于鸿毛,用之所趋异也。”人总不能毫无意义地死,也不能无价值地死。他征引古人被辱不自杀的事例以自励:“且西伯,伯也,拘牖里;李斯,相也,具五刑;淮阴,王也,受械于陈;彭越、张敖,南向称孤,系狱具罪;绛侯诛诸吕,权倾五伯,囚于请室;魏其,大将也,衣赭,关三木;季布为朱家钳奴;灌夫受辱居室:此人皆身至王侯将相,声闻邻国;及罪至罔加,不能引决自裁,在尘埃之中,古今一体,安在其不辱也!”他觉得一个人“不能早自裁绳墨之外,已稍陵夷,至于鞭箠之间,乃欲引节,斯不亦远乎?”何况自己生平的著述理想未能实现,“恨私心有所不尽,鄙没世而文采不表于后也!”他想到“西伯拘而演《周易》;仲尼厄而作《春秋》;屈原放逐,乃赋《离骚》;左丘失明,厥有《国语》;孙子膑脚,兵法修列;不韦迁蜀,世传《吕览》;韩非囚秦,《说难》《孤愤》;《诗》三百篇大底贤圣发愤之所为作也。”他们也都在遭到苦难之后,发愤著书,以鸣其不平于天下。他自己也要“论书策以舒其愤,思垂空文以自见”。他的《史记》尚“草创未就”,深惜其未成,故“就极刑而无愠色”(以上引文皆见《汉书·司马迁传》)。

司马迁受腐刑,对他的思想、精神的刺激太深了,因而使他对汉王朝的吏治、刑法,对汉王朝的社会和武帝的统治的认识更深入了,他的文笔更带有浓烈醇厚的感情和淋漓酣畅的气势!

第九节　对司马迁之死的推断

司马迁被囚狱中四个年头,于太始元年(公元前96)出狱。《汉书·司马迁传》说:“迁既被刑之后,为中书令,尊宠任职。”出狱之后,便做了中书令。中书令这一官职,据卫宏《汉旧仪》说:“领赞尚书,出入奏事,秩千石。”(《唐六典》卷九引)其职务是将皇帝的诏令下达至尚书,并将尚书的奏疏呈给皇帝,这比六百石的太史令高得多。汉朝的官制,尚书为国家政权之枢机,中书令又为尚书之枢机,可以说“尊宠任职”了。但他毕竟已“为扫除之隶”,内心忍受着极端的痛苦与愤恨,所以“肠一日而九回”,精神恍惚,不辨去向,“居则忽忽若有所亡,出则不知所如往”。自认为上辱先人,下为乡党讥笑,“每念斯耻,汗未尝不发背沾衣也”(《汉书·司马迁传》)。这是他最悲痛的时期,也应该是他的著述精力最旺盛的时期。他把悲痛发为文思,融成笔墨,愈发挥洒自如了。

从太始二年(公元前95)至征和元年(公元前92),司马迁以中书令的身份又侍从武帝巡幸各地:“二年,春正月,行幸回中。……三年二月,令天下大酺五日,行幸东海,……幸琅邪,礼日成山(在今山东荣城县东30里),登之罘(今山东烟台市),浮大海。……四年,春三月,行幸泰山,……四月,幸不其(山名,在今山东即墨县东南20里)……五月,还,幸建章宫,大置酒,赦天下。……十二月,行幸雍,祠五畤,西至安定、北地(今甘肃环县)。征和元年,春正月,还,行幸建章宫。"(《汉书·武帝纪》)他侍从武帝巡幸至征和元年,当时他44岁,汉宫廷中发生了一件大事,即巫蛊案。所谓"巫蛊",即巫用诅咒之术以蛊害人。武帝迷信方士,因此方士多集聚于京师,宫中也有女巫,教宫女超度困厄,屋子里都埋了木偶人,按时祭祀。

当时武帝年老多病,怀疑有人用蛊为祟,便派江充"治巫蛊"。江充平素与卫皇后和戾太子有矛盾,这次认为有机可乘,即声言"宫中有蛊气",于是"先治后宫,希幸夫人,以次及皇后。遂掘蛊于太子宫,得桐木人。"(《汉书·江充传》)戾太子害怕,但有理也分辩不清,一急之下,把江充杀了。被派去帮助江充掘地寻找木偶人的御史章赣和黄门苏文却向武帝诬告说太子反了。武帝信以为真,令丞相刘屈氂发兵,与太子战于长安城中。戾太子召"监北军使者任安,发北军兵"助战,但"安受节,已闭军门,不肯应太子"。太子与丞相军在城内激战五天,"死者数万人,血流入沟中"。最终太子兵败,从覆盎门(长安城南门)逃出,至湖地(今河南灵宝县)自刭。太子逃走时,城门司直田仁"坐令太子得出"(以上引文皆见《汉书·刘屈氂传》),武帝知道后,便把田仁杀了。当时有个壶关三老,上书武帝说,江充造饰诡诈,"衔至尊之命,以迫蹴皇太子",太子"独冤结而亡告,不忍忿忿之心,起而杀充,恐惧逋逃。子盗父兵,以救难自免耳。"(《汉书·戾太子传》)又高庙令车千秋也上书为太子申冤。武帝方始觉悟,悔恨交集,不能自已,便造思子宫，建望思归来之台，以寄托自己对太子的思念。这次事件起于征和元年，延续到征和二年。

武帝之所以罪任安，认为任安受太子节而不出兵，是“坐持两端，以观成败”。同时钱官小吏诬告说，任安不出兵，是对太子有要求。这更触怒了武帝，所以处任安以极刑大辟。《史记·田叔列传》篇末褚先生补述任安遭祸被诛的过程说：

> 是时任安为北军使者护军，太子立车北军南门外，召任安，与节令发兵。安拜受节，入，闭门不出。武帝闻之，以为任安为详邪，不傅事，何也？任安笞辱北军钱官小吏，小吏上书言之，以为受太子节，言“幸与我其鲜好者”。书上闻，武帝曰：“是老吏也，见兵事起，欲坐观成败，见胜者欲合从之，有两心。安有当死之罪甚众，吾常活之，今怀诈，有不忠之心。”下安吏，诛死。

任安认为自己受节而不发兵的态度，足以表明是支持了丞相，也即支持了武帝。即使不算有功，也绝对不能认为有过。现在竟然坐罪系狱，乃是武帝听信了小吏的诬告。其实自己一身清白，言行于心无愧，所以求助于知交为自己申冤，代自己表白心迹，他教司马迁以“推贤进士为务”，当即指此。

任安给司马迁的信是征和二年初写的，司马迁于 11 月才回信，这就是有名的《报任安书》。关于《报任安书》的写作年代，王国维在《太史公行年考》中认为是太始四年。他根据《书》中有“会从上东来”（《文选》作“从东上来”）和“又薄从上雍”两句，认为前一句是指司马迁于太始四年三月侍从武帝幸泰山，五月回长安的事，后一句是指同年十二月又侍从武帝幸雍的事。两次活动在同一年，与《书》中所记符合，因此即认为《书》是太始四年写的。但王国维考证疏失之处在于这年任安并未犯罪。很明显任安给司马迁的信是他临刑前写,任安虽然“有当死之罪甚众”,但武帝真正欲置之于死地的却是这一次,即征和二年为“巫蛊”案这一次。至于对《书》中“会从上东来”的解释,程金造先生的意见是可取的(见其《关于司马迁生卒年月四考》)。“东来”并非从东方来,而是到东方来,指从武帝由甘泉回建章宫,再由建章宫回长安,建章宫在甘泉之东,长安又在建章之东,故云。“又薄从上雍”,是指“(征和)三年,春正月,行幸雍。”(《汉书·武帝纪》)《书》中说“涉旬月,迫季冬”,季冬是汉代行刑的季节,沈钦韩《汉书疏证》:“任安……怀二心腰斩,而犹须系至冬尽,则汉法之异于后也。”季冬将临,任安死期迫近,自己明春又要侍从武帝幸雍,“是仆终已不得舒愤懑以晓左右,则长逝者魂魄私恨无穷。”(《汉书·司马迁传》)不能再拖延了,所以这时写回信。司马迁在《报任安书》中主要说明自己并非不想推贤荐士,出力去援救任安,像李陵那样和自己素非相善的人物,自己还挺身而出,为他说好话,何况与有生死之交的任安呢!但是自己已是被刑之人,没有资格再做这类事了。自己遭受如此大的耻辱,本来应当死,之所以不死,是因为《史记》还未写成。表明自己可以为任安死,但《史记》必不能为任安废。结以“死日然后是非乃定”,是自誓,也是对任安的宽慰。

司马迁写《报任安书》的第二年,即征和三年(公元前九〇),李广利率兵出击匈奴,兵败投降了。司马迁把这次战役写在《匈奴列传》中,王国维认为这是《史记》中最晚出于司马迁手笔的部分,他说:“今观《史记》中最晚之记事,得信为出自公手者,唯《匈奴列传》之李广利投降匈奴事。”(《太史公行年考》)根据王国维的说法,《史记》基本完成在征和三年,那么可能是他这一年作的《史记·自序》说:“凡百三十篇,五十二万六千五百字,为《太史公书》。序略，以拾遗补艺，成一家之言，厥协《六经》异传，整齐百家杂语，藏之名山，副在京师，俟后世圣人君子。”其中把《史记》的篇幅、字数、书名都讲得很具体，并表明意图在“藏之名山”，以防失落，“副在京师”，希望得到传人。最后结以“余述历黄帝以来至太初而讫”。把所记述的史事起迄时代也讲得很清楚。说明一部宏伟的著作完成了，他那得意的心情溢于言表。司马迁于太初元年开始写《史记》，到这一年把《史记》写成，共用了 14 年的时间，若再算上他漫游、搜集和细读史料的准备阶段，则前后不下 20 年。赵翼《二十二史札记》卷一说：“其《自序》谓‘父谈临卒，属迁论著列代之史。’父卒三岁，迁为太史令，即䌷石室金匮之书。为太史令五年，当太初元年，改正朔，正值孔子《春秋》后五百年之期，于是论次其文。会草创未就，而遭李陵之祸。惜其不成，是以就刑而无怨。是迁为太史令，即编纂史事。五年为太初元年。则初为太史令时，乃元封二年也。元封二年，至天汉二年，遭李陵之祸已十年。又《报任安书》内谓安‘抱不测之罪，将迫季冬。恐卒然不讳，则仆之意终不得达，故略陈之。’安所抱不测之罪，缘戾太子以巫蛊事斩江充，使安发兵助战，安受其节而不发兵。武帝闻之，以为怀二心，故诏弃市。此书正安坐罪将死之时，则征和二年间事也。自天汉二年，至征和二年，又阅八年。统计迁作《史记》，前后共十八年。况安死后，迁尚未亡，必更有删订改削之功。盖书之成，凡二十余年也。”他具体地记述了司马迁的写作时间，可以说一部《史记》耗尽了司马迁一生的心血！

司马迁 46 岁完成了《史记》的著述，以后的事迹便不可考了。他活多大年纪，什么时候死的，怎么死的，班固《汉书·司马迁传》未曾记载，刘宋裴骃、唐司马贞、张守节注解《史记》也未提到，历代学者多加推测，各执己见。如清王鸣盛《十七史商榷》卷一说：

“(迁)后为中书令,卒必在武帝之末。……巫蛊之狱,戾太子之败,迁固亲见之。又四年武帝崩。《汉书》本传于《报任安书》后,言迁卒,则在武帝末,或更至昭帝也。”他判断司马迁死在武帝末或昭帝时,但未说怎么死的。王国维《太史公行年考》则说:“要之,史公卒年虽未可遽知,然视为与武帝相终始,当无大误也。”认为司马迁死于武帝之末,也未说怎么死的。郭沫若在其《关于司马迁之死》(见《历史研究》1956年第四期)一文中,提出了司马迁怎样死的和死于何时的看法很值得参考。关于司马迁怎样死的,主要有两条材料:

其一,在《太史公自序》之篇末,裴骃《集解》引卫宏《汉书旧仪注》云:

司马迁作《景帝本纪》,极言其短及武帝过。武帝怒而削去之。后坐举李陵,陵降匈奴,故下迁蚕室。有怨言,下狱死。

其二,葛洪在《西京杂记》卷六云:

(迁)作《景帝本纪》,极言其短及武帝之过。帝怒而削去之。后坐举李陵,陵降匈奴,下迁蚕室。有怨言,下狱死。

这两条材料都记载司马迁是“下狱死”的。卫宏是东汉前期人,他的话应当可信;葛洪是晋代人,他的记述可能即根据卫宏,或者与卫宏根据同一史料。又桓宽《盐铁论·周秦》篇有这样一段记载:

古者君子不近刑人,刑人非人也。身放殛而辱后世,故无贤不肖莫不耻也。今无行之人,贪利以陷其身,蒙戮辱而捐礼义,恒于苟生。何者?一日下蚕室,创未瘳,宿卫人主,出入宫殿,得由受奉禄,食太官享赐,身以尊荣,妻子获其饶;故或载卿相之列,就刀锯而不见闵(悯)。

文中所谓“今”，指距离盐铁会议召开的昭帝始元六年（公元前81）很近的年代。“或”指当时有人，这种人既“下蚕室”，又“载卿相之列”，最后“就刀锯而不见悯”，很像是指的司马迁。司马迁受腐刑之后，做了中书令，官阶很高，可谓“载卿相之列”。既“下蚕室”，又“就刀锯”，很像是指的司马迁再度下狱死。司马迁在《平津侯主父列传》中感叹：“及名败身诛，士争言其恶。”又在《报任安书》中说：“今举事一不当，而全躯保妻子之臣，随而媒蘖其短。”那些文人和官僚对“就刀锯”之人，不但不表同情，而且还诬蔑其为“贪利以陷其身，蒙戮辱而捐礼义”等，就是司马迁所经历的冷酷现实。那么，司马迁可能是再度下狱死的，死的年代大约在武帝末年或昭帝初年。

司马迁身后极其萧条，他只有一个女儿，嫁给官至丞相的杨敞，生了两个儿子，即忠、恽。杨恽最爱读外祖父的《史记》，“祖述其书，遂宣布焉”，成为传播《史记》的第一人。司马迁的其他后代都湮没无闻，到王莽时“求封迁后为‘史通子’”（以上引文见《汉书·司马迁传》），因为司马迁世为史官，通晓古今。这不是实际封爵，不过是个虚名而已。

司马迁一生做过郎中、太史令、中书令。他是封建阶级的官吏，他的思想体系也是封建阶级的，是效忠于封建制度的。但是，他也是受封建阶级和封建制度的奴役、迫害和摧残者。他一生是个悲剧，这个悲剧的意义在于：他忠于封建阶级，希望巩固封建制度，结果反被封建阶级和封建制度残害了。因此，他怀着愤懑和不平来揭露封建社会，鞭挞封建制度。他的这种愤懑和不平，他的思想、观点，他的学说，他的爱和憎，他的操守，他的全部精神世界，都集中地体现在他的伟大著作《史记》之中。《史记》是他整个精神世界的再现！在这种意义上说，《史记》本身也是一部伟大的悲剧！

第二章　司马迁的思想

司马迁不仅是伟大的历史家、文学家，而且是伟大的思想家。范文澜同志曾指出："他是西汉一代最大的思想家之一"（《中国通史简编》第二编），确是十分公允的评价。作为伟大的历史家、文学家，他不但有德，有才，有学，而且有识，有理想，有判断。他虽然没有专门阐明自己思想的文章，但在他对历史事件的记叙和对历史人物的评价中即表现了他的思想。在对历史事件和历史人物的朴实、具体的记述中，显示了他对汉武帝统治时期政治的认识，对宇宙和社会关系的见解，对物质生产发展史的剖析，对文学与政治关系的理解以及对整个社会人生的看法等等。司马迁对自然、社会、历史现象都作了深刻的分析，提出了许多新鲜、精辟、卓越的见解。这些见解远远超过与他同时和在他之前的思想成就，是他对我国思想宝库的重大贡献。因此，认真探讨、阐发司马迁的思想遗产，可以使我们了解我们今天的革命变革是和它的文化继承性有着辩证的联系的。

第一节　经学思想渊源

司马迁在《伯夷列传》中说："夫学者载籍极博，犹考信于六艺。《诗》《书》虽缺，然虞夏之文可知也。"说明他是推崇"六艺"，尊奉"六艺"的，他写《史记》是以"六艺"为根据，并取信于"六艺"的。因此，在他的著作中有不少关于六经经义的正面论述，而且引用了许多经文作为历史事件或人物的评价。这些评价和论述,为我们提供了探讨司马迁的经学思想及其渊源的有力根据。司马迁的经学思想出于哪一家,源于哪一派呢?

如上所述,司马迁曾师事过董仲舒,从董仲舒学习过《公羊春秋》。从师承关系上看,他在经学思想上受公羊派的影响是很深的,我们把他对六经经义的理解,和董仲舒对六经经义的解释作个比较,就可以看得很明显。司马迁在《自序》中解释六经大义说:

> 《易》著天地阴阳四时五行,故长于变;《礼》经纪人伦,故长于行;《书》记先王之事,故长于政;《诗》记山川谿谷禽兽草木牝牡雌雄,故长于风;《乐》所以立,故长于和;《春秋》辩是非,故长于治人。是故《礼》以节人,《乐》以发和,《书》以道事,《诗》以达意,《易》以道化,《春秋》以道义。

这是司马迁对六经经义的全面系统的总括说明,此外还有散见于其他各篇的对某些经书的论述。如:

> 故《书》道唐虞之际,《诗》述殷周之世,安宁则长庠序,先本绌末,以礼义防于利。(《平准书》)
>
> 故《易》基《乾》《坤》,《诗》始《关雎》,《书》美釐降,《春秋》讥不亲迎。夫妇之际,人道之大伦也。礼之用,唯婚姻为兢兢。夫乐调而四时和,阴阳之变,万物之统也。可不慎与?(《外戚世家》)
>
> 《春秋》推见至隐,《易》本隐之以显,《大雅》言王公大人而德逮黎庶,《小雅》讥小己之得失,其流及上。所以言虽外殊,其合德一也。(《司马相如列传》)
>
> 六艺于治一也。《礼》以节人,《乐》以发和,《书》以道事,《诗》以达意,《易》以神化,《春秋》以义。(《滑稽列传》)

司马迁对六经经义的解释大致如此。我们再看董仲舒是怎样阐述的。董仲舒在《春秋繁露·玉杯》篇中说：

> 《诗》《书》序其志，《礼》《乐》纯其美，《易》《春秋》明其知，六学皆大，而各有所长。《诗》道志，故长于质；《礼》制节，故长于文；《乐》咏德，故长于风；《书》著功，故长于事；《易》本天地，故长于数；《春秋》正（四部丛刊本无“正”字，疑有误，据他本补）是非，故长于治人。

两相对照，则司马迁与董仲舒的观点如出一辙，一脉相承。我们可以说司马迁对经义的认识是本于董仲舒，出自董仲舒，是对董仲舒经学思想的继承。

西汉经学最重家法，师弟传授专守一家之说。司马迁对六经大义的总认识虽然源于董仲舒，但具体到每一经，又各有师法传授。

关于《易》。司马迁在《自序》中曾谈到其父司马谈“受《易》于杨何”。那么，他的《易》学自然是出自杨何了。《易》自伏羲画卦，文王重卦，只有画而无辞，不过用为卜筮而已。自孔子作《卦爻辞》、《彖》、《象》、《文言》，阐发伏羲、文王之旨，而后《易》才成为一种讲数变的学问。《孔子世家》云：

> 孔子晚而喜《易》，序《彖》、《系》、《象》、《说卦》、《文言》。读《易》，韦编三绝。曰：“假我数年，若是，我于《易》则彬彬矣。”

又《田敬仲完世家赞》云：

> 盖孔子晚而喜《易》。《易》之为术，幽明远矣，非通人达才，孰能注意焉！

这都说明《易》自孔子始成为经学。孔子之后，其传授过程，《仲尼弟子列传》记载说：

> 商瞿，鲁人，字子木……孔子传《易》于瞿，瞿传楚人馯臂子弘，弘传江东人矫子庸疵，疵传燕人周子家竖，竖传淳于人光子乘羽，羽传齐人田子庄何，何传东武人王子中同，同传菑川人杨何。何元朔中以治《易》为汉中大夫。

又《儒林列传》记载说：

> 自鲁商瞿受《易》孔子，孔子卒，商瞿传《易》，六世至齐人田何，字子庄，而汉兴。田何传东武人王同子仲，子仲传菑川人杨何。何以《易》元光元年徵，官至中大夫。……然要言《易》者本于杨何之家。

《汉书·儒林传》有同样记载，但所记传授次序有所不同，即商瞿“以授鲁桥庇子庸，子庸授江东馯臂子弓，子弓授燕周醜子家，子家授东武孙虞子乘，子乘授齐田何子装。”而且在“田何传东武人王同子仲”之后，并著录洛阳周王孙、丁宽、齐服生三人。司马迁略去了这三人，是为了推重杨何的《易》学。司马迁之所以推重杨何，固然是因为他父亲受《易》于杨何，同时也出于对他自己的《易》学渊源的看重。司马迁的《易》学传授关系，可以明白考见者如此！

关于《书》。《汉书·儒林传》记载，司马迁曾从孔安国学习古文《尚书》，那么他的《书》学，是出自孔安国的古文说。《孔子世家》云：

> 孔子……序《书》传，上纪唐、虞之际，下至秦缪，编次其事。

司马迁处于汉武帝时经学昌明、纯正的时代，其所记孔子为《书》作《序》当是可信的。孔子之后，儒学分为八，即“有子张之儒，有子思之儒，有颜氏之儒，有孟氏之儒，有漆雕氏之儒，有仲良氏之儒，有孙氏之儒，有乐正氏之儒。”（《韩非子·显学》）八家中可考为传习《尚书》者，惟有漆雕氏和孟氏。漆雕氏，据《仲尼弟子列传》记载他名开，字子开，《孔子家语》卷九云：

漆雕开，蔡人，字子若，少孔子十一岁，习《尚书》，不乐仕。

又孟氏之儒当指孟子门下，陶潜《圣贤群辅录》云：

孟氏传《书》，为疏通致远之儒。

赵岐在《孟子题辞》中说：“孟子通五经，尤长于《诗》、《书》。”则《群辅录》说他传《书》，应当是有根据的。及秦焚诗书，经学因之断绝。汉初，除挟书之律，汉文帝始派晁错从伏生受《尚书》。《儒林列传》记载：

秦时焚书，伏生壁藏之。其后兵大起，流亡，汉定，伏生求其书，亡数十篇，独得二十九篇，即以教于齐、鲁之间。……伏生教济南张生及欧阳生，欧阳生教千乘兒宽。兒宽既通《尚书》，以文学应郡举，诣博士受业，受业孔安国。……自此之后，鲁周霸、孔安国，雒阳贾嘉，颇能言《尚书》事。孔氏有古文《尚书》，而安国以今文读之，因以起其家。逸《书》得十余篇，盖《尚书》滋多於是矣。

兒宽从孔安国受业，自然孔安国是以今文《尚书》为博士，因为当时古文《尚书》还未立学官。而且“鲁周霸、孔安国，雒阳贾嘉，颇能言《尚书》事”，都是指今文《尚书》而言，所以下文才有“孔氏有古文《尚书》”的话。这句话的意思是:孔氏所藏的《尚书》是古文,孔安国用当时通行的文字去读它,以便于生徒诵习。《汉书·儒林传》说:

> 安国为谏大夫,授都尉朝。而司马迁亦从安国问故。迁书载《尧典》、《禹贡》、《洪范》、《微子》、《金滕》诸篇,多古文说。

班固记述得很明确,司马迁是从孔安国学习古文《尚书》的,并且其书中还保存了不少古文家的说法。司马迁《史记》中记载《尚书》之文很多,不限于班固所列举的几篇。尽管有些文字可能是今文家说,但多数则属于古文,足见司马迁的《书》学渊源。

关于《诗》。《诗》学至汉代亦有古今文之分,今文《诗》有鲁、齐、韩三家,古文《诗》惟毛氏一家。司马迁的《诗》学出自哪一家?察司马迁曾从孔安国问古文《尚书》,孔安国学的是《鲁诗》,则司马迁所传,自然是《鲁诗》。《孔子世家》云:

> 古者《诗》三千余篇,及至孔子,去其重,取可施于礼义,上采契后稷,中述殷周之盛,至幽厉之缺,始于衽席,故曰:“《关雎》之乱以为《风》始,《鹿鸣》为《小雅》始,《文王》为《大雅》始,《清庙》为《颂》始”。三百五篇孔子皆弦歌之,以求合《韶》《武》《雅》《颂》之音。

孔子之后,传《诗》者为子夏。陆玑《毛诗草木虫鱼疏》云:“孔子删《诗》,授卜商(即子夏)。商为之《序》,以授鲁人曾申。申授魏人李克。克授鲁人孟仲子。仲子授根牟子。根牟子授赵人荀卿。荀卿授鲁国毛亨……”子夏四传至荀卿,荀卿再传至大毛公。则《毛诗》为荀卿所传。又据《汉书·楚元王传》记载,楚元王交少时曾和申公共同学《诗》于荀卿的门人浮丘伯:

少时尝与鲁穆生、白生、申公俱学《诗》于浮丘伯。伯者，孙卿门人也。

《鲁诗》出于申公，申公为荀卿的再传弟子，则《鲁诗》也是荀卿所传。关于《鲁诗》出于申公的情况，《史记·儒林列传》记载说：

申公者，鲁人也。……独以《诗》经为训以教。无传，疑者则阙不传。……弟子为博士者十余人，……至于大夫、郎中、掌故以百数。言《诗》虽殊，多本于申公。

我们认为司马迁的《诗》学出于《鲁诗》，这在《史记》所记之《诗》文中，可以得到证明。如《孔子世家》云：

《关雎》之乱以为《风》始，《鹿鸣》为《小雅》始。

又《十二诸侯年表序》云：

周道缺，诗人本之衽席，《关雎》作。仁义陵迟，《鹿鸣》刺焉。

这两条都是根据《鲁诗》说，认为《关雎》、《鹿鸣》之作，都是讽刺周朝时政，并非如《毛诗》所谓是咏后妃求淑女。又如《宋微子世家赞》云：

襄公之时，修行仁义，欲为盟主。其大夫正考父美之，故追道契、汤、高宗，殷所以兴，作《商颂》。

这一条也是根据《鲁诗》说，认为《商颂》是正考父所作，并非如《毛诗》所谓是正考父得《商颂》于周太师。这类《诗》文在《史记》中还有不少，不必尽录，也可以说明司马迁的《诗》学是源于《鲁诗》的了。

关于《礼》与《乐》。《诗》与《乐》是相通的,而《礼》与《乐》也是相通的。汉初,《礼》学集中于鲁,那么司马迁的《礼》学应该是与此有密切关系了。《孔子世家》云:

> 孔子之时,周室微而礼乐废,《诗》《书》缺。追迹三代之《礼》,序《书传》……曰:"夏礼吾能言之,杞不足征也。殷礼吾能言之,宋不足征也。足,则吾能征之矣。"观殷夏所损益,曰:"后虽百世可知也,以一文一质。周监二代,郁郁乎文哉!吾从周。"故《书传》、《礼记》自孔氏。

这是关于孔子定《礼》的记载。关于孔子正《乐》的情况,《孔子世家》又云:

> 孔子语鲁大师:"乐其可知也。始作翕如,纵之纯如,皦如,绎如也,以成。""吾自卫反鲁,然后乐正,《雅》《颂》各得其所。"……礼乐自此可得而述,以备王道,成六艺。

孔子之时,有子贡问《乐》,又《群辅录》云"仲良氏传《乐》",其学不可考,后来《乐》亡,不得其传。传《礼》的有子夏。贾公彦《仪礼正义·丧服》题下云:"传曰者,……人皆云孔子弟子卜商字子夏所为。"则子夏是最早传《仪礼·丧服》的人。又《礼记·杂记下》云:"恤由之丧,哀公使孺悲之孔子学士丧礼,《士丧礼》于是乎书。"孺悲又是最早传《仪礼·士丧礼》的人。其后,荀卿也是传礼的重要人物。《大戴礼记》中之《曾子立事》篇记载着《荀子》之《修身》、《大略》二篇的原文,《小戴礼记》中之《乐记》、《三年问》、《乡饮酒》记载着《荀子》之《礼论》、《乐论》二篇的原文,这说明二戴的《礼》学是荀卿传授的。又《史记·儒林列传》记载汉初《礼》学流传的情况说:

诸学者多言《礼》，而鲁高堂生最本。《礼》固自孔子时而其经不具，及至秦焚书，书散亡益多，于今独有《士礼》（案：即《仪礼》），高堂生能言之。而鲁徐生善为容。孝文帝时，徐生以容为礼官大夫。传子至孙徐延、徐襄。襄，其天姿善为容，不能通《礼经》；延颇能，未善也。襄以容为汉礼官大夫，至广陵内史。延及徐氏弟子公户满意、桓生、单次，皆尝为汉礼官大夫。而瑕丘萧奋以《礼》为淮阳太守。是后能言《礼》为容者，由徐氏焉。

高堂生、徐氏都是鲁人，说明汉初《礼》学在鲁。那么司马迁怎样承受那里的《礼》学呢？《孔子世家》说：

适鲁，观仲尼庙堂车服礼器，诸生以时习礼其家，余祗回留之不能去云。

司马迁在《自序》中又说：

讲业齐、鲁之都，观孔子遗风，乡射邹、峄。

他亲自到鲁地去参观了孔子庙所收藏的车服礼器和儒生们按时讲习饮酒、射箭的古礼，不胜向往和留恋，深味鲁地《礼》学的遗风。司马迁的《礼》学渊源，可以概见。

关于《春秋》。如上所述司马迁的《春秋》学闻之于董生，是从董仲舒学的《公羊春秋》。然而《春秋》学之渊源，也应该追溯到孔子。《孔子世家》云：

子曰："弗乎弗乎，君子病没世而名不称焉。吾道不行矣，吾何以自见于后世哉？"乃因史记作《春秋》，上至隐公，下讫哀公十四年，十二公。据鲁，亲周，故殷，运之三代。约其文辞而指博。故吴楚之君自称王，而《春秋》贬之曰"子"；践土之会实召周天子,而《春秋》讳之曰“天王狩於河阳”:推此类以绳当世。贬损之义,后有王者举而开之。《春秋》之义行,则天下乱臣贼子惧焉。孔子在位听讼,文辞有可与人共者,弗独有也。至于为《春秋》,笔则笔,削则削,子夏之徒不能赞一辞。弟子受《春秋》,孔子曰:“后世知丘者以《春秋》,而罪丘者亦以《春秋》。”

司马迁在《孔子世家》中记述孔子删订诸经时,把《春秋》置于最后,而且解说独详,说明他特别推重孔子作《春秋》,认为孔子作《春秋》比他删订其他诸经的功绩大得多。其中所谓“子夏之徒不能赞一辞”,说明子夏也曾从事《春秋》学的探讨。后来,孟轲用心于《春秋》学尤深,如他说:“《春秋》,天子之事也。”(《孟子·滕文公》下)又说:“其事则齐桓、晋文,其文则史;孔子曰:‘其义则丘窃取之矣。’”(《孟子·离娄》下)都是在阐明《春秋》的微言大义。可惜孟轲的《春秋》学已经不传了。《群辅录》云“乐正氏传《春秋》”,不知是否即孟轲弟子乐正子(《孟子·梁惠王》下赵岐注:“乐正姓,子通称,孟子弟子也。”)?其学也不可考。战国末年,荀卿在传授《春秋》学方面也起过重要作用。如陆德明《经典释文·序录》说:“左丘明作传以授曾申,申传卫人吴起,起传其子期,期传楚人铎椒,椒传赵人虞卿,卿传同郡荀卿名况,况传武威张苍,苍传洛阳贾谊,谊传至其孙嘉,……”说明荀卿传授过《左氏春秋》。又《汉书·儒林传》说:“瑕丘江公受《穀梁春秋》及《诗》于鲁申公。”申公是荀卿的再传弟子,他以其所学授给瑕丘江公,说明荀卿也曾传授过《穀梁春秋》。到汉代,《公羊春秋》学才大盛。据《史记·儒林列传》云:

董仲舒为人廉直。……汉兴至于五世之间,唯董仲舒名为明于《春秋》，其传公羊氏也。

胡毋生，齐人也。孝景时为博士。……齐之言《春秋》者多受胡毋生，公孙弘亦颇受焉。

据《汉书·儒林传》记载，胡毋生"治《公羊春秋》"，那么他所传的也是《公羊》学。在汉朝《公羊》学大盛的时代，司马迁接受这一家的学说便是很自然的了。"余闻董生曰"（《自序》），他对其老师的传授何其尊重！司马迁论述《春秋》经义，与《公羊》学完全相合，不需再加举例。即他自述写《史记》所采取的方式，所谓"我欲载之空言，不如见之于行事之深切著明也。"（《自序》）与《春秋繁露·俞序》之"吾因其行事，而加乎王心焉。以为见之空言，不如行事博深切明"也是完全相同的。

司马迁生活在汉武帝经学昌明的时代，当时的经学纯正不杂，精而不博，贵在有用，如平当以《禹贡》治河，夏侯胜以《洪范》察变，董仲舒以《春秋》决狱，王式以三百五篇当谏书等，都是实例。学者通经致用，先求大义微言。这比章句训诂之学，如刘歆《移让太常博士书》所讥"分文析义，烦言碎辞，学者罢老且不能究其一艺"不知胜过多少倍！

司马迁的经学思想是这一时代经学风尚的反映，他不求章句训诂，而在阐发经义，以求对社会有用。这种思想在他写作《史记》分析社会历史现象时起了重要作用，是促成他的《史记》写作取得如此高成就的重要因素。

第二节　政治思想

司马迁的政治思想是受有董仲舒公羊学的影响的。他在《史记》中曾多次提到董生，说明他在某些方面是发挥董学的。他在

《自序》中说：

> 自周公卒五百岁而有孔子。孔子卒后至于今五百岁，有能绍明世，正《易传》，继《春秋》，本《诗》《书》《礼》《乐》之际？意在斯乎！意在斯乎！小子何敢让焉。

这是司马迁接受了董仲舒的影响而鼓吹“天人之学”的证明，也流露了自负情绪。孔子曾修《春秋》并学《易》，是学究天人的。司马迁则把《易》和《春秋》联系起来，认为“《易》著天地阴阳四时五行，故长于变。……《春秋》辩是非，故长于治人。”“《易》以道化，《春秋》以道义。”（《自序》）司马迁出于今文，又表彰古文，他把古今经学沟通起来了。其实，《易》代表天道，《春秋》专讲人事，《易》以道天地的变化，《春秋》以辩人事之是非，而人事之是非与天道的变化是分不开的，因此有《易》与《春秋》的结合。

公羊学是主张大一统的，司马迁也是肯定大一统的，这一点他和董仲舒完全一致。他称赞秦统一说：

> 秦并海内，兼诸侯，南面称帝，以养四海，天下之士斐然向风，若是者何也？曰：近古之无王者久矣。周室卑微，五霸既殁，令不行于天下，是以诸侯力政，强侵弱，众暴寡，兵革不休，士民罢敝。今秦南面而王天下，是上有天子也。既元元之民冀得安其性命，莫不虚心而仰上，当此之时，守威定功，安危之本在于此矣。（《秦始皇本纪》）

战国时代“兵革不休，士民罢敝”，因此人民都渴望大一统，司马迁讴歌大一统，因为“近古之无王者久矣”，只有大一统，人民才“得安其性命”，社会才能安定。

从主张统一的观念出发，司马迁对汉初反对刘邦的韩信很不满意，申斥说：“天下已集，乃谋畔逆，夷灭宗族，不亦宜乎！”（《淮阴侯列传赞》）与此相反，对平定诸吕之乱，迎立代王刘恒为帝的周勃则给以很高的评价：

诸吕欲作乱，勃匡国家难，复之乎正。虽伊尹、周公，何以加哉！（《绛侯周勃世家赞》）

吴、楚等诸王侯封地广，势力大，他很有意见，认为“古者诸侯地不过百里，山海不以封。”（《吴王濞列传赞》）主张诸王侯“大国不过十余城，小侯不过数十里。……以蕃辅京师。”（《汉兴以来诸侯王年表》）以形成“强本干，弱枝叶”之势，这样才能巩固统一的中央集权。对淮南、衡山诸王联合反抗汉武帝，他谴责说：

《诗》之所谓“戎狄是膺，荆舒是惩”，信哉是言也。淮南、衡山亲为骨肉，疆土千里，列为诸侯，不务遵蕃臣职以承辅天子，而专挟邪僻之计，谋为畔逆，仍父子再亡国，各不终其身，为天下笑。（《淮南衡山列传》）

他从巩固统一的封建政权出发，认为诸侯反叛中央，是“挟邪僻之计”，因此竭力支持汉武帝的削藩政策，衷心拥护汉武帝的推恩令：

制诏御史：“诸侯王或欲推私恩分子弟邑者，令各条上，朕且临定其号名。”太史公曰：盛哉，天子之德！一人有庆，天下赖之。（《建元已来王子侯者年表》）

这些都说明司马迁的政治思想是拥护大一统的。这种大一统的政治思想，在当时的历史条件下，与历史发展的进程是一致的，因而是进步的。

董仲舒主张更化，即要求以仁德代替严刑，以儒家学说代替法家学说。司马迁在政治上也主张“德治”，反对“法治”，重王道，轻霸道。他在《五帝本纪》中说：

> 炎帝欲侵陵诸侯，诸侯咸归轩辕。轩辕乃修德振兵，治五气，艺五种，抚万民，度四方……诸侯咸尊轩辕为天子，代神农氏，是为黄帝。

在《夏本纪》中，他记载了“桀不务德”而亡，“汤修德”乃“践天子位”的事；在《殷本纪》中，又记载了太戊“修德”、武丁“行德”而去灾异，“殷道复兴”的事，都是从历史上说明“德治”对一个朝代兴亡成败的决定意义。在《陈杞世家赞》中对“德治”的作用作了进一步的叙述：

> 舜之德可谓至矣！禅位于夏，而后世血食者历三代。及楚灭陈，而田常得政于齐，卒为建国，百世不绝，苗裔兹兹，有土者不乏焉。

一个帝王实行“德治”，不但可以使当世的统治无患，而且还能远荫子孙，使他们的统治地位长久不衰，可见行“德治”的重要性了。从“德治”出发，他反对“法治”，认为“法治”只是治理国家的辅助工具，不是“制治清浊”的根本。他说：“奉职循理，亦可以为治，何必威严哉！”（《循吏列传》）同时，他对历史上行“德治”的人物，就加以赞扬，对主张法治的人物如吴起、商鞅、韩非及晁错等便予以贬斥。是否实行“德治”，是他评论历史人物、评论历史事件的根本出发点。

司马迁从“德治”观念出发，揭露封建统治阶级的残暴，从“重民”的观点出发，揭露汉武帝对人民的残酷剥削。《平准书》和《酷吏列传》就是两篇互为表里的文章。他通过对那些财政大臣和一群酷吏的描写，揭示出封建社会统治者和被统治者、剥削者和被剥削者的矛盾。酷吏杜周，当人们责问他不照法律行事，而专以人主的好恶治狱时，他给法律下了个定义：

三尺安出哉？前主所是著为律，后主所是疏为令，当时为是，何古之法乎！（《酷吏列传》）

这就揭穿了法律的“神圣”外衣，而显示其任意杀人的阶级本质。但是，法律并不能维持封建阶级的“盛世”，司马迁能“见盛观衰”，能于财产高度集中之中，看出阶级斗争的危机。

他一方面在《平准书》中描写了大地主大量没收居民的财富、土地和奴婢，使中家以上大都破产，描写了少数特权豪强地主“踹财役贫”，使“黎民重困”，造成民不聊生的境况。他借评历史抨击汉武帝统治下的现实说：

自是之后，天下争于战国，贵诈力而贱仁义，先富有而后推让。故庶人之富者或累巨万，而贫者或不厌糟糠。……于是外攘夷狄，而内兴功业，海内之士力耕不足粮饟，女子纺绩不足衣服。古者尝竭天下之资财以奉其上，犹自以为不足也。

另一方面，在《酷吏列传》中指出了农民起义已经爆发，著名的大暴动和不可胜数的小暴动风起云涌，斩不断，杀不绝，使汉王朝的统治岌岌可危：

而吏民益轻犯法，盗贼滋起。南阳有梅免、白政，楚有殷中、杜少，齐有徐勃，燕、赵之间有坚卢、范生之属。大群至数千人，擅自号，攻城邑，取库兵，释死罪，缚辱郡太守、都尉，杀二千石，为檄告县趣具食；小群以百数，掠卤乡里者，不可胜数也。……散卒失亡，复聚党阻山川者，往往而群居，无可奈何。

结果吓得统治阶级“上下相为匿，以文辞避法焉”。这就揭示了农民起义和封建统治者残酷压迫、剥削的因果关系，揭示了社会发展的客观规律。

司马迁在《叔孙通列传》中，通过对定礼大师叔孙通的描写，揭露了汉朝社会在礼让掩饰下的丑恶和无耻。叔孙通是个阿谀奉承、卑躬屈节的人物，他“所事者且十主，皆面谀以得亲贵”，反讥笑一些有气节的人为“若真鄙儒也，不知时变”。在他的筹划下，为汉高祖称帝大排礼仪，汉高祖高兴得喟然而叹：“吾乃今日知为皇帝之贵也。”于是他被任命为太常，赐金五百斤。和他一起定礼的儒生，也受了赏赐。这群丑类喜形于色，皆誉叔孙通“诚圣人也，知当世之要务”。原来，司马迁在《自序》里所恭维的汉代的王道世界，在具体事例的叙述中，却是一副卑鄙龌龊的丑相。这就清楚地表明司马迁的政治态度。

司马迁在《酷吏列传》中，通过对汉武帝法度的具体叙述，揭露了封建法治的残酷。张汤是为汉武帝立法的刽子手，定了不少维持封建制度的专制法令，只要武帝喜欢，他都会附会经义，以满足武帝的要求。因此，当时“天下事皆决于汤”。然而司马迁竟敢大胆指出，正因为实行这种法律，人民已经不能安生，要“骚动”了。张汤死后，“而民不思”！可见，司马迁的法律观点，已经触及到封建制度的深刻矛盾，即一方面是神圣庄严的王权制度，一方面是圣光掩盖下的非法掠夺。这与他借汲黯之口对汉武帝“陛下内多欲，而外施仁义”专制面貌的批评是一致的。

司马迁不但揭露了汉代“内法外儒”的法律实质，而且揭露了“内法外儒”的道德实质。他把道德分为两类：一类是以权力的窃取和财富的掠夺为标准，他说：“鄙人有言曰：‘何知仁义？已飨其利者为有德。’……‘窃钩者诛，窃国者侯，侯之门仁义存’，非虚言也。”（《游侠列传》）另一类是以平等报施和患难恤救为标准，他说：“布衣之徒，设取予然诺，千里诵义，为死不顾世，此亦有所长，非苟而已也。”(《游侠列传》)前一类人的行为是“朋党宗强比周，设财役贫，豪暴侵凌孤弱，恣欲自快。”后一类人的行为是“虽时扞当世之文罔，然其私义廉洁退让，有足称者。名不虚立，士不虚附。”这是两类不同阶级的道德。前一类代表豪暴地主阶级的利益，后一类代表下层人民的利益。司马迁揭露前者，而歌颂后者。如他写朱家是“振人不赡，先从贫贱始”。写郭解是“振人之命，不矜其功。”他赞扬这些人物与一般豪暴之徒不同，“其言必信，其行必果，已诺必诚，不爱其躯，赴士之厄困，既已存亡死生矣，而不矜其能，羞伐其德”。(《游侠列传》)他所歌颂的这类下层人民的道德，在当时是与豪暴地主阶级的利益对立的，因此有积极意义，所以班固才诽谤他“进奸雄”。司马迁揭露汉代“内法外儒”实质的政治思想，比较集中地体现在《儒林列传》和《酷吏列传》之中。这两篇文章一写儒，一写法，一表一里，不但鲜明具体地显示了司马迁的政治思想，而且有极重要的历史价值。

司马迁的政治思想接受儒家公羊学派的比较多，在五经之中，尤其注意《公羊春秋》。他从儒家“重民”、“爱民”的“德治”观点出发，揭露了汉朝统治者用严刑峻法对人民的残酷镇压，揭露了法律的阶级实质，同时揭露了作为巩固封建等级制度的礼的虚伪性、道德的虚伪性以及当时社会的阶级矛盾、政治危机等。这些都是司马迁政治思想超过当时人和前人的地方。

第三节　哲学思想

司马迁的哲学思想是吸收了先秦道家思想的传统，并接受了当时儒家公羊学的学说而形成的。在某些方面他把二者结合起来了。他思想的主要方面闪烁着唯物主义的光辉，但有时又不免陷入唯心主义泥淖中。这种情况从他提出的《史记》创作目的“究天人之际”的具体叙述中可以明显地看出来。所谓“究天人之际”，就是探讨自然界和人的关系。这属于哲学的范畴。他在叙述中怎样体现的呢？

首先，他和他父亲司马谈相似，认为天地万物的根源不是来自超现实的精神实体或上帝，而是来自物质世界。他在《自序》中说：

……乃合大道，混混冥冥，光耀天下，复反无名。

“混混冥冥”是“气”的原始状态，在它没有形成任何事物以前，还说不上什么“名称”，所以称为“无名”。然而“无名”决不是不存在的东西，而是最根本、最原始的物质性实体。这是对先秦老子学说的继承。关于人类的生命、身体的起源，司马迁和他父亲也给以唯物主义的解释，他在同一篇文章中又说：

凡人所生者神也，所托者形也。神大用则竭，形大劳则敝，形神离则死。死者不可复生，离者不可复反，故圣人重之。由是观之，神者生之本也，形者生之具也。

文中所谓“神”的性质，张守节《正义》说：“混混者，元气（神者）之貌也。”裴骃《集解》引用韦昭的话说：“声气者，神也。枝体者，形也。”这是沿袭了秦汉以来唯物主义哲学对“神”“气”的理解。司马迁采用了这种理解，认为气是一切事物的根源，自然界和人类都是由气产生的，与神或上帝没有关系。

司马迁是精通天文历法的。自然科学的成就可以推动唯物主义哲学的发展。汉初的自然科学和唯物主义哲学都是以阴阳五行学说作为理论根据的。阴阳五行学说产生之初，尽管仍有某些迷信成分，但对神权思想却有冲击作用。它认为自然万物都是由水、火、木、金、土构成的，并非神所创造。到了汉代，儒学大师董仲舒把阴阳五行学和儒学融会成《春秋公羊学》，借天变灾异来附会经义，使儒学蒙上浓厚的迷信色彩。司马迁和他父亲也接受了阴阳五行的哲学思想，这充分地表现在《史记》的《律书》和《天官书》中。《天官书》记载了两千多年前星球的运行，星座的位置；记载了几百个星体、星座，并指出它出现的时间和季节、运行的规律。这说明天象运行并不是神秘莫测的，而是可以由人类推算出来的自然现象。他在《自序》中又说：

> 夫阴阳四时、八位、十二度、二十四节各有教令，顺之者昌，逆之者不死则亡，未必然也，故曰"使人拘而多畏"。夫春生夏长，秋收冬藏，此天道之大经也，弗顺则无以为天下纲纪，故曰"四时之大顺，不可失也"。

他认为阴阳五行学说是有缺点的，即"大（太重视）祥（灾异）而众忌讳，使人拘而多所畏"，但阴阳五行学说在解释"四时之大顺"，天道运行方面，"不可失也"。赞扬了阴阳五行学说主张顺从自然，掌握自然发展规律的唯物主义观点。同样他在《素王妙论》中也说：

> 春夏囚死，秋冬旺相，非能为之也；日朝出而暮入，非求之也，天道自然。

完全以自然有规律的运行，否定了当时宗教迷信的思想。司马迁从自己唯物主义的思想出发，对历史上许多迷信现象进行了一系列的批判。如他说：

> 余至江南，观其行事，问其长老，云龟千岁乃游莲叶之上，蓍百茎共一根。又其所生，兽无虎狼，草无毒螫。江傍家人常

畜龟饮食之,以为能导引致气,有益于助衰养老,岂不信哉?(《龟策列传》)

他以讽刺的笔法,揭露了龟策之骗人。"信哉"? 实际上是不可信,以正为反,以褒作贬,正是司马迁惯用的手段。又说:

今上封禅,其后十二岁而还,遍于五岳、四渎矣。而方士之候祠神人,入海求蓬莱,终无有验。而公孙卿之候神者,犹以大人之迹为解,无有效。天子益怠厌方士之怪迂语矣,然羁縻不绝,冀遇其真。(《封禅书》)

这就揭露了神仙家说之不足凭。司马迁尽可能用人事来说明人事,而避免用"天道"说明人事。《项羽本纪》描写项羽的失败时,自称"此天之亡我,非战之罪也"。司马迁则指出项羽的失败是由于他自己的错误,并不是什么"天意":

自矜功伐,奋其私智而不师古,谓霸王之业,欲以力征经营天下,五年卒亡其国,身死东城,尚不觉寤而不自责,过矣。乃引"天亡我,非用兵之罪也",岂不谬哉!

蒙恬被秦二世赐死时,他自以为有功,不当死。但最后他认为是自己修长城、筑驰道堑山堙谷,犯下"绝地脉"罪过的报应。司马迁尖锐指出:

夫秦之初灭诸侯,天下之心未定,痍伤者未瘳,而恬为名将,不以此时强谏,振百姓之急,养老存孤,务修众庶之和,而阿意兴功,此其兄弟遇诛,不亦宜乎! 何乃罪地脉哉?(《蒙恬列传》)

批判了信地脉说之荒谬。

司马迁反对用天命解释人生的吉凶祸福,在当时是有现实意义的。当时的统治者极力证明天是有意志的，人们的富贵穷通都是天命决定的，只要奉公守法，按照代天立言的天子所规定的道德规范去做，就会有好的结果。司马迁由于在政治上遭受残酷的迫害，更主要是根据历史上大量不合理的事实，对统治者所宣扬的天命提出怀疑。他在《伯夷列传》中，为忠于自己的理想，不屈服于暴力的伯夷、叔齐兄弟的遭遇鸣不平，对天道有知的观念提出质询：

或曰："天道无亲，常与善人。"若伯夷、叔齐，可谓善人者非邪？积仁洁行如此而饿死！且七十子之徒，仲尼独荐颜渊为好学。然回也屡空，糟糠不厌，而卒蚤夭。天之报施善人，其何如哉？盗跖日杀不辜，肝人之肉，暴戾恣睢，聚党数千人横行天下，竟以寿终。是遵何德哉？此其尤大彰明较著者也。若至近世，操行不轨，专犯忌讳，而终身逸乐，富厚累世不绝。或择地而蹈之，时然后出言，行不由径，非公正不发愤，而遇祸灾者，不可胜数也。余甚惑焉，傥所谓天道，是邪非邪？

在《李将军列传》中，对李广为汉王朝出击匈奴立下了赫赫战功，却得不到尺寸之封而深表同情，并十分愤慨，他通过李广同样对"天命"提出质询：

自汉击匈奴而广未尝不在其中，而诸部校尉以下，才能不及中人，然以击胡军功取侯者数十人，而广不为后人，然无尺寸之功以得封邑者，何也？岂吾相不当侯邪？且固命也？

司马迁是精通古今历史事变的，他所看过的古往今来许多不合理、不公平的事实，证明统治者所宣扬的天道观，完全是骗人的谎话。那些贪婪、无耻、低能的剥削者、寄生者，却能取得高官厚禄、安富尊荣，而那些善良、忠诚、正义并为国家建立功勋的人们，却遭到冷遇、折磨、迫害和凌辱,这是什么“天道”?

此外,他结合自己的不幸遭遇,对天道的欺骗本质作了进一步的指控。他在《悲士不遇赋》(《全汉文》二六)中感叹说:

> 悲夫,士生之不辰,愧顾影而独存。恒克己而复礼,惧志行之无闻。谅才韪而世戾,将逮死而长勤。虽有形而不彰,徒有能而不陈。何穷达之易惑,信美恶之难分。时悠悠而荡荡,将遂屈而不伸!使公于公者,彼我同兮;私于私者,自相悲兮。天道微哉,吁嗟阔兮;人理显然,相倾夺兮。……逆顺还周,乍没乍起。理不可据,智不可恃。无造福先,无触祸始。委之自然,终归一矣。

在这篇抒情短赋中,他控诉了当时不合理的社会现象,诅咒了人与人的互相倾夺和凌辱,指出了天道之渺茫与不可知。对“天道”的怀疑、指责是司马迁唯物主义哲学思想中最光辉的部分。

司马迁的哲学思想中,还包含着朴素的辩证法观点。这种辩证法观点体现在他对历史现象的解释中。如:

> 桓公欲背曹沫之约,管仲因而信之,诸侯由是归齐。故曰:“知与之为取,政之宝也。”(《管晏列传》)
>
> 女无美恶,居宫见妒;士无贤不肖,入朝见疑。故扁鹊以其伎见殃,仓公乃匿迹自隐而当刑。缇萦通尺牍,父得以后宁。故老子曰“美好者不祥之器”,岂谓扁鹊等邪?若仓公者,可谓近之矣。(《扁鹊仓公列传赞》)
>
> 老氏称:“上德不德,是以有德;下德不失德,是以无德。法令滋章,盗贼多有。”太史公曰:“信哉是言也!法令者治之具,而非制治清浊之源也。”(《酷吏列传》)

所谓“与之为取”,“美好者不祥之器”,“法令滋章,盗贼多

有”,相反相成,正是一种朴素的辩证观点。其中有着对老子学说的真切理解,也有自己对这种学说的信从。又如:

> 管仲既任政相齐,……俗之所欲,因而予之;俗之所否,因而去之。其为政也,善因祸而为福,转败而为功。(《管晏列传》)
>
> 兵以正合,以奇胜。善之者,出奇无穷。奇正还相生,如环之无端。夫始如处女,适人开户;后如脱兔,适不及距:其田单之谓邪!(《田单列传赞》)
>
> “大直若诎,道固委蛇”,盖谓是乎?(《刘敬叔孙通列传赞》)

这种“因祸而为福,转败而为功”;“奇正还相生,如环之无端”;“大直若诎,道固委蛇”等等,或渊源于老子的哲学,或来自孙子兵法,都融汇为司马迁自己的思想,放射着辩证法的光芒。

司马迁认为自然界是物质的,它是在按照自己的规律运行着;他避免用“天道”解释人事,认为“天道”并不能定人生的吉凶祸福。这是司马迁“究天人之际”思想中极为进步的方面,也是他思想中最有价值的部分。但是司马迁也接受了董仲舒“天人感应”学说的一些迷信成分,他在一定程度上还相信天上某星辰的出现和运行会造成人世间的灾难和幸福,用自然界的变化来解释社会人事的变化。《天官书》记载说:

> 汉之兴,五星聚于东井。平城之围,月晕参、毕七重。诸吕作乱,日蚀,昼晦。吴楚七国叛逆,彗星数丈,天狗过梁野;及兵起,遂伏尸流血其下。……由是观之,未有不先形见而应随之者也。

像汉之兴,平城之围,诸吕作乱,七国之反,天空的某类星宿没有不在运行中先显示出某些征兆的。此外,像金星运行在南方,主"年谷熟";火星、水星相合,主不能用兵,"用兵大败";金星与木星争斗,主"野有破军"等。他似乎相信人间的一切,都是"上天"安排的。当人事符合"天意"的时候,社会就能长治久安,否则便天下大乱。人君失德,天就降灾异以示警告。如:

> 帝孔甲立,好方鬼神,事淫乱。夏后氏德衰,诸侯畔之。天降龙二,有雌雄,孔甲不能食,未得豢龙氏。(《夏本纪》)

孔甲没有接受这种警告而修德政,终于灭亡。相反,如果人君能接受上天的警告,立即修德行仁,政权就能巩固。如武丁祭祀成汤,"有飞雉登鼎耳而呴","武丁修政行德,天下咸欢,殷道复兴。"(《殷本纪》)他还说:

> 夫常星之变希见,而三光之占亟用。日月晕适,云风,此天之客气,其发见亦有大运。然其与政事俯仰,最近天人之符。(《天官书》)

这更明确地谈到"天道"与政治的关系。他认为日月星辰之自然表现都和人事相关联,即"天人之符",所以为政者必须注意这种变化,才能避免陨越。这自然是一种封建的神秘主义思想的表现,是宗教迷信,但是,也不是毫无意义的。正直的臣僚可以以此对人君进行谏诤,以天变灾异来限制人君的行为。董仲舒在《春秋繁露》卷八《必仁且知》中说:"凡灾异之本,尽生于国家之失,国家之失乃始萌芽,而天出灾害以谴告之,谴告之而不知变,乃见怪异以惊骇之,惊骇之尚不知畏恐,其殃咎乃至。以此见天意之仁而不欲陷人也。"即说明他这一主张的讽谏意义。司马迁继承了这种思想,藉以匡正人君,使人君讲仁义,行德政。这是他的本意。

司马迁是反对天命的,但他并不是一个彻底的唯物主义者,当他对复杂的历史兴亡成败现象得不到正确答案时，又不得不用天命进行解释。他论秦始皇统一天下时说：

> 论秦之德义不如鲁卫之暴戾者，量秦之兵不如三晋之强也，然卒并天下，非必险固便形势利也，盖若天所助焉。（《六国年表》）

认为秦之统一天下，是上天之助，并非人力。又论刘邦建立汉朝时说："此乃传之所谓大圣乎？岂非天哉！岂非天哉！非大圣孰能当此受命而帝者乎？"（《秦楚之际月表》）说明刘邦之得天下，是天的意志。在谈到一些将相功成封爵时说："高祖离困者数矣，而留侯常有功力焉，岂可谓非天乎？"（《留侯世家赞》）认为天命张良来解救刘邦的困厄。又说："阳陵侯傅宽、信武侯靳歙皆高爵，从高祖起山东，攻项籍，诛杀名将，破军降城以十数，未尝困辱，此亦天授也。"（《傅靳蒯成列传赞》）认为傅宽、靳歙位尊爵高是天授。他力图摆脱神权迷信思想，但最后仍不得不求救于茫茫"天命"。

司马迁的哲学思想，是继承先秦道家的传统，并接受当时儒家公羊学的学说，结合他精深的科学造诣而形成的。他根据丰富的资料，从事实出发，说明自然万物都是物质构成的，并非神所创造。他尽可能地从自然现象和社会现象本身去说明自然现象和社会现象，说明天、人的关系，以证实天道无知，天道茫茫。这是司马迁对历史上唯物主义哲学的发展，是他对我国哲学思想的重要贡献。

第四节　历史观点

作为一个伟大的历史学家，司马迁在史学观点方面也作出了卓越的贡献。他的功绩不仅在于尽量摆脱宗教迷信思想对历史发展的影响，而且在于他积极建立了自己的具有进步意义的历史观。他提出写《史记》的目的是“通古今之变”，那么，他是怎样阐述历史变化的呢？司马迁在《平准书》中谈到中国古代史发展的法则时说：

> 故《书》道唐虞之际，《诗》述殷周之世，安宁则长庠序，先本绌末，以礼义防于利；事变多故而亦反是。是以物盛则衰，时极而转，一质一文，终始之变也。《禹贡》九州，各因其土地所宜，人民所多少而纳职焉。汤武承弊易变，使民不倦，各兢兢所以为治，而稍陵迟衰微。齐桓公用管仲之谋……用区区之齐显成霸名。魏用李克，尽地力，为强君。自是之后，天下争于战国，贵诈力而贱仁义，先富有而后推让。故庶人之富者或累巨万，而贫者或不厌糟糠；有国强者或并群小以臣诸侯，而弱国或绝祀而灭世。以至于秦，卒并海内。

他提出“物盛则衰，时极而转”的历史发展的辩证法则。虽然他也谈“一质一文，终始之变”，好像是循环论，但他所叙述的历史事实却都是发展的而不是循环的。他从大禹讲起，这正好是我国阶级社会的开始。《禹贡》九州各纳所有，至汤武而发展成奴隶社会以至初期的封建制。春秋时代齐桓公用管仲因山海之利而成霸业，魏用李克尽地利之教以成强国，此后转至战国，井田制破坏，而兼并迭起，庶人之富者兼并贫穷，强国兼并弱小，至秦始皇而统一。司马迁是从经济发展方面谈问题的，他用经济的发展来说明社会历史的发展，这种历史观点已经接近历史唯物主义，在我国古代史学家中是少见的进步思想。

司马迁长于从经济的观点解释历史的发展，从而能进一步得出唯物主义的结论来。他在《货殖列传》中，对人类物质生活资料的生产史，作了如下的论述：

> 待农而食之，虞（矿）而出之，工而成之，商而通之。此宁有政教发征期会（指官府的政令去征发和约束）哉？人各任其能，竭其力，以得所欲。故物贱之征贵（贱征求贵），贵之征贱，各劝其业，乐其事，若水之趋下，日夜无休时，不召而自来，不求而民出之。岂非道之所符，而自然之验邪？

他用经济原因、生产和交换两方面的需要情况来说明社会分工的必然性，并指出社会的发展正是由于人们为了满足自己的生活欲求而努力经营促成的。这种愿望既出于自然，又符合社会发展的要求，也就是"道"之所在。这是一种朴素的唯物主义观点。两千年前司马迁能对人类社会史作如此深刻的分析，确是很不简单的。在同一篇传记中，他又说：

> 富者，人之情性，所不学而俱欲者也。故壮士在军，攻城先登，陷阵却敌，斩将搴旗，前蒙矢石，不避汤火之难者，为重赏使也。其在闾巷少年，攻剽椎埋，劫人作奸，掘冢铸币，任侠并兼，借交报仇，篡逐幽隐，不避法禁，走死地如骛者，其实皆为财用耳。今夫赵女郑姬，设形容，揳鸣琴，揄长袂，蹑利屣，目挑心招，出不远千里，不择老少者，奔富厚也。游闲公子，饰冠剑，连车骑，亦为富贵容也。弋射渔猎，犯晨夜，冒霜雪，驰阬谷，不避猛兽之害，为得味也。博戏驰逐，斗鸡走狗，作色相矜，必争胜者，重失负也。医方诸食技术之人，焦神极能，为重糈也。吏士舞文弄法，刻章伪书，不避刀锯之诛者，没于赂遗也。农工商贾畜长，固求富益货也。

他从战士勇敢在为赏，恶棍轻生在为财，歌妓卖笑在为富厚，说到浮浪子弟狩猎、赌博，医生技士焦神极能，贪官污吏舞文弄法，农工商贾苦心经营,都是为了追求各自的生活欲求。这种基于人生欲望的自然法则,完全是从人类学出发的经济观点,自然得出了“富无经业,则货无常主,能者辐凑,不肖者瓦解”(《货殖列传》)的结论。这种观点自然是幼稚的,但当时却有进步意义,它反映了封建社会被压迫人民和农民小私有者的要求,反映了这些人民希望通过努力生产,所得财产可致“千金之家比一都之君,巨万者乃与王者同乐”(《货殖列传》)的愿望。这种朴素的平等思想,对封建社会超经济的剥削制度是一种批判。班固批评司马迁“述货殖,则崇势力而羞贫贱”,这不但不能贬损司马迁的价值,反而更可以见出司马迁的伟大。

司马迁能明察社会历史变化的物质生产的根源,对社会历史的变化能从物质生产方面进行解释。他说:

> ……干戈日滋,行者赍,居者送,中外骚扰而相奉,百姓抚弊以巧法,财赂衰耗而不赡。入物者补官,出货者除罪,选举陵迟,廉耻相冒,武力进用,法严令具。兴利之臣自此始也。(《平准书》)

汉武帝所以穷兵黩武,并非他个人意志决定的,而是当时社会经济发展的结果。随着经济实力的发展,必然出现军事的扩张。又由于军事的扩张,造成经济的衰竭。社会矛盾因此激化,于是任用酷吏。司马迁从物质生产方面给酷吏的产生作了科学的解释。

更值得注意的是,司马迁能洞察封建社会经过生产过程自然发生的剥削和被剥削的关系。阶级剥削是在生产过程中形成的,占有财富越多的人,对别人的剥削就越严酷。他说:

> 凡编户之民,富相什(十)则卑下之,伯(百)则畏惮之,千则役,万则仆,物之理也。(《货殖列传》)

一般人，对财富十倍于自己者便向他低头，百倍于自己者便敬畏他，千倍于自己者便被他役使，万倍于自己者便做他的奴仆，这是人情物理。司马迁虽然不是一个阶级论者，而且对通过不同方式致富的人作出过不同的评价，认为“本富（指务农致富）为上，末富（指经商致富）次之，奸富（指榨取致富）最下”（《货殖列传》），但在客观上却揭示了阶级社会的阶级奴役关系是“物之理”，是一种自然规律。

司马迁对社会政治变革的历史，十分重视从发展的观点去考察，反对不考察历史实际，以成败论事，而蔽于偏见的思想。他在论秦代制度变革时说：

> 独有《秦记》，又不载日月，其文略不具。然战国之权变亦有可颇采者，何必上古？秦取天下多暴，然世异变，成功大。《传》曰“法后王”，何也？以其近己而俗变相类，议卑而易行也。学者牵于所闻，见秦在帝位日浅，不察其终始，因举而笑之，不敢道，此与以耳食无异。悲夫！（《六国年表序》）

司马迁身处汉代，能不避嫌疑地议论秦代的历史地位，当然是难能可贵的。更重要的是他肯定了战国的权变，肯定了秦代的变异，肯定了我国古代史上空前大一统的局面，而这都足为后王法，所以他也主张法后王。一句话，他能从客观实际出发，看出社会政治制度的发展和变化。

司马迁的历史观是进步的唯物主义的，对历史的变化、发展，作了许多精辟的论述和分析，具有真知灼见。但是和历史上许多进步的作家一样，他最终不能摆脱唯心主义英雄史观的影响。在整部《史记》里，他主要是写帝王将相在历史上的活动，通过对他们兴亡成败的描写，说明古今历史的变化。他在《自序》中说：十二本纪的著述，目的在于明“王迹所兴”，三十世家是纪“辅拂股肱之臣”，七十列传则传“扶义俶傥”，“立功名于天下”之人。他往往把历史上一些成败现象，看成是帝王将相活动的结果。像夏、商、周三代之所以兴，是由于禹、汤、文、武的文治武功；之所以亡，是由于桀、纣、幽、厉的昏庸残暴。他强调“安危在出令，存亡在所任。”（《楚元王世家赞》）把天下的安危存亡，系于帝王将相个人的行为。此外，司马迁对历史的看法，虽然认为是变化的，重视历史的发展，社会的前进，从而能揭露出历史的某些规律。但是他看不见历史的真正主人，不知道历史发展的真正动力，因而也看不出历史发展的方向，以致最终不得不回到董仲舒三统循环论的轨道上来。（所谓三统，即把历史上朝代的递嬗，归纳为三个系统即黑统、白统、赤统的演变，得到某一统而为王的朝代，该朝代的礼乐制度就照着那一统的制度办理。）如他说：

> 夏正以正月，殷正以十二月，周正以十一月。盖三王之正若循环，穷则反本。天下有道，则不失纪序；无道，则正朔不行于诸侯。（《历书》）

夏为黑统，商为白统，周为赤统。司马迁承认这种学说，并为汉王朝的建立找理论根据说：“我汉继五帝末流，接三代绝业。”（《自序》）又说：

> 夏之政忠（朴实）。忠之敝，小人以野（粗野），故殷人承之以敬（敬帝敬祖先）。敬之敝，小人以鬼（事鬼神），故周人承之以文（礼节）。文之敝，小人以僿（无诚意），故救僿莫若以忠。三王之道若循环，终而复始。周、秦之间，可谓文敝矣。……故汉兴，承敝易变，使人不倦，得天统矣。（《高祖本纪赞》）

结论是汉王朝“受命于天”。为了区别于前一朝代,必须改制。司马迁提倡“王者易姓受命,必慎始初,改正朔,易服色,推本天元,顺承厥意。”(《历书》)他积极参加了汉武帝时期的改制活动,为汉王朝的巩固作出了不少努力。社会历史现象是极端复杂的,当司马迁没有能力全面、客观、用历史本来面貌解释历史时,有时便主观、片面地从地理条件方面说明历史现象,认为某些历史事件、历史人物和社会风尚的形成,是由地理条件决定的。他说:“夫荆楚僄勇轻悍,好作乱,乃自古记之矣。”(《淮南衡山列传赞》)又说:“吾适齐,自泰山属之琅邪,北被于海,膏壤二千里,其民阔达多匿知,其天性也。”(《齐太公世家赞》)又说:“夫齐鲁之间于文学,自古以来,其天性也。”(《儒林列传》)这些解释都是片面的,不科学的。

司马迁的历史观点中,尽管有这些唯心主义成分,但无损于他在历史学方面的伟大成就。他力图从经济的发展说明社会历史的发展,能把物质生产的历史当作不以人的意志为转移的自然史看待,能明察社会、历史变化的物质根源等。在他这些历史观点中,有着古人少有的极清醒的实事求是的精神。在我国唯物史观的发展过程中,他是开始清醒地认识历史的第一个历史家。

第五节　文学观点

司马迁在著述中,表现了他的文学创作的才能和识力。虽然他没有写过条分缕析的表现自己文学观点的文章,但从他对客观事物的描述中,也可以看出他那深刻而精辟的文学见解。他从自己长期的写作实践中,从由于政治上受迫害而对现实深入的观察中,从对文学史上作家创作经验的汲取中,提出了卓异而进步的文

学观点。首先,他提出了作家为什么要写作。他有一段著名的文字说:

> 昔西伯拘羑里,演《周易》;孔子厄陈、蔡,作《春秋》;屈原放逐,著《离骚》;左丘失明,厥有《国语》;孙子膑脚,而论兵法;不韦迁蜀,世传《吕览》;韩非囚秦,《说难》《孤愤》;《诗》三百篇,大抵贤圣发愤之所为作也。此人皆意有所郁结,不得通其道也,故述往事,思来者。(《自序》)

同样的观点,他在《报任安书》中也作过阐述。当然,其中所论列的历史,与史实未必尽合。像周文王被殷纣拘禁于羑里,重《易》之八卦为六十四卦(见《周本纪》),屈原放逐之后,乃赋《离骚》,固然是事实。但孙膑是否由于受了膑刑,才著兵法,却史无明文。孔子作《春秋》在鲁哀公西狩获麟那一年,并非在厄于陈、蔡之时(见《孔子世家》)。左丘失明著书的事,也不可考,《史记·十二诸侯年表序》说:"鲁君子左丘明惧弟子(孔子弟子)人人异端,各安其意,失其真,故因孔子史记具论其语,成《左氏春秋》(即《国语》)",则左丘明之作《国语》,并不在于发愤抒情。《吕览》的编著,《史记·吕不韦列传》说:"是时诸侯多辩士,如荀卿之徒,著书布天下。吕不韦乃使其客人人著所闻,集论以为八览、六论、十二纪,二十余万言。"则不但不作于迁蜀之后,且并不成于吕不韦一人之手,更谈不上"发愤"了。至于《说难》《孤愤》之作,《史记·老子韩非列传》系于韩非入秦之前,说:"人或传其书至秦。秦王见《孤愤》《五蠹》之书"云云。那么,司马迁这些论述,都在于说明古人为什么要著书,关于成书的时间、地点都是末节,不是他所介意的了。他不是在写历史,而是在抒情。此外,他又说:

> 孔子明王道,干七十余君,莫能用。故西观周室,论史记

旧闻，兴于鲁而次《春秋》。(《十二诸侯年表序》)

虞卿料事揣情，当赵画策，何其工也！及不忍魏齐，卒困于大梁，庸夫且知其不可，况贤人乎？然虞卿非穷愁，亦不能著书以自见于后世云。(《平原君虞卿列传赞》)

范雎、蔡泽世所谓一切辩士，然游说诸侯至白首无所遇者，非计策之拙，所为说力少也。及二人羁旅入秦，继踵取卿相，垂功于天下者，固强弱之势异也。然士亦有偶合，贤者多如此二子，不得尽意，岂可胜道哉！然二子不困厄，恶能激乎？(《范雎蔡泽列传赞》)

对“然二子不困厄，恶能激乎？”泷川资言认为“此史公暗言其罹刑著史”。这些观点前后是一贯的。表面上，司马迁是在总结前人所以写作的原因；实质上，则是他写作体会的自白。他从自己的写作体验出发，去领会前人是为什么写作的，用自己对前人写作的理解，作为自己写作经验的印证。因为是他自己写作经验的自白，所以就更值得我们重视，就更明显地表露了他的文学见解。

那么，一个作家为什么要写作呢？在司马迁看来，一个有成就的作家，他的作品都产生在他政治上被排斥、被打击、被迫害、被摧残的时期。由于政治上的被迫害，便使他对迫害者产生强烈的不满，即“皆意有所郁结，不得通其道也”，因此借著述来抒发他的愤懑和不平，即借著述来控诉迫害者，借著述来表白自己的无辜，“以自见于后世云”。所以一个作家受迫害越深，他的愤慨、不平越强烈，他作品的内容也就越幽愤深广。诗三百篇、《春秋》是如此，屈原、韩非等人也是如此！司马迁所受的是“最下腐刑极矣”，为了完成自己不朽的著作，他“就极刑而无愠色”，忍受着那种“隐忍苟活，幽于粪土之中而不辞”(《报任安书》)的生活。因此他发愤所写的《史记》，可以说是一部对汉武帝统治的控诉书！这种“发愤著书”说，实质上是把写作作为向统治者、压迫者斗争的手段，把作品作为一种斗争的武器。尽管司马迁不可能有这样的认识，但从他的具体的文学观点来分析，我们是可以得出这样的结论的。

司马迁这种文学观点吸收了一些前人的创作经验，并加以发展。早在周朝《诗经·魏风·园有桃》即云：“园有桃，其实之殽。心之忧矣，我歌且谣。”诗人由于对政治腐败的不满，便通过诗歌的形式来抒发自己的愤慨。这是最早的以文学抒愤的记载，是一种十分朴素的关于作家为什么写作的观点。到了屈原，便发展了这种观点，他把这种朴素的观点，升华为自觉的发愤著书说。他在《惜诵》中说：“惜诵以致愍兮，发愤以抒情”，即用他的创作称述往事来表达忧苦之思。这与司马迁之“述往事，思来者”在精神上是一致的。司马迁评屈原说：“信而见疑，忠而被谤，能无怨乎？屈平之作《离骚》，盖自怨生也。”（《屈原贾生列传》）这是他对屈原之所以作《离骚》的理解，也是他对屈原创作思想心领神会之处。他是继承了屈原这种思想而进行创作的。

司马迁重视文学的教育作用，认为文学有助于国家的政教。他在《乐书》中集中地表明了这种观点。本来古代诗歌与音乐是不分的，《虞书》说：“诗言志，歌永言，声依永，律和声”，就是从音乐的角度来论诗的。《荀子·劝学》篇说：“诗者，中声之所止也”，杨倞注说：“诗谓乐章，所以节声音，至乎中而止，不使流淫也”。这是给诗下的定义，也是给乐下的定义。《论语·泰伯》篇说：“兴于诗，立于礼，成于乐”，这是说诗教的作用，必待合于乐，然后在社会上的应用才能广泛。因此，司马迁对音乐的看法和观点，也就是对文学的看法和观点。他在《乐书》中说：“凡作乐者，所以节乐。”《正义》解释说：“言不乐至荒淫也”。说明作乐的目的，在有益于社会风俗的教化。他更明确地说明诗教的作用在：“以补短移化，助流政教”。

他还认识到音乐、诗歌对社会人心影响之大：

> 《雅》《颂》之音理而民正，嘄噭之声兴而士奋，郑卫之曲动而心淫。及其调和谐合，鸟兽尽感，而况怀五常，含好恶，自然之势也？

这说明音乐、诗歌的好坏关乎人民精神气质的正与邪、振奋与萎靡，关乎社会的治乱。他认为：

> 乐者，非以娱心自乐，快意恣欲，将欲为治也。正教者皆始于音，音正而行正。故音乐者，所以动荡血脉，通流精神而和正心也。

总之，音乐、诗歌都是为政治服务的，它以自己特殊的形式辅助政教的推行。所以治理国家“不可须臾离乐，须臾离乐则奸邪之行穷内”。那么音乐、诗歌从哪些方面辅助政教的推行呢？他说：“故乐音者，君子之所养义也。”即用音乐、诗歌来培育人们的礼义观念，用音乐、诗歌来培育人们合于封建秩序的道德观念。

司马迁这种文学观点，都是对儒家“诗教”说的发挥。他强调文学的教育作用，强调文学应该辅助国家政教的推行，还是为了巩固封建秩序的。他所宣扬的诗教的道德内涵，与他自己所标榜的“修身者，智之符也；爱施者，仁之端也；取予者，义之表也；耻辱者，勇之决也；立名者，行之极也”（《报任安书》）的道德标准是一致的。就“诗教”的内容说，并没有什么意义，但他主张文学应当有益于社会人心，则是可取的。他从文学应当有益于社会人心出发，批评汉武帝滥作乐歌。汉武帝得神马，便作《太一之歌》，得大宛千里马，又作《天马歌》，《乐书》接着有这样一段描写：

中尉汲黯进曰:“凡王者作乐,上以承祖宗,下以化兆民。今陛下得马,诗以为歌,协于宗庙,先帝百姓岂能知其音邪?”上默然不说。丞相公孙弘曰:“黯诽谤圣制,当族。”

司马迁是带着感情叙述汲黯的话的,因此汲黯的话也体现了司马迁对汉武帝不顾文学的社会效果只图个人享乐的行为的不满和抨击。虽然司马迁是为统治阶级着想,但他能揭露汉武帝却仍然是有价值的。

司马迁还重视文学的认识作用。他认为文学是一代社会风尚、精神面貌和政治状况的反映,一个时代的社会情况如何,无不敏锐地在文学中反映出来。他在《吴太伯世家》中写了一段吴季札到鲁国观周乐的情况,就流露了他这种观点:

吴使季札聘于鲁,请观周乐。为歌《周南》、《召南》。曰:“美哉!始基之矣,犹未也。然勤而不怨。”歌《邶》、《鄘》、《卫》。曰:“美哉,渊乎,忧而不困者也。吾闻卫康叔、武公之德如是,是其《卫风》乎?”歌《王》。曰:“美哉!思而不惧,其周之东乎?”歌《郑》。曰:“其细已甚,民不堪也,是其先亡乎?”歌《齐》。曰:“美哉!泱泱乎大风也哉。表东海者,其太公乎?国未可量也。”歌《豳》。曰:“美哉,荡荡乎,乐而不淫,其周公之东乎?”歌《秦》。曰:“此之谓夏声。夫能夏则大,大之至也,其周之旧乎?”歌《魏》。曰:“美哉,沨沨乎,大而宽,俭而易,行以德辅,此则盟主也。”歌《唐》。曰:“思深哉,其有陶唐氏之遗风乎?不然,何忧之远也?非令德之后,谁能若是!”歌《陈》。曰:“国无主,其能久乎?”自《郐》以下,无讥焉。歌《小雅》。曰:“美哉,思而不贰,怨而不言,其周德之衰乎?犹有先王之遗民也。”歌《大雅》。曰:“广哉,熙熙乎,曲而有直体,其文王之德乎?”歌《颂》。……

这段文字同样见于《左传·襄公二十九年》。这固然是吴季札的精辟的文学见解,而司马迁在叙述后却赞扬说:

延陵季子之仁心,慕义无穷,见微而知清浊。呜呼,又何其闳览博物君子也!

所谓“见微而知清浊”,即指文学反映社会政治、文学的认识作用而言。司马迁既然称赞这种观点,说明他倾心于季札的文学批评,认为文学与政治是紧密不可分的。一个国家的兴亡、治乱,一个社会的美恶、清浊,都能通过文学作品反映出来,都能在文学作品中得到分辨和认识。司马迁在谈自己的创作时,也流露出这种观点。他受腐刑后,所以还隐忍苟活,是“恨私心有所不尽,鄙没世而文采不表于后也”(《报任安书》)。那就是说,他希望后代人能从他的著作中认识到他所遭受的不白之冤,认识到他处的社会黑白颠倒、是非莫辨的本质。实际上整部《史记》反映了汉代由鼎盛到衰败的过程,从中我们所得到的认识,不也是思而不贰,怨而不言,其汉德之衰乎?

司马迁强调文学的借鉴作用。在《史记》中,这种借鉴作用,和它作为一部历史著作,要总结历史经验,为当时统治者鉴戒的作用是统一的。他在《高祖功臣侯者年表》中说:

居今之世,志古之道,所以自镜也,未必尽同。帝王者各殊礼而异务,要以成功为统纪,岂可绲乎?观所以得尊宠及所以废辱,亦当世得失之林也,何必旧闻?于是谨其终始,表其文,颇有所不尽本末;著其明,疑者阙之。后有君子,欲推而列之,得以览焉。

这自然谈的是历史,是述古所以鉴今。但是作为历史家和文学家的司马迁,他是把文学的作用和历史的作用结合在一起的,他是通过创造人物形象来“原始察终,见盛观衰”(《自序》)的。例如他写魏其侯的失败,是由于“不知时变”(《魏其武安侯列传》),即不知道乘时变化的道理,顽固地要挽回已经失去的势力。又《刺客列传》中写了五个刺客,其中四个行刺都成功了,独有荆轲失败了。为什么呢?主要因为形势发生了变化,而燕太子丹仍然让荆轲采取“诚得劫秦王……若曹沫之与齐桓公”的老办法,已不合时宜。又如写陈涉称王之后,任用了一些“以苛察为忠”的臣僚,“诸将以其故不亲附,此其所以败也”(《陈涉世家》),明确说明失败的原因。这就是“观所以得尊宠及所以废辱,亦当世得失之林也”,即可以吸取的经验教训。文学的借鉴作用,主要是总结文学在历史上描写人物表现生活的经验,并吸取这些经验,作为后代文学发展的凭藉。作为历史和文学著作的《史记》,它所论述的历史人物成功或失败的原因,大都是通过形象描写表现的,通过形象描写表现历史生活的真实。司马迁把用形象表现历史生活真实的文学手法和述古所以鉴今的史笔完美地统一起来,在吸取历史经验的同时,就包含着文学在表现这类历史事件时是否真实的借鉴意义。因此,他所主张的历史的借鉴作用,同时也就是文学的借鉴作用。他一则说:“思垂空文以自见”;再则说:“自托于无能之辞”(《报任安书》)。是否他认为自己写的文章都没有意义呢?当然不是。这都是反话,是愤慨之言,我们若从正面去理解,那就错了。实际上他认为自己的文章、作品是可以永垂后世并足以为人们鉴戒的!

司马迁的文学观点是深刻而卓异的,在文学的一些主要方面都表现了自己的真知灼见。他的文章的重要特色是用朴实的文字描写历史人物、表现社会生活。但他并非不注重文采,他在《三王世家赞》中说:“文辞烂然,甚可观也”,他是把这种文采寓于对客观事物朴实的叙述之中,是于朴实之中见文采的。

第六节　学术思想上对其父司马谈的继承和发展

司马迁的学术思想是直接承受着他父亲司马谈的启迪和影响的,他们父子在思想上有很深的渊源关系。司马谈的学术思想集中表现在他那篇著名的论文《论六家要指》中。司马迁把这篇论文征引在《史记·自序》中,说明他对这篇文章的重视和在精神上的契合。我们把这篇论文的内容及其分析批判的精神,和司马迁在《史记》中对诸子的评述作个比较,便可以明显地看出,他不但承袭了不少他父亲的观点,而且在分析批判精神方面,也深受他父亲的影响。当然,司马迁对诸子的评价和他父亲并不完全相同,许多方面在新的历史条件下有了变化。作为伟大思想家的司马迁,是不能脱离当时的历史环境的,随着历史环境的变化,他对他父亲的学说也在修正和发展。

司马谈主要生长在文帝、景帝时代,接受的是文、景时代的思想影响。他曾“习道论于黄子”,这是他受时代思想影响的重要方面。道论即汉初黄老学说,黄子,据《集解》引徐广曰:“《儒林传》曰黄生,好黄老之术。”他曾和传《诗经》的儒者辕固生在景帝面前辩论过汤武伐桀纣的性质问题:

> 黄生曰:“汤武非受命,乃弑也。”辕固生曰:“不然。夫桀纣虐乱,天下之心皆归汤武,汤武与天下之心而诛桀纣,桀纣之民不为之使而归汤武,汤武不得已而立,非受命为何?”黄生曰:“冠虽敝,必加于首;履虽新,必关于足。何者,上下之分

也。今桀纣虽失道，然君上也；汤武虽圣，臣下也。夫主有失行，臣下不能正言匡过以尊天子，反因过而诛之，代立践南面，非弑而何也？"辕固生曰："必若所云，是高帝代秦即天子之位，非邪？"于是景帝曰："食肉不食马肝（案：马肝有毒），不为不知味；言学者无言汤武受命，不为愚。"遂罢。

这场辩论实际上反映了当时儒家和黄老的思想斗争。他们争论的目的，是各以其学说为巩固新兴的汉朝政权服务。黄生所以认为汤武并非"受命"，乃是"弑君"，是为了御防臣民犯上作乱。辕固生所以认为汤武是"受命"，是为了说明刘邦代秦即天子位乃理所当然。景帝深悟他们的意图，所以不让他们再争论下去了。但是，从当时统治者的需要看，黄老思想更切合实际。因为汉朝到景帝时代，已经不是为汉之代秦取天下找理论根据，而是考虑如何巩固政权了。从文帝、景帝到窦太后、曹参等都崇尚黄老，主张"清净无为"，即减轻对人民的压迫和剥削，消除人民的反抗和暴乱，以巩固封建政权。所以，黄生的思想是当时统治者所急需的，是文、景时代统治阶级的思想，即统治的思想。司马谈正是承受了这种思想，并形成为自己学术思想核心的。

可惜，司马谈几乎没有给我们留下什么论著，今天唯一可以看到他的思想和学问的是那篇有名的《论六家要指》。这是一篇很好的诸子概说。司马谈是站在黄老学派的立场上，对战国思想界的阴阳、儒、墨、名、法、道等六家的学说，进行了分析和评述的。文章分前后两部分，前一部分对各家的得失，提出简单的论断，如：

尝窃观阴阳之术，大祥而众忌讳，使人拘而多所畏；然其序四时之大顺，不可失也。儒者博而寡要，劳而少功，是以其事难尽从；然其序君臣父子之礼，列夫妇长幼之别，不可易也。

墨者俭而难遵,是以其事不可遍循;然其强本节用,不可废也。法家严而少恩;然其正君臣上下之分,不可改矣。名家使人俭而善失真;然其正名实,不可不察也。道家使人精神专一,动合无形,赡足万物。其为术也,因阴阳之大顺,采儒墨之善,撮名法之要,与时迁移,应物变化,立俗施事,无所不宜,指约而易操,事少而功多。

后一部分对这些论断逐条加以论证,如:

夫阴阳四时、八位、十二度、二十四节各有教令,顺之者昌,逆之者不死则亡,未必然也,故曰"使人拘而多畏"。夫春生夏长,秋收冬藏,此天道之大经也,弗顺则无以为天下纲纪,故曰:"四时之大顺,不可失也"。

夫儒者以《六艺》为法,《六艺》经传以千万数,累世不能通其学,当年不能究其礼,故曰"博而寡要,劳而少功"。若夫列君臣父子之礼,序夫妇长幼之别,虽百家弗能易也。

墨者亦尚尧舜道,言其德行曰:"堂高三尺,土阶三等,茅茨不翦,采椽不刮。食土簋,啜土刑,粝粱之食,藜藿之羹。夏日葛衣,冬日鹿裘。"其送死,桐棺三寸,举音不尽其哀。教丧礼,必以此为万民之率。使天下法若此,则尊卑无别也。夫世异时移,事业不必同,故曰"俭而难遵"。要曰强本节用,则人给家足之道也。此墨子之所长,虽百家弗能废也。

法家不别亲疏,不殊贵贱,一断于法,则亲亲尊尊之恩绝矣。可以行一时之计,而不可长用也,故曰"严而少恩"。若尊主卑臣,明分职不得相逾越,虽百家弗能改也。

名家苛察缴绕,使人不得反其意,专决于名而失人情,故曰"使人俭而善失真"。若夫控名责实,参伍不失,此不可不察也。

道家无为,又曰无不为,其实易行,其辞难知。其术以虚无为本,以因循为用。无成势,无常形,故能究万物之情。不为物先,不为物后,故能为万物主。有法无法,因时为业;有度无度,因物与合。故曰"圣人不朽,时变是守"。虚者道之常也,因者君之纲也。群臣并至,使各自明也。其实中其声者谓之端,实不中其声者谓之窾。窾言不听,奸乃不生,贤不肖自分,白黑乃形。在所欲用耳,何事不成。乃合大道,混混冥冥。光耀天下,复反无名。凡人所生者神也,所托者形也。神大用则竭,形大劳则敝,形神离则死。死者不可复生,离者不可复反,故圣人重之。由是观之,神者生之本也,形者生之具也。不先定其神形,而曰"我有以治天下",何由哉?

对诸家学说条分缕析地进行评述,极得要领。于阴阳、儒、墨、名、法都有所批判,有所肯定,唯于道则是全面肯定。他认为道家综合了各家之长,可以"与时迁移,应物变化","指约而易操,事少而功多",是最可取的。司马谈这篇学术论文,为文帝、景帝时代留下一份可贵的精神遗产。

司马谈写这篇论文并非无的放矢,而是有针对性的,是针对时政而发的。武帝时代,由于生产的发展,社会财富的增加,"清净无为"的局面随之结束,出现了对内实行严刑峻法,以加强统治,对外发动战争,以开疆拓土的形势。在思想上罢黜百家,独尊儒术,使儒家思想取代黄老思想成为统治的思想。那末,他所批评的阴阳家,应即指那些讲神道机祥的经生;他所批评的儒者,当是指那些追求繁琐经义的儒学末流;他所批评的名法,则是指像晁错等那般重法的人。他分析批判各家的优缺点,为了吸取各家之长,以便巩固当时的政权,所谓"此务为治者也"。司马谈说他是"愍学者之不达其意而师悖",才写这篇文章的,可见有一番苦心在。

司马谈这篇论文，给司马迁为先秦诸子作传以很好的启示。司马迁在《自序》中说："厥协《六经》异传，整齐百家杂语。"在这方面他受其父司马谈的影响很深。《史记》中关于先秦诸子的论述，保持了不少他父亲的观点，当然，在许多方面也改变和发展了他父亲的观点。

司马谈在《论六家要指》中，对阴阳、儒、墨、名、法都采取批判的态度，独对道家全面赞许。司马迁则不尽然。他对儒家的评价，不像他父亲那样作为一个学派而论，他从具体的记述中，明显地把儒学分为古代的儒学和汉代的儒林，对古代的儒学充满了崇敬之意，对汉代的儒林则给以辛辣的申斥。如他在《自序》中说明他为古代儒家立传的原因云：

> 周室既衰，诸侯恣行，仲尼悼礼废乐崩，追修经术，以达王道，匡乱世反之于正，见其文辞，为天下制仪法，垂《六艺》之统纪于后世。作《孔子世家》。
>
> 孔子述文，弟子兴业，咸为师傅，崇仁厉义。作《仲尼弟子列传》。
>
> 猎儒墨之遗文，明礼义之统纪，绝惠王利端，列往世兴衰。作《孟子荀卿列传》。

在这些人物传记中对这些人物的记述，都比较推重，特别对孔子是景仰到极点了。

对汉代儒林的态度，则完全不同。《孔子世家》记载着一段晏婴论孔子之事，和另一段老子对孔子的赠言。这两段记载并非单纯历史，包含有对汉儒的批判意义。它保存了司马谈在《论六家要指》中对儒家的批判精神。

晏婴进曰："夫儒者滑稽而不可轨法；倨傲自顺，不可以为下；

崇丧遂哀，破产厚葬，不可以为俗；游说乞贷，不可以为国。……今孔子盛容饰，繁登降之礼，趋详之节，累世不能殚其学，当年不能究其礼。君欲用之以移齐俗，非所以先细民也。”

武帝罢黜百家，使儒者处于独尊的地位，即所谓“倨傲自顺，不可以为下”；他们争利逐禄，即所谓“游说乞贷，不可以为国”；叔孙通率鲁诸生制礼义，即所谓“繁登降之礼，趋详之节”。晏婴对孔子的批评，几乎都可以与汉儒的表现连起来。又老子对孔子的赠言云：

> 老子送之曰：“吾闻富贵者送人以财，仁人者送人以言。吾不能富贵，窃仁人之号，送人以言，曰：‘聪明深察而近于死者，好议人者也。博辩广大危其身者，发人之恶者也。为人子者毋以有己，为人臣者毋以有己。’”

这段话同样含有对汉儒的批判意义。在《儒林列传》中记载汉儒的情况说：

> 陈涉之王也，而鲁诸儒持孔氏之礼器往归陈王。
>
> 及高皇帝诛项籍，举兵围鲁，鲁中诸儒尚讲诵习礼乐，弦歌之音不绝。
>
> 故汉兴，然后诸儒始得修其经艺，讲习大射、乡饮之礼。叔孙通作汉礼仪，因为太常，诸生弟子共定者，咸为选首，于是喟然叹兴于学。
>
> 及今上即位，赵绾、王臧之属明儒学，而上亦向之，于是招方正贤良文学之士。
>
> 及窦太后崩，武安侯田蚡为丞相，绌黄老、刑名百家之言，延文学儒者数百人，而公孙弘以《春秋》白衣为天子三公，封以平津侯。天下之学士靡然向风矣。

这些朴实的记述，都暗寓着司马迁对汉儒的不满。司马迁写出了他们假托礼仪，拜相封侯，以复《春秋》之古为号召，以奔竞利禄为目的的世俗行为，因而深有感触地说："天下之学士靡然向风矣。"然后，《儒林列传》叙述博士弟子制度，选那些"仪状端正者"、"出入不悖所闻者"去做官，食禄几百几千石，从此"公卿大夫士吏斌斌多文学之士矣"。可见汉代儒林确是一些"乞贷"者了。

在《孟子荀卿列传》中，对孟子、荀卿的记述与《自序》所云出入很大。这可能是《太史公书》问世时，已经有散落和删削。司马迁对孟子的记述很简单，有关他的思想、著作方面的文字只是说："乃述唐、虞、三代之德"，"退而与万章之徒序《诗》《书》，述仲尼之意，作《孟子》七篇。"但对驺衍的记述却比较详细。这说明阴阳家与孟子的渊源关系。对荀子的记述也很简单，只提出他反对"驺衍之术迂大而闳辩"，"嫉浊世之政，亡国乱君相属，不遂大道而营于巫祝，信禨祥，鄙儒小拘，如庄周等又猾稽乱俗"等思想。指出他"推儒、墨、道德之行事兴坏，序列著数万言而卒"，乃是战国时代学术思想的集大成者。

关于道家，司马迁在《自序》中说："李耳无为自化，清净自正。"在其传记的赞语中也说："老子所贵道，虚无，因应变化于无为，故著书辞称微妙难识。……而老子深远矣。"那末在老子的传记中对这方面应当有详细的记述，实际上却不然。他把老子的身世写得虚无飘渺，对其思想只提了一句"修道德，其学以自隐无名为务"。不过其中有一段孔子问礼于老子的记载，值得重视。如：

孔子适周，将问礼于老子。老子曰："子所言者，其人与骨皆已朽矣，独其言在耳。且君子得其时则驾，不得其时则蓬累而行。吾闻之，良贾深藏若虚，君子盛德容貌若愚。去子之骄气与多欲，态色与淫志，是皆无益于子之身。吾所以告子，若是而已。”孔子去,谓弟子曰:“鸟,吾知其能飞;鱼,吾知其能游;兽,吾知其能走。走者可以为罔,游者可以为纶,飞者可以为矰。至于龙,吾不能知其乘风云而上天。吾今日见老子,其犹龙邪!”

这段记载保存有司马谈推崇道家之意,但也寓有对汉儒的批判精神。所谓“骄气与多欲,态色与淫志”者,亦即汉儒的特征。

对于庄子,司马迁在其传记中又有贬损之辞,在记述他著书“以诋訿孔子之徒,以明老子之术”之后说:

然善属书离辞,指事类情,用剽剥儒、墨,虽当世宿学不能自解免也。其言洸洋自恣以适己,故自王公大人不能器之。

“善属书离辞”,说明他善于诡辩;“指事类情”,说明他用自然现象比类人情;“洸洋自恣以适己”,说明他对人世的游戏态度。在《孟子荀卿列传》中论荀卿时则说:“如庄周等又猾稽乱俗”,即不但是批评,直接是申斥了。

关于墨家,司马谈在《论六家要指》中论述得相当详细,并说道家“采儒、墨之善”。司马迁在《自序》中也说孟、荀二家“猎儒、墨之遗文”。但是,司马迁却没有为墨子立传,而把他的事迹附在《孟子荀卿列传》之末,记述很简略:“盖墨翟,宋之大夫,善守御,为节用。或曰并孔子时,或曰在其后。”并未谈他的学说“尊卑无别”的要旨。可能当时墨家已经被绌,因而湮没无闻了。

关于阴阳家和名家,司马迁也没有为他们立传,同样把他们的事迹附在《孟子荀卿列传》之末。对阴阳家的思想,只是说“其语闳大不经”,“其言虽不轨,傥亦有牛鼎之意乎?”批评其大而无当。对名家公孙龙,只指出其“为坚白同异之辩”,此外再没有什么评论了。

关于法家，司马迁虽然为韩非立传，但论述韩非思想的文字却很少，只是说“喜刑名法术之学，而其归本于黄老”。主要是引用了《说难》一篇长文。值得注意的是在赞语中说：

韩子引绳墨，切事情，明是非，其极惨礉少恩。

这和《论六家要指》中对法家的评述是完全一致的，是对司马谈思想的继承。

《史记》中所以未见六家全传，而且有些评述与《自序》所云不相符，说明《太史公书》在流传过程中必然有亡佚和删削，以致断章插话，很不完整。不过从现存的诸子列传中，也可以看出司马迁在哪些方面保存了他父亲司马谈的观点，在哪些方面发展了他的观点。同时可以看出从他父亲司马谈到他自己的学术思想的发展的一个简单轮廓。

第三章　伟大著述的内容

第一节　《史记》体例之渊源

《史记》一书是由本纪、表、书、世家、列传五种体例结构而成的。这五种体例，或谓司马迁所独创，或谓皆有所本。谓皆有所本者，一则认为本自《吕氏春秋》，二则认为源于《世本》，诸说纷纭，莫衷一是。

我们认为《史记》五体，皆有所自来，非司马迁独创。现在参照古人和近代人的说法，以《史记》一书之内证为依据，来探讨此五种体制之渊源。

"本纪"源于《禹本纪》。

《史记》卷一百二十三《大宛列传赞》云：

> 太史公曰：《禹本纪》言"河出昆仑。昆仑其高二千五百余里，日月所相避隐为光明也。其上有醴泉、瑶池"。今自张骞使大夏之后也，穷河源，恶睹本纪所谓昆仑者乎？故言九州山川，《尚书》近之矣。至《禹本纪》、《山海经》所有怪物，余不敢言之也。

《禹本纪》不见录于《汉书·艺文志》，然司马迁称《禹本纪》云云，并征引其文，与《山海经》并举，显系其亲见。此书之存在，为确凿可信。但《禹本纪》所记的内容是什么，人们多所揣测。王应麟认为即《禹受地记》、《禹大传》（见《困学纪闻》卷十《地理》）；梁玉绳认为即《大禽（颜师古认为是古禹字。）》、《大禹》（见《史记志疑》卷三十五《大宛列传》）。然而这些书籍已皆久佚，详细内容无从考查。唯《玉海》卷五十七载《三礼义宗》引《禹受地记》云："昆仑东南五千里之地。谓之神州。"至于《禹大传》，王逸注《离骚》"朝濯发乎洧盘"句下，引其文云："洧盘之水，出崦嵫之山。"又《山海经》注引《禹大传》，见于该书卷二"崦嵫山"之下，其文与王逸注《离骚》之文相同。可见《禹受地记》、《禹大传》应是地理志之类的书。关于《大禹》，《列子·汤问》引其文云："六合之间，四海之内，照之以日月，经之以星辰，纪之以四时，要之以太岁，神灵所生，其物异形，或夭或寿，唯圣人能通其道。"此应即《汉书·艺文志》所载《大禽》三十七篇之文，《汉志·大禽》三十七篇原注云："传言禹所作，其文似后世语。"而班固将其列入子部杂家，与《禹本纪》之叙事当不是一体。因此，可以推断《禹本纪》别是一书，以传大禹之事迹，司马迁取法之以记述古代帝王之行事。这一点，前人已经看到了。如赵翼《陔馀丛考》卷五《史记一》云：

> 《史记·大宛传赞》则云："《禹本纪》言'河出昆仑，高五百里。'又云'《禹本纪》及《山海经》所有怪物，予不敢言之也。'"是迁之作纪，非本于《吕览》。而汉以前，别有《禹本纪》一书，正迁所本耳。

其《廿二史札记》卷一《各史例目异同》表示同样的观点。又尚镕《史记辨证》卷一《五帝本纪》云：

> 本纪以述皇王，《大宛传》引《禹本纪》，此迁之所本也。刘勰谓取式《吕览》，通号曰纪，盖未覆案《大宛传》耳。

他们的意见可谓卓识碻论，汉以前有《禹本纪》一书存在，乃叙事之体,司马迁本之以传帝王之事。然则《禹本纪》固为《史记》本纪体例之所从出也。

“表”源于《周谱》。

《史记》卷十三《三代世表叙》云:

> 太史公曰:五帝、三代之记,尚矣。自殷以前诸侯不可得而谱,周以来乃颇可著。……余读谍记,黄帝以来皆有年数。稽其历谱谍终始五德之传,古文咸不同,乖异。夫子之弗论次其年月,岂虚哉!于是以《五帝系谍》、《尚书》集世纪黄帝以来讫共和为《世表》。

又《史记》卷十四《十二诸侯年表叙》云:

> 太史公读《春秋历谱谍》,至周厉王,未尝不废书而叹也。……谱谍独记世谥,其辞略,欲一观诸要难。于是谱十二诸侯,自共和讫孔子。

其中所谓“稽其历谱谍”,并以《五帝系谍》及《尚书》而作《三代世表》,所谓“读《春秋历谱谍》,而作《十二诸侯年表》”,都说明表之为体,乃源于古之谱谍。对此,古人已经指出。《梁书》卷五十《刘杳传》记载:

> 杳云:“桓谭《新论》云‘太史《三代世表》,旁行邪上,并效《周谱》。’”

刘杳根据桓谭之意见,认为《史记》之表体,乃仿效《周谱》。其所谓《周谱》,当指周代之谱谍,并非专指一书。桓谭是东汉初年人,与西汉紧相连接,因此《新论》中之说法当确凿可信。其后,人们多本桓谭之意以为说。如赵翼《廿二史札记》卷一《各史例目异同》云:

《史记》作十表,昉于周之谱牒。与纪传相为出入。

章学诚《文史通义》卷六《和州志舆地图序例》云:

图谱之学,古有专门。郑氏樵论之详矣。司马迁为史,独取旁行斜上之遗,列为十表。

夏燮《校汉书八表叙言》(见《二十五史补编》)云:

史之有表,创自龙门,盖仿《周谱》为之,遂为历代史家之所不可废。

又《汉书·艺文志·数术略》著录有《汉元殷周谍历》十七卷、《帝王诸侯世谱》二十卷、《古来帝王年谱》五卷。桓谭所谓《周谱》,也应包括《汉书·艺文志》所著录者在内。司马迁作十表,以《三代世表》为首,周之《十二诸侯年表》为次,“自殷以前之诸侯不可得而谱,周以来乃颇可著。”这与桓谭《新论》所谓“旁行邪上,并效《周谱》”似相合。《周谱》较古之谱谍完善详密,汉代尚存,桓谭曾亲见之,证以《史记》之记述,则表之为体,源于《周谱》,为确切不疑之论。

“书”源于《尚书》。

“书”之体例,当源于《尚书》。《尚书》为古史官所撰述。《汉书·艺文志》云:“古之王者,世有史官,君举必书,所以慎言行昭法式也。左史记言,右史记事,事为《春秋》,言为《尚书》。”司马迁是史官,他要效法孔子之作《春秋》,故其“书”之一体,亦当仿自《尚书》。又他在《伯夷列传》中说:“夫学者载籍极博,犹考信于六艺。《诗》《书》虽缺,然虞夏之文可知也。”说明他对“六艺”及《诗》三百篇、《尚书》之重视,在《大宛列传赞》中说:“故言九州山川,《尚书》近之矣。”说明他对《尚书》之推崇。这当然都是就《尚书》记述内容之真实可信说的，但在这种重视、推崇之同时，也自然有着对其体例之摄取。不同的是《史记》中之八书，依据《尚书》之内容按类别记述，成为对某一事项之专论。如《尧典》、《舜典》所记述之律历、柴祀、巡狩、刑律、穀殖之事，皆《史记》诸《书》所从出。如《尧典》云：

> 乃命羲、和，钦若昊天，历象日月星辰，敬授人时。分命羲仲，宅嵎夷，曰暘谷，寅宾出日，平秩东作，日中星鸟，以殷仲春，厥民析，鸟兽孳尾。申命羲叔，宅南交，平秩南讹，敬致，日永星火，以正仲夏，厥民因，鸟兽希革。分命和仲，宅西，曰昧谷，寅饯纳日，平秩西成，宵中星虚，以殷仲秋，厥民夷，鸟兽毛毨。申命和叔，宅朔方，曰幽都，平在朔易，日短星昴，以正仲冬，厥民隩，鸟兽氄毛。帝曰，咨汝羲暨和，期三百有六旬有六日，以闰月定四时成岁。

这里所记述之天文历象诸事，应即《天官书》、《历书》、《律书》所从出。尚镕《史记辨证》卷三《天官书》即指出：“《天官书》，源出《尧典》。”又《舜典》云：

> 岁二月，东巡守，至于岱宗，柴，望秩于山川，肆觐东后。……五月南巡守，至于南岳，如岱礼。八月西巡守，至于西岳，如初。十有一月，朔巡守，至于北岳，如西礼。归格于艺祖，祢用特。五载一巡守，群后四朝。

这里所记述之巡狩柴祀诸事，应即《封禅书》所从出。《舜典》云：

> 帝曰：弃，黎民阻饥，汝后稷，播时百穀。

这里所记述之食货之事，应即《平准书》所从出。《舜典》云：

帝曰:咨,四岳,有能典朕三礼。佥曰:伯夷。帝曰:俞咨伯,汝作秩宗,夙夜惟寅,直哉惟清。

这里所记述之典朕三礼诸事,应即《礼书》所从出。《舜典》云:

帝曰:夔,命汝典乐,教胄子。直而温,宽而栗,刚而无虐,简而无傲。诗言志,歌永言,声依永,律和声,八音克谐,无相夺伦,神人以和。夔曰:于,予击石拊石,百兽率舞。

这里所记述之音乐诸事,应即《乐书》所从出。又《河渠书》所记大禹治水,迄于战国、秦、汉水利渠田诸事,固当采自《禹贡》。这些事例都说明《史记》之“书”体,是将《尚书》之内容分类专论,溯其所本,盖源于《尚书》。范文澜《正史考略》“《史记》条”云:“八《书》之作,则取《尚书》之《尧典》《禹贡》。”所言极是。

“世家”源于古《世家》。

《史记》卷三十七《卫康叔世家赞》云:

余读《世家》言,至于宣公之太子以妇见诛,弟寿争死以相让,此与晋太子申生不敢明骊姬之过同,俱恶伤父之志。然卒死亡,何其悲也!

这里所谓之“世家言”,是何所指?梁玉绳提出疑问,《史记志疑》卷二十《卫康叔世家》云:

《世家》言即史公所作也,而曰“余读”何哉?岂《卫世家》是司马谈作,而迁补论之欤?

我们认为“世家言”,确如梁氏所理解是指《世家》之语、《世家》之文,然此书绝非司马迁自撰,而是在司马迁撰写《卫世家》之前已经存在,所以才说“余读”。至于说此书为司马谈所作,那纯属揣测之辞了。尽管此书不见录于《汉书·艺文志》,也不能证明其无有。司马迁所读之书,如《六国表叙》云"太史公读《秦记》",《惠景间侯者年表》云"太史公读《列封》",亦皆不见录于《汉书·艺文志》,也不能否定其存在。要之,司马迁那段话说明其"世家"一体,乃仿古《世家》而作。前人对此,已有所领悟。赵翼《廿二史札记》卷一《各史例目异同》云:

> 《史记·卫世家赞》,"余读《世家》言"云云,是古来本有"世家"一体,迁用之以记王侯诸国。

又尚镕《史记辨证》卷四《卫康叔世家》云:

> 《赞》谓"余读《世家》言",是卫旧有"世家",为迁所取法。

赵翼、尚镕二人都认为古时确有记卫事之《世家》一书,为司马迁所仿效。是《史记》中"世家"一体,本自古《世家》。

"列传"源于古之"史传"。

"列传"后代正史单称"传",专记一人之行迹。《史记》中这一体例之渊源,也可以从《史记》中考之。如《伯夷列传》云:

> 余悲伯夷之意,睹轶诗可异焉。其传曰:"伯夷、叔齐,孤竹君之二子也。……遂饿死于首阳山。"

文中之"传曰"并一大段文字究何所指?司马贞《索隐》认为指《韩诗外传》与《吕氏春秋》,然则这两部书中并无此段文字,显系无稽之谈。王若虚《滹南遗老集》卷十一《史记辨惑》三云:"《伯夷传》云'余悲伯夷之意,睹轶诗可异焉。'"传曰"云云,传曰二字,吾所不晓。《索隐》云谓《吕氏春秋》、《韩诗外传》也。信如是说,则迁所记古人事,孰非摭诸前书者,而此独称传乎?"他对司马贞之说法表示怀疑。又王筠《史记校》卷下云：

> 伯夷之事，不传所传之传，荒唐不足信。惟让国盖得其实，史公不得已而以“其传曰”三字冠之。夫《史记》所采之书，如《尚书》、《左传》、《国策》，皆直录之。未尝言某曰，史体固当然耳。惟《大宛传赞》引《禹本纪》、《山海经》，以其荒唐而著其名。则所云“其传曰”者，可以例观矣。

他认为司马迁因旧传如《禹本纪》、《山海经》所述尽荒唐之事，故特著其名。《伯夷传》之记述亦复如是，故著其名“传曰”。且不管他之推论是否得当，但他认为司马迁之前已有史传之书，确是事实。高阆仙先生《史记别录》亦云：

> 二书（案：指《韩诗外传》及《吕氏春秋》）恐非史公所据。盖别有传记载其事，故曰“其传曰”。

高阆仙先生与王筠持同样看法，即司马迁之前已有传记载伯夷之行迹。这应当是可信的。那么我们可以推断古时有记人之传，司马迁仿效之以为七十列传。

《汉书·艺文志》云：“汉兴，改秦之败，大收篇籍，广开献书之路，迄孝武世，……于是建臧书之策，置写书之官，下及诸子传说，皆充秘府。”又《太史公自序》云：“于是汉兴，……百年之间，天下遗文古事靡不毕集太史公。”司马迁为太史令，得“紬史记石室金匮之书”，因此能囊括天下遗文世传而有之。凡史记旧闻，诸子杂说，以及词人才士之作，法令档案之文，莫不尽览。其必于博籍群书之中选择探寻适于表现汉代史事之体例，以为自己撰述所取法，并经过自己之加工、补充，使五种体例各尽其用，成为正史中不祧之宗。

第二节　写作态度和目的

司马迁是在长期搜集、整理极其丰富的材料的基础上进行写作的。他搜集的材料包括汉王朝国家的藏书，历代和当代的档案，实地调查得来的佚闻、遗事等。连与他见解不同的班固，也佩服他“涉猎者广博，贯穿经传，驰骋古今，上下数千载间，斯以勤矣”。(《汉书·司马迁传赞》)作为一个历史家和文学家，掌握丰富的材料当然是十分重要的，但更重要的是如何对待这些材料。司马迁的卓异之处，就在于他不但掌握了这些材料，而且能够比较正确地分析、选择和判断这些材料。他的态度是严肃、认真的，因此所记述的历史、人物、事件，大都是真实的，是符合客观实际情况的，博得了当时人们的称颂，“自刘向、扬雄博极群书，皆称迁有良史之材，服其善序事理，辨而不华，质而不俚。其文直，其事核，不虚美，不隐恶，故谓之‘实录’。”(《汉书·司马迁传赞》)司马迁这种严肃、认真的精神贯注于《史记》全书之中。卷首《五帝本纪赞》中开宗明义就表明了这种写作态度，他说：

> 学者多称五帝，尚矣。然《尚书》独载尧以来；而百家言黄帝，其文不雅驯，荐绅先生难言之。孔子所传《宰予问五帝德》及《帝系姓》，儒者或不传。余尝西至空桐，北过涿鹿，东渐于海，南浮江淮矣，至长老皆各往往称黄帝、尧、舜之处，风教固殊焉，总之不离古文者近是。予观《春秋》、《国语》，其发明《五帝德》、《帝系姓》章矣，顾弟弗深考，其所表见皆不虚。书缺有间矣，其轶乃时时见于他说。非好学深思，心知其意，固难为浅见寡闻道也。余并论次，择其言尤雅者，故著为本纪书首。

对待资料，如果“书缺有间”，便“著其明，疑者阙之”(《高祖功臣侯者年表》)；如果“其轶乃时时见于他说”，便“好学深思，心知其意”地加以斟酌。他以“百家言黄帝，其文不雅驯，荐绅先生难言之”。又以“孔子所传《宰予问五帝德》及《帝系姓》，儒者或不传”。对这些资料都不轻易相信。他经过实地考察，以为“长老皆各往往称黄帝、尧、舜之处”，民间确有关于黄帝的传说，因而相信黄帝的存在。再根据古代典籍中某些可信的记载，“著为本纪书首”。这不仅是他写《五帝本纪》的态度，也是他创作整部《史记》的态度。在《伯夷列传》中，他同样说：

> 夫学者载籍极博，犹考信于六艺。《诗》《书》虽缺，然虞夏之文可知也。……而说者曰尧让天下于许由，许由不受，耻之逃隐。及夏之时，有卞随、务光者。此何以称焉？太史公曰：余登箕山，其上盖有许由冢云。孔子序列古之仁圣贤人，如吴太伯、伯夷之伦详矣。余以所闻由、光义至高，其文辞不少概见，何哉？孔子曰：“伯夷、叔齐，不念旧恶，怨是用希。”“求仁得仁，又何怨乎？”余悲伯夷之意，睹轶诗可异焉。

这里他提出了许多疑问，“此何以称焉”，“其文辞不少概见，何哉”，“睹轶诗可异焉”，正说明他的“好学深思”。他是相信“六艺”的，不仅因为“六艺”是孔子所传的儒家经典，更重要的因为“六艺”是比较可信的古史资料。由于许由不见于“六艺”以及儒家的论述，他便不为许由作传。许由究竟是历史人物，还是某些隐逸之士托古想象之人，疑不能明。他的谨慎态度是完全正确的。

司马迁在处理史料时当然很重视儒家经典，但更重视实地考察，他往往用实地考察所得来修正、补充儒家经典记载之不足。他在《大宛列传赞》中说：

《禹本纪》言“河出昆仑。昆仑其高二千五百余里，日月所相避隐为光明也。其上有醴泉、瑶池”。今自张骞使大夏之后也，穷河源，恶睹本纪所谓昆仑者乎？故言九州山川，《尚书》近之矣。至《禹本纪》、《山海经》所有怪物，余不敢言之也。

他不相信《禹本纪》、《山海经》关于昆仑的记载，因为张骞出使大夏时，并未见到什么昆仑。所以，他认为还是《尚书》比较可信。

对某一历史事件和人物的记述，如果得不到确切的资料，便不作肯定的结论，只是罗列各种说法让人们自己判断。在《齐太公世家》中对吕望的身世就罗列了三种说法，究竟哪一种可取？他并未表示意见，只肯定了一点：“要之为文武师”，这是确切无误的。在《老子韩非列传》中对老子的姓名、籍贯、子孙等都作了交代，但又说：“或曰：老莱子亦楚人也。……或曰儋即老子，或曰非也，世莫知其然否。”同样把问题摆出来让人们去认识思考。

对一些历史现象，若没有充分的史料根据，他就不写。如他记述封禅的历史说：“厥旷远者千有余载，近者数百载，故其仪阙然堙灭，其详不可得而记闻云。”（《封禅书》）又如记述外戚的历史说：“秦以前尚略矣，其详靡得而记焉。”（《外戚世家》）因为时代久远，材料不足，所以只能记其大概。

在处理历史资料时，司马迁总是选择主要的关键性的部分，而舍弃次要的无关大局的部分，以便说明一个历史事件的发展变化，说明天下兴亡的原因，即所谓“原始察终”。如他在《封禅书赞》中说：

余从巡祭天地诸神名山川而封禅焉。入寿宫侍祠神语，究观方士祠官之意,于是退而论次自古以来用事于鬼神者,具见其表里。后有君子,得以览焉。若至俎豆珪币之详,献酬之礼,则有司存。

他不记载那些琐碎的繁文末节,而是记载那能说明自古以来祭祀天地山川鬼神的真象的事件,以为后世的鉴戒。又他在《留侯世家》中说:

留侯从上击代,出奇计马邑下,及立萧何相国,所与上从容言天下事甚众,非天下所以存亡,故不著。

说明他所记述的留侯的言行都与天下兴亡有关,除此而外,他便不写了。

司马迁这种严肃、谨慎的写作态度,是对孔子写《春秋》的精神的继承。他在《三代世表》中赞扬孔子的写作精神说:

孔子因史文次《春秋》,纪元年,正时日月,盖其详哉。至于序《尚书》则略无年月;或颇有,然多阙,不可录。故疑则传疑,盖其慎也。

这是他对孔子的推崇,也是他所以自励。孔子写《春秋》的目的,在匡正乱世。但他并不正面讲道理,而是通过具体叙述事实,把"天道"、"王道"、"人道"等观念表现出来,所谓"我欲载之空言,不如见之于行事之深切著明也"(《自序》)。所以他选择材料很费斟酌,遣词造句也用心推敲,以至于使其著述"文成数万,其指数千"(《自序》)。司马迁继《春秋》而作《史记》,也学习孔子那样通过对具体史实的叙述,表现自己的天道观、历史观、道德观等全部思想体系,因此在对待史料方面特别严肃,一丝不苟,力图忠于客观的历史事实。

司马迁怀着严肃、认真的写作态度,完成了从黄帝到汉武帝时代大约三千年历史的著述。这部伟大著述,在体例上分为十二本纪、十表、八书、三十世家、七十列传,共一百三十篇。“本纪”是按照帝王世代顺序记述政治军事等天下大事;“表”是排比并列历代帝王和诸侯的政治军事大事;“书”是关于经济文化等方面的专门论述;“世家”是对各诸侯国的记述及汉朝有功之臣的传记;“列传”是一般人物的传记。尽管这种体例各有其历史渊源,如《大宛列传赞》云:“《禹本纪》言”;《三代世表叙》云:“余读《谍记》”;《十二诸侯年表叙》云:“太史公读《春秋历谱谍》”;《乐书》云:“余每读《虞书》”;《河渠书》云:“《夏书》曰”;《卫康叔世家赞》云:“余读《世家》言”;《封禅书》云:“《传》曰”;《伯夷列传》云:“其传曰”云云;说明其本纪、表、书、世家、列传等都是有所本的。他采用了这些体例,并有所发展,能够五体并用,把古今三千年的历史纳入一个庞大而完整的体系之中,这确是历史上的一个创造。

司马迁的写作目的是什么?他明确地宣称:

> 究天人之际,通古今之变。

这一目的和主张,表现了他的两种观点。“究天人之际”表现了他的哲学观点,那就是研究自然界和人类社会的关系。“通古今之变”表现了他的历史观点,就是探讨古今历史变化的原因。他的总目的,是要从哲学、历史等方面总结经验,以巩固汉朝的封建统治。但从他把写《史记》自比于孔子写《春秋》看,可以得到另外一种信息。他是怎样评价孔子写《春秋》呢?《史记·自序》中说:“桀、纣失其道而汤、武作,周失其道而《春秋》作,秦失其政,而陈涉发迹。”他把《春秋》之作,和汤、武讨伐桀、纣,陈涉推翻秦始皇相提并论,那末他继承《春秋》精神而作的《史记》,其意义也可以想见了。《史记·自序》中有一段他回答壶遂的问话：

> 上大夫壶遂曰："昔孔子何为而作《春秋》哉？"太史公曰："余闻董生曰：'周道衰废，孔子为鲁司寇，诸侯害之，大夫壅之。孔子知言之不明，道之不行也，是非二百四十二年之中，以为天下仪表，贬天子，退诸侯，讨大夫，以达王事而已矣。'……夫《春秋》，上明三王之道，下辨人事之纪，别嫌疑，明是非，定犹豫，善善恶恶，贤贤贱不肖，存亡国，继绝世，补敝起废，王道之大者也。……"壶遂曰："孔子之时，上无明君，下不得任用，故作《春秋》，垂空文以断礼义，当一王之法。今夫子上遇明天子，下得守职，万事既具，咸各序其宜，夫子所论，欲以何明？"太史公曰："唯唯，否否，不然。……"

无意之中泄露了自己内心的秘密，他唯唯否否，无言以对，最后不得不用一番冠冕堂皇的话搪塞过去了。尽管他并不想推翻汉武帝的统治，而且他根本不可能有这种念头，但他确是在揭露汉武帝，一部《史记》大部分内容的讥讽所向都在汉武帝。他批判汉武帝，但并不反对封建制度，他只是批判汉武帝的一些政治、经济和文化政策，认为汉武帝所推行的不符合天道、王道、人道等观念。

司马迁的《史记》，虽然写了从黄帝到汉武帝时代大约三千年的历史，但是他的写作重点却是秦汉史，特别是汉代的历史。从公元前 202 年刘邦击溃项羽、灭楚建汉之后，到《史记》成书，约一百年。这一百年的历史在全书中所占的比重，比这之前的几个朝代还多。司马迁在《自序》中申明接受他父亲的遗嘱，即以汉史为重："今汉兴，海内一统，明主贤君忠臣死义之士，余为太史而弗论载，废天下之史文，余甚惧焉，汝其念哉！"司马迁俯首、流涕而受命。历代人也有同样的评论，如班彪《王命论》说："迁之所记，从汉元至武以绝,则其功也。”(《后汉书·班彪传》)班固《汉书·司马迁传赞》说:“司马迁据《左氏》、《国语》,采《世本》、《战国策》,述楚汉春秋,接其后事,讫于天汉,其言秦汉详矣。”刘知几《史通·杂说上》也说:“然迁虽叙三千年事,其间详备者,唯汉兴七十余载而已。”可见,司马迁的《史记》是以写秦汉史详备而有功的。那么,他写这段历史包括哪些内容呢？主要有关于秦末陈胜、吴广领导的农民大起义,汉朝社会经济的发展,中央集权与封建割据势力的矛盾,封建专制主义严刑酷法与独尊儒术的关系、汉王朝与匈奴等少数民族的斗争等等历史的描写和记述。反映了秦汉时代,特别是汉代的重大历史问题。对这些重大历史问题,司马迁或褒或贬,或赞扬或批判,表现了强烈的爱憎和鲜明的倾向性。他的褒贬与爱憎和当时历史发展的要求往往是一致的,有重大的历史意义和进步作用。扬雄等人称《史记》为“实录”,说明汉代学者已经认为司马迁具有“实录”和批判精神。

第三节　讥刺汉朝最高统治者

作为一个封建时代的历史家和文学家,司马迁在总的方面对汉代最高统治者是拥护和歌颂的。如他认为刘邦是“受命而帝”的“大圣”(《秦楚之际月表》),认为文帝是“以德化民”(《孝文本纪》)的仁德之君,赞扬武帝下推恩令说:“盛哉,天子之德!”(《建元已来王子侯者年表》)。但是,由于他在写作上能够坚持忠于史实,坚持“实录”的精神,揭露了这些统治者的残酷、贪狠、愚昧、昏庸的阶级本质,揭露了他们阴险、诡诈的手段,因而他的著作被班固指责为“微文刺讥,贬损当世”(《典引》序),被王允诋毁为“谤书”(《后汉书·蔡邕传》)。

汉朝的开国之君是刘邦，司马迁的讥刺笔锋首先指向了他。在《高祖本纪》中，司马迁揭露了这位所谓“圣君”许多本质的方面。如他揭露了刘邦的流氓无赖相和善耍阴谋和权术。刘邦当泗水亭长时，“廷中吏无所不狎侮”，他“好酒及色”，并对廷中的官吏随便取笑、欺侮，完全是一个酒色之徒。沛县县令家中来了位贵客，县里的豪绅都去送礼，萧何当主吏，对大家说：“进不满千钱，坐之堂下。”刘邦则诈称“贺钱万”，实不持一钱，“固狎侮诸客，遂坐上坐，无所诎。”这不仅如萧何所说“刘季固多大言，少成事”，而简直是在玩弄权术了。在《项羽本纪》中，写楚、汉战争时项羽捉到了刘邦的父亲，并以烹刘邦的父亲为要挟，刘邦泰然自若地说：

吾翁即若翁，必欲烹而翁，则幸分我一杯羹。

揭露了刘邦的自私和残忍，为了夺取天下，不惜把自己的父亲作牺牲品。曹无伤说他“欲王关中，……珍宝尽有之。”范增说他“贪于财货，好美姬”，则进一步说明他的贪财好色。在《萧相国世家》中，记述他夺取天下之后，给萧何的封地独多，因为早年“帝尝繇咸阳时何送我独赢奉钱二也”。用汉朝的疆土报答别人对自己的私惠，何其卑鄙！在《高祖本纪》中，记载未央宫刚建成，他大朝诸侯，举杯为太上皇祝寿说：

始大人常以臣无赖，不能治产业，不如仲力。今某之业所就孰与仲多？

活现了他夺取农民革命胜利果实之后，一副得意洋洋的阴谋家的嘴脸。

司马迁还揭露了刘邦的刻薄和猜忌。在《萧相国世家》中，写萧何为汉朝立下汗马功劳，刘邦却对其时刻猜疑。刘邦与项羽相距京、索之间，曾多次派人慰问留守关中的萧何，用意何在？鲍生指出："王暴衣露盖，数使使劳苦君者，有疑君心也。"淮阴侯被杀后，刘邦拜萧何为相国，增封萧何五千户，派五百士兵一个都尉为萧何守卫，用意何在？召平指出："以今者淮阴侯新反于中，疑君心矣。夫置卫卫君，非以宠君也。"黥布谋反，刘邦亲自将兵出击，也多次派人问萧何在关中做什么，有客告诉萧何："上所为数问君者，畏君倾动关中。"刘邦对萧何时时提防，处处留心。在《淮阴侯列传》中，写韩信"自以为功多，汉终不夺我齐"。而事实却相反，刘邦则"畏恶其能"。韩信帮助他夺取天下，每打一次胜仗，他"辄使人收其精兵"。当他取得天下之后，便以谋反的罪名，把韩信捉了起来。

司马迁也揭露了刘邦的诡诈多端。在《高祖本纪》中，记述刘邦听说义帝死了，便"袒而大哭"，并为义帝发丧，令诸侯皆缟素，以骗取人们的拥戴。又记述项羽射伤了他的胸口，他扪足说："虏中吾指。"用欺骗的手段稳定军心。

在司马迁笔下，刘邦就是这样一个阴险、诡诈、猜忌和善于玩弄权术的帝王，这样一个人物能够取天下，是不可理解的。他在《秦楚之际月表》中说："五年之间，号令三嬗，自生民以来，未始有受命若斯之亟也。"虞、夏之兴，积善累功数十年；汤、武之王，修仁行义十余世；秦之统一也经历百有余载。"以德若彼，用力如此，盖一统若斯之难也。"为什么刘邦的德行、能力都不如他们，却能如此快地统一天下呢？"岂非天哉，岂非天哉！"司马迁把原因归结为刘邦之得天命。他曾借韩信的口说："且陛下所谓天授，非人力也。"（《淮阴侯列传》）仍包含着对刘邦能够统一天下的讥讽。

对历史上号称"仁德"之君的文帝，司马迁在其本纪中虽然记载了一些他的"德政"，但在其他人的传记中却揭露了他的残忍和丑颜秽行。如在《张释之列传》中写文帝过中渭桥时，有人从桥下跑出来,惊了他的马,他立刻派人捕捉,交给廷尉治罪。张释之告诉他:“县人来,闻跸,匿桥下。久之,以为行已过,即出,见乘舆车骑,即走耳。”这位百姓本来是要躲避皇帝的车驾的,无意间犯跸,其惊惧之情已够令人悲悯的,张释之依法罚金,而文帝仍大为不满说:

此人亲惊吾马,吾马赖柔和,令他马,固不败伤我乎?而廷尉乃当之罚金!

他不同意处之以罚金之罪,而要置之于死地。在张释之力争之下,才不得不依法处理,使这位百姓免于一死。这就揭露了这位曾经废三族法和肉刑的“仁德”之君的残酷本质。在《佞幸列传》中写文帝宠幸宦官邓通的丑颜秽行。文帝对邓通“尊幸之日异”,爱之如获至宝,“赏赐通巨万以十数,官至上大夫”,并且“时时如邓通家游戏”。然而邓通一无所能,“独自谨其身以媚上而已”。善相者给邓通看相,说:“当贫饿死。”文帝则说:“能富通者在我也。何谓贫乎?”于是“赐邓通蜀严道铜山,得自铸钱,‘邓氏钱’布天下。”他为了自己的喜好,而许邓通铸钱致富,这个素称节俭的帝王,其内心又何其卑鄙无耻!

对于景帝,司马迁在其本纪中并未写他多少政绩,只写了七国之乱,在《赞》语中提出了安危在于人谋的观点。但在其他人的传记中却写了他的刻薄无情、猜疑忌恨。在《张释之列传》中,记述景帝为太子时,过司马门不下车,张释之“劾不下公门不敬,奏之”。后来景帝即位,对这件事虽然表面不忌恨,所谓“景帝不过也”,但却始终耿耿于怀,不久便调张释之为淮南王相,司马迁明确地指出:“犹尚以前过也。”揭露了景帝的猜疑和忌恨。在《绛侯周勃世家》中,记述景帝欲立皇后兄王信为侯,周勃坚决反对说:“高皇帝约‘非刘氏不得王，非有功不得侯。不如约，天下共击之，今信虽皇后兄，无功，侯之，非约也。”景帝听了“默然而止”。可是后来他却特意刁难周勃，请周勃吃饭，“独置大胾，无切肉，又不置櫡”，使周勃无法吃。周勃心中不平，辞别趋出，他心怀忌恨，“以目送之”。终于以谋反罪下廷尉，死后，“景帝乃封王信为盖侯”。张释之、周勃都是以巩固封建制度和封建法权为己任的，其言行稍拂“圣意”，便惨遭不幸，景帝的凶狠、忌恨可以想见了。

武帝是司马迁一生所侍从的“今上”，是司马迁最了解的人物。可是在长篇的《孝武本纪》中，司马迁对他没有一句好的评语，全是揭露、讽刺和批判。其中特别突出的是讽刺他的求仙。迷信方士，追求长生，这是司马迁对武帝讽刺、揭露的重心。方士李少君“善为巧发奇中”，武帝深受迷惑，对李少君的胡言乱语坚信不疑。李少君说：“臣尝游海上，见安期生，食臣枣，大如瓜。安期生仙者，通蓬莱中，合则见人，不合则隐。”武帝便信以为真，“始亲祠灶，而遣方士入海求蓬莱安期生之属，而事化丹砂诸药齐为黄金矣。”后来，李少君病死，而“天子以为化去不死”。这就揭露了武帝的愚蠢。

又方士少翁，声言能用方术将武帝宠爱的王夫人的魂魄招来。武帝因之对他极为尊崇，封他为文成将军，“赏赐甚多，以客礼礼之。”少翁说：“上即欲与神通，宫室被服不象神，神物不至。”他立刻把宫室按照神仙的境界加以布置，自己居住其中，以待神来。司马迁接着写道：

> 居岁余，其方益衰，神不至。乃为帛书以饭牛，详弗知也，言此牛腹中有奇。杀而视之，得书，书言甚怪，天子疑之。有识其手书，问之人，果伪书。于是诛文成将军而隐之。

武帝又一次被欺骗,因为怕人嘲笑,具体细节不肯对人讲。“详弗知也”、“隐之”,司马迁冷然写去,使武帝的愚蠢本相暴露无遗。

司马迁对武帝揭露深刻之处,在于武帝虽屡次被骗,却始终执迷不悟。他生病了,游水发根告诉他上郡有巫神能够医治,他便把神君请到寿宫中来。这位神君什么样呢?司马迁写道:

> 非可得见,闻其音,与人言等。时去时来,来则风肃然也。居室帷中。时昼言,然常以夜。

他来去飘渺,“与人言等”,和一般人没有什么不同。而武帝却对之恭谨、虔诚之至:

> 天子祓,然后入。因巫为主人,关饮食。所欲者言行下。又置寿宫、北宫,张羽旗,设供具,以礼神君。神君所言,上使人受书其言,命之曰“画法”。

是否真正灵验?完全不是。司马迁记述说:

> 其所语,世俗之所知也,毋绝殊者,而天子独喜。其事秘,世莫知也。

对武帝愚蠢、昏庸的神态作了更深入的揭露。

又栾大妄言能入东海见仙人,获得不死之药。武帝又信以为真,拜他为五利将军。后来栾大治装东去,“上使人微随验,实无所见。五利妄言见其师,其方尽,多不雠。”武帝再次受骗。这个封建君王,为了追求长寿不死,宁愿舍弃一切。公孙卿告诉他黄帝学仙升天的事,他无限感慨地说:“吾诚得如黄帝,吾视去妻子如脱躧耳。”此后,他经常东巡海上求神仙。例如:“于是上欣然庶几遇之,乃复东至海上望,冀遇蓬莱焉。”又“东至海上,考入海及方士求神者”。又“临渤海,将以望祠蓬莱之属,冀至殊庭焉。”结果都无应验,“然无验者”,“终无有验”,“无其效”。但他始终不死心,“莫验,然益遣,冀遇之。”最后,他倦怠了,至于讨厌方士的迂怪言论:“天子益怠厌方士之怪迂语矣”。然他总不能忘怀这件事,“然终羁縻弗绝,冀遇其真。”这对武帝的愚蠢和昏愦是多么深刻的讽刺和揭露!

司马迁一方面揭露了武帝的愚蠢和昏愦,另一方面揭露了他的凶狠和残酷。在《酷吏列传》中记述了汉代滥施刑法,笔锋所向,都在武帝。司马迁在写这些酷吏以杀人多为荣时,屡次提到“上以力能”,“天子以为能”。明确指出这些酷吏的倒行逆施的根源,在武帝的纵容。他们“专以人主意指为狱”,“上意所欲罪,予监史深祸者”;“上所欲释,与监史轻平者”。那么这些酷吏之滥施淫威,还不是武帝的意旨!

司马迁通过汲黯的口指责武帝说:“陛下内多欲而外施仁义”(《汲郑列传》),可谓对武帝极透辟的认识。武帝所推行的严刑峻法和对神仙生活的无厌追求,都是在温情脉脉的“仁义”外衣下进行的。这种内与外、表与里的矛盾,构成了他的政权的极大欺骗性。何谓仁义?说穿了不过是封建阶级进行杀戮、掠夺和追求无耻享受的遮羞布而已。司马迁在《游侠列传》中说:“何知仁义,已飨其利者为有德。”“窃钩者诛,窃国者侯,侯之门仁义存。”这自然是司马迁的愤世之言,但未尝不是针对汉武帝的。

我认为司马迁并不像屈原、杜甫那样,认为楚国的国君必须是熊姓,唐朝的天子必须是李氏。在他看来汉朝的天下不一定永远属于刘家。他在《项羽本纪赞》中说:“舜目盖重瞳子,又闻项羽亦重瞳子。”就说明项羽也有帝王之相;又《陈涉世家》中说:“王侯将相宁有种乎!”这虽然是陈涉号召戍卒造反的话,但却包含着司马迁自己的感情。司马迁为他们的失败而惋惜,也为他们的事业未竟而痛心。可见,司马迁以刘汉为正统的观念并不那么强,在他看来是人皆可以为尧舜的。

司马迁在《匈奴列传赞》中说:“孔氏著《春秋》,隐桓之间则章,至定哀之际则微,为其切当世之文而罔褒,忌讳之辞也。”很明显,作为历史家,对古代历史由于时代久远,可以无忌讳地写;对当代历史却不能无所忌讳而随便动笔了。因为这容易触犯当世的文网。司马迁却能够尊重历史事实,把自己的生命置之度外,不但对古代,即使对当代,也无所忌讳地进行描写,从而揭露了当时最高统治者某些残酷、腐朽、反动的本质,表现了令人钦佩的胆识!

第四节 揭露汉武帝时代的社会矛盾

司马迁《史记》的写作重点在汉代,写得最好的是汉代,被封建文人讥为“谤书”的也是汉史。在我国古代,像司马迁这样写当代史,“贬损当世”(班固《典引·序》,见《文选》卷四十八),是很少见的。卫宏曾说:“司马迁作《景帝本纪》,极言其短,及武帝之过。武帝怒而削去之。”(卫宏《汉旧仪注》,见《史记·太史公自序》《集解》引)这件事,不一定可信,但从司马迁写汉史纵横褒贬的精神看,确是显示了他的著作内容的积极意义。

司马迁重点写汉代,但更集中的是写汉武帝时代。

汉武帝统治的时代,是汉朝社会极其发达的时代,同时也是各种矛盾逐渐尖锐、激化的时代。可贵的是司马迁能洞察当时社会经济由盛而衰的转变,并揭示了当时社会的各种矛盾。《平准书》中说:

至今上即位数岁,汉兴七十余年之间,国家无事,非遇水旱之灾，民则人给家足，都鄙廪庾皆满，而府库余货财。京师之钱累巨万，贯朽而不可校。太仓之粟陈陈相因，充溢露积于外，至腐败不可食。众庶街巷有马，阡陌之间成群，而乘字牝者傧而不得聚会。守闾阎者食粱肉，为吏者长子孙，居官者以为姓号。故人人自爱而重犯法，先行义而后绌耻辱焉。当此之时，网疏而民富，役财骄溢，或至兼并豪党之徒，以武断于乡曲。宗室有土公卿大夫以下，争于奢侈，室庐舆服僭于上，无限度。物盛而衰，固其变也。自是之后，严助、朱买臣等招来东瓯，事两越，江淮之间萧然烦费矣。唐蒙、司马相如开路西南夷，凿山通道千余里，以广巴蜀，巴蜀之民罢焉。彭吴贾灭朝鲜，置沧海之郡，则燕齐之间靡然发动。及王恢设谋马邑，匈奴绝和亲，侵扰北边，兵连而不解，天下苦其劳，而干戈日滋。行者赍，居者送，中外骚扰而相奉，百姓抏獘以巧法，财赂衰耗而不赡。入物者补官，出货者除罪，选举陵迟，廉耻相冒，武力进用，法严令具。兴利之臣自此始也。

这段文字是司马迁揭露汉代社会矛盾的关键之笔，是画龙点睛的地方。他首先叙述汉兴七十年之间国富民足的极盛景况，然后指出“物盛而衰”的转变趋势，再则阐明连年对外用兵所造成的民劳财竭的危机，结尾提示因此而引起的一系列严重后果。

司马迁认为汉朝兴盛的原因是“汉兴七十余年之间国家无事”。怎样理解“国家无事”呢？所谓“国家无事”，是指汉初约法省禁、轻徭薄赋、安抚“四夷”、偃武休兵、与匈奴“和亲”等“清静无为”的政治。这从他对汉初君臣政绩的赞颂中便可以得到说明。如《曹相国世家赞》云：“参为汉相国，清静极言合道。然百姓离秦之酷后，参与休息无为，故天下俱称其美矣。”《吕太后本纪赞》云：“孝惠皇帝、高后之时，黎民得离战国之苦，君臣俱欲休息乎无为，故惠帝垂拱,高后女主称制,政不出房户,天下晏然。刑罚罕用,罪人是希。民务稼穑,衣食滋殖。"《孝文本纪》云:"孝文帝从代来,即位二十三年,……与匈奴和亲,匈奴背约入盗,然令边备守,不发兵深入,恶烦苦百姓。……专务以德化民,是以海内殷富,兴于礼义。"又《酷吏列传》云:"汉兴,破觚而为圜,斫雕而为朴,网漏于吞舟之鱼,而吏治烝烝,不至于奸,黎民艾安。"等等,都说明汉初君臣不希望多事,不愿意烦苦百姓,而愿意与民休息无为,农民得以从事农业生产,所以"非遇水旱之灾",社会经济得到恢复和发展,天下比较安定。司马迁对汉初兴盛原因的分析是正确的。

同时,司马迁还指出"物盛而衰"的发展趋势。衰的原因是什么?他认为是兼并豪党之徒(大地主)、宗室(贵族)、有土(封君)、公卿大夫(大官僚)等等,穷奢极欲、贪得无厌、掠夺兼并所引起的。这种情形如《酷吏列传》记载的宁成"乃贳贷买陂田千余顷,假贫民,役使数千家。……其使民威重于郡守。"《魏其武安侯列传》记载的灌夫"家累数千万,食客日数十百人。陂池田园,宗族宾客为权利,横于颍川。"即所谓"网疏而民富,役财骄溢,或至兼并豪党之徒,以武断于乡曲。"又如《吴王濞列传》记载,吴王濞因富"骄溢",发动了吴楚的叛乱。《淮南衡山列传》记载,淮南王长"益骄恣,不用汉法,出入称警跸,称制,自为法令,拟于天子。"至于谋反;淮南王安,"阴结宾客",又谋作乱。《汉兴以来诸侯王年表序》记载,诸侯王"置百官宫观,僭于天子";"诸侯或骄奢,忕邪臣计谋为淫乱。"即所谓"宗室有土公卿大夫以下,争于奢侈,室庐舆服僭于上,无限度"。司马迁能从汉初极盛的形势中看到衰败的迹象,能从阶级矛盾中看到社会危机,这是他的卓识远见。

但是,司马迁并没有在这方面作过多的记述,而是把重心转到汉兴七十余年之后汉武帝的政治措施上。"物盛而衰,固其变也”，揭开了汉武帝一系列“多事”的政治措施是造成盛衰之变的重要原因。

首先，他揭露了汉武帝时代频繁的对外战争劳民伤财的情况。《平准书》记载：“其后汉将岁以数万骑出击胡”，并“通西南夷道，作者数万人，千里负担馈粮，率十余锺致一石。……悉巴蜀租赋不足以更之。”“又兴十万余人筑卫朔方，转漕甚辽远，自山东咸被其劳，费数十百巨万，府库益虚。”“汉遣大将将六将军，军十余万，击右贤王。……捕斩首虏之士受赐黄金二十余万斤，虏数万人皆得厚赏，衣食仰给县官；而汉军之士马死者十余万，兵甲之财转漕之费不与焉。”“其秋，浑邪王率数万之众来降，于是汉发车二万乘迎之。既至，受赏，赐及有功之士。是岁费凡百余巨万。”“天子为伐胡，盛养马，马之来食长安者数万匹，卒牵掌者关中不足，乃调旁近郡。而胡降者皆衣食县官，县官不给。”“大将军、骠骑大出击胡，得首虏八九万级，赏赐五十万金，汉军马死者十余万匹，转漕车甲之费不与焉。”“会军数出，浑邪王等降，县官费众，仓府空。”“天子为山东不赡，赦天下囚，因南方楼船卒二十余万人击南越，数万人发三河以西骑击西羌，又数万人度河筑令居。初置张掖、酒泉郡，而上郡、朔方、西河、河西开田官，斥塞卒六十万人戍田之。中国缮道馈粮，远者三千，近者千余里，皆仰给大农。”等等，都充分说明汉武帝的对外战争，浪费了巨大的人力、物力和财力，加深了社会危机。其次，揭露了汉武帝大兴土木，挥霍无度的情况。《平准书》记载：“是时越欲与汉用船战逐，乃大修昆明池，列观环之。治楼船，高十余丈，旗帜加其上，甚壮。于是天子感之，乃作柏梁台，高数十丈。宫室之修，由此日丽。”《封禅书》还揭露了当时修筑甘泉宫、建章宫和五城十二楼的穷奢极欲的情景。这都是搜刮民脂民膏的结果。其三，揭露了当时治河修渠的流弊及其所造成的损失。

《平准书》记载:“其后番系欲省厎柱之漕,穿汾、河渠以为溉田,作者数万人;郑当时为渭漕渠回远,凿直渠自长安至华阴,作者数万人;朔方亦穿渠,作者数万人:各历二三期,功未就,费亦各巨万十数。”由于汉武帝不断地用兵拓土,穷奢极欲,造成“国家用竭,海内萧然”的结果。《平准书》记载当时的情况说:“江淮之间,萧然烦费矣”;“财赂衰耗而不赡”;“是时财匮,战士颇不得禄矣”;“贫民大徙,皆仰给县官,无以尽赡”。国家已经穷困到极点了。为了克服财政无法支付的困难,便锐意开辟财源,兴利之臣就大被任用。

《平准书》的写作,原是为了阐明汉朝建国以来的理财制度,结果重点却放在汉武帝时期的各种“兴利”之事。在“兴利之臣自此始也”一句之下,司马迁列举了13项兴利措施,即募田南夷入粟,募民入奴及羊,卖武功爵,造皮币、白金三品,官营盐铁,算缗,入谷补官,铸赤侧钱、输铜,杨可告缗,株送徒入财补官,出牝马,立平准均输法,入粟补官赎罪。所谓“兴利”,不过是“与民争利”,搜刮百姓,是对人民压榨、剥削、迫害的加深。如“杨可告缗徧天下,中家以上大抵皆遇告”,“得民财物以亿计,奴婢以千万数,田大县数百顷,小县百余顷,宅亦如之。”以致使“大农之诸官,尽笼天下之货物”。这种对人民财物严酷的掠夺和压榨,造成人民生活的极端贫困:“黎民重困”,“贫者畜积无有”,再加上严重的自然灾害,“民多饥乏”,甚至“人或相食,方一二千里。”即使如此,为了这些“兴利”措施坚决执行的需要,就得用严刑峻法来镇压人民,酷吏便因此而产生了。

酷吏的任用,一方面是为了对付豪强、宗室、外戚、猾吏;一方面则是为了敲诈勒索百姓,“督盗贼”,剥削和压迫人民,是为了辅助兴利,镇压反对“兴利”之人。如诛杀持反对意见的大农颜异以及诛杀“盗铸”的人们很多。据《酷吏列传》记载,这些酷吏斩戮杀伐的手段各具特征,而且一个比一个凶残。像“其治如狼牧羊”的宁成,“暴酷骄恣”的周阳由,“酷急”的赵禹,“务在深文”的张汤,“以鹰击毛挚为治”的义纵,“苛察”的王温舒,“微文深诋”的减宣,“内深次骨”的杜周等。他们一个个“用法益刻”,而且“相效为酷”。郅都“独先严酷”;其次宁成,“其治效郅都”;宁成、周阳由之后,“大抵吏之治类多成、由等”;王温舒等后起,“治酷于禹”;其次义纵,“其治放郅都”;其次尹齐,“声甚于宁成”;其次杨仆,“治放尹齐”;自王温舒等以恶为治之后,郡守、都尉、诸侯二千石欲为治者,“大抵尽放温舒”;其次杜周为中丞时,“其治与宣相放”,为廷尉时,“其治大放张汤”;他的两个儿子夹河为守,“其治暴酷皆甚于王温舒等”。司马迁总结说:“自郅都、杜周十人者,此皆以酷烈为声。”一句话,道出了他们共同的本质特征。

在对这些酷吏的残暴行为的具体描写中,张汤是最突出的一个。他“为人多诈,舞智以御人”,执法时“向上意”,即按国君的意旨办事,“即上意所欲罪,予监史深祸者;即上意所欲释,与监史轻平者。”又“傅古义”,即缘饰以儒术,欺上压下,打击异己,舞文弄法,苛察巧诋,弄得民不聊生,“自公卿以下,至于庶人,咸指汤。”其次王温舒,他“督盗贼,杀伤甚多”,做河内太守时,能使“郡中毋声、毋敢夜行,野无犬吠之盗。”“捕郡中豪猾,郡中豪猾相连坐千余家。”杀人“至流血十余里”,作者痛恨地说:“其好杀伐行威不爱人如此!”再则是杜周,他善于候伺汉武帝的意图,“上所欲挤者,因而陷之;上所欲释者,久系待问而微见其冤状。”他做廷尉时,“诏狱亦益多矣。二千石系者,新故相因,不减百余人。郡吏大府举之廷尉,一岁至千余章。章大者连逮证案数百,小者数十人;远者数千,近者数百里。会狱,吏因责如章告劾,不服,以笞掠定之。”

因此听到逮捕之事,大家都逃跑了。这种大搜捕,在历史上是罕见的。另外,像郅都、宁成、周阳由、义纵、尹齐、杨仆、减宣等,或"所诛杀甚多",或"杀者甚众",或"以斩杀缚束为务",都是一群杀人的刽子手。而他们的手段,却屡次得到汉武帝的称赞:"上以为能",作者批判的矛头直接指向最高统治者。

尽管施行严刑峻法,但并未奏效,相反却激起人民强烈的反抗。司马迁多次提到自此以后"事益多,民巧法";"然取为小治,奸益不胜";"吏民益轻犯法,盗贼滋起";"百姓不安其生,骚动"等等。很明显,司马迁写酷吏,重点是揭露君主专制、酷吏横行,使得官事耗废,"吏民益凋敝","盗贼滋起",矛盾重重,反映了乱自上作,官逼民反的事实。

我们把《酷吏列传》和《平准书》结合起来看,汉武帝时期的"兴利"、"酷法",实际上反映了当时政治、经济方面的封建专制,以及这种专制所造成的社会危机。司马迁描写当时国家"多事",政策多"变",社会动乱,说明当时政治、经济等问题的严重性,并寓有指责汉代的统治有蹈亡秦覆辙之意。

司马迁写汉兴以来百年间的历史,以建元之年作分水岭,汉初70年为一个时期,汉武帝建元以后为另一个时期。他写汉初"国家无事",汉武帝时兴利兴功,即"多事";汉初在政治上崇尚"无为",汉武帝时则推行严刑酷法;汉初社会安定,"黎民艾安",汉武帝时则"百姓不安其生,骚动"。总之,"物盛而衰,固其变也!""变"、社会矛盾,是他注意的重心。司马迁不但写出了汉代由盛而衰的变化,而且揭示了促成这一变化的各种原因。尽管他所揭示的原因,在今天看来并不全面,但在一定程度上仍然反映了当时历史发展的趋势,揭露了汉代社会的各种矛盾,抒发了反对专制独断的思想倾向,流露了希望社会安定、富国裕民的意愿,这是有重大历史意义和进步作用的。扬雄等人称赞司马迁的著作为“实录”,这说明汉代学者已经认识到司马迁具有写实的批判精神。班氏父子所谓“其是非颇缪于圣人”,这不但无损于司马迁的创作思想,“适足以彰迁之不朽”(李贽《藏书》卷四十《儒臣传·司马迁》)!

第五节　批判汉儒

司马迁并不笼统地反儒,更没有反孔,相反他对孔子及儒家的经典都给予极高的评价,对孔子的直接继承人孟子和荀卿也给予中肯的论述。但是,他对儒学末流,对汉儒却是讥讽、批判的,批判他们表面上崇奉孔子,宣扬六艺,似乎是儒家的忠实门徒,实际上是“缘饰以儒术”(《平津侯主父列传》),对统治者趋炎附势,阿谀奉承,以追求功名的利禄之徒。

司马迁看到了随着历史的发展,儒学思想的演进和变化,并且描写出了这种演进和变化的过程。一篇《儒林列传》是一部儒学史,论述儒学发展的源流。从孔子论次《诗》《书》,修订礼乐并因史记作《春秋》,七十子之徒散游诸侯,或做卿相师傅,或友士大夫,到战国孟、荀继承了孔子的事业成为当时的显学,到秦焚《诗》《书》,坑儒士,六艺灭亡,直到秦汉之际的儒者。汉代的儒者就与过去不同了,《儒林列传》记载说:

> 陈涉之王也,而鲁诸儒持孔氏之礼器往归陈王。于是孔甲为陈涉博士。……然而缙绅先生之徒负孔子礼器往委质为臣者,何也?以秦焚其业,积怨而发愤于陈王也。
>
> 汉兴,然后诸儒始得修其经艺,讲习大射乡饮之礼。叔孙通作汉礼仪,因为太常,诸生弟子共定者,咸为选首,于是喟然

叹兴于学。

及至孝景，不任儒者，而窦太后又好黄老之术，故诸博士具官待问，未有进者。及今上即位，赵绾、王臧之属明儒学，而上亦向之，于是招方正贤良文学之士。

及窦太后崩，武安侯田蚡为丞相，绌黄老、刑名百家之言，延文学儒者数百人，而公孙弘以《春秋》白衣为天子三公，封以平津侯。天下之学士靡然向风矣。

司马迁通过这些朴实的记述，隐约地揭示出儒学末流的所作所为，都是为了具官待问，封侯拜相。孔甲做了陈涉的博士，并非出于参加农民起义的动机，而是“以秦焚其业，积怨而发愤于陈王也”。叔孙通伪托礼仪，是为了取得太常博士等官。赵绾、王臧讲儒学，一个升为郎中令，一个做了御史大夫。公孙弘以习《春秋》，而为天子三公。行文至此，司马迁不胜感慨，感慨天下学士儒者，都靡然向风于以缙绅先生的儒学形式为号召，以奔竞利禄之途为目的的恶劣风尚。《儒林列传》在这段文字之后，还详细地记述了汉武帝广置博士弟子名额和规定其仕进考核的办法等：“仪状端正者，补博士弟子”；“出入不悖所闻者，令相长丞上属所二千石”；“能通一艺以上，补文学掌故缺”；“其高弟可以为郎中者，太常籍奏”；“即有秀才异等，辄以名闻”；“请选择其秩比二百石以上，及吏百石通一艺以上，补左右内史、大行卒史”；“比百石已下，补郡太守卒史：皆各二人，边郡一人”；“先用诵多者，若不足，乃择掌故补中二千石属，文学掌故补郡属，备员”。这样做的结果，“则公卿大夫士吏斌斌多文学之士矣”！那些斌斌少年都有资格逐渐进入官场做官，食几百几千石禄，因而儒林都不过是些乞贷者罢了。

司马迁笔下汉代的儒者以叔孙通、公孙弘和董仲舒为代表。对这三个赫赫知名的人物，司马迁在平实的记述中，往往给以意味深长的讽刺。像在《刘敬叔孙通列传》中活画出叔孙通的一副投机取巧者嘴脸。他一生事十主,都以谄谀得宠。对秦二世关于陈胜起义的咨询,他回答说:“明主在其上,法令具于下,使人人奉职,四方辐辏,安敢有反者！此特群盗鼠窃狗盗耳,何足置之齿牙间。”博得秦二世的称赏,连他的同伙都惊叹:“先生何言之谀也!”而他自己却洋洋得意,不以为耻。之后,他逃亡到薛,薛已降楚,他便跟从项梁,秦兵大破楚于定陶,项梁死,怀王恐惧,从盱台迁到彭城,他又跟从怀王。怀王受尊为义帝,被项羽远徙到长沙,他却留下事奉项羽。刘邦从五诸侯攻下彭城,他又投降了刘邦。叔孙通就是这样一个投机取巧、随机应变的人物。

叔孙通投降刘邦之后,穿儒服,刘邦不喜欢,他便改穿楚制的短衣,以取得主子的欢心。他既已臣事刘邦,但并未向刘邦推荐跟从自己降汉的诸儒生弟子,而与刘邦专谈那些斩将搴旗之士,引起了诸儒生弟子的不满。他却说:“汉王方蒙矢石争天下,诸生宁能斗乎？故先言斩将搴旗之士。诸生且待我,我不忘矣。”那种阿谀谄媚的嘴脸毕现。然而这却被刘邦认为是品学卓异,拜为博士,认为是德业足以继踪齐稷下之遗风,封为“稷嗣君”。这是多深刻的讽刺!

刘邦已定天下,被诸侯共尊为皇帝,踌躇满志。据赵翼《廿二史劄记》卷二“汉初布衣将相之局”条记述,汉初将相大都出身低下,不是狱卒材官白徒,就是屠狗吹鼓手贩缯輓车者辈,他们粗俗鲁莽,不懂温良恭俭让。所以当刘邦称帝之时,他们却“饮酒争功,醉或妄呼,拔剑击柱”。刘邦极不耐烦。叔孙通领会刘邦的心意,便献创立朝仪的计策:

> 叔孙通知上益厌之也,说上曰:“夫儒者难与进取,可与守成。臣愿徵鲁诸生,与臣弟子共起朝仪。”……上曰:“可试为

之,……"于是叔孙通使徵鲁诸生三十余人。鲁有两生不肯行,曰:"公所事者且十主,皆面谀以得亲贵。……吾不忍为公所为。……公往矣,无污我!"叔孙通笑曰:"若真鄙儒也,不知时变。"遂与所徵三十人西,及上左右为学者与其弟子百余人为绵蕞野外。习之月余,叔孙通曰:"上可试观。"上既观,使行礼,曰:"吾能为此。"乃令群臣习肄,会十月。汉七年,长乐宫成,诸侯群臣皆朝十月。仪:先平明,谒者治礼,引以次入殿门,廷中陈车骑步卒卫官,设兵张旗志。传言"趋"。殿下郎中侠陛,陛数百人。功臣列侯诸将军军吏以次陈西方,东向;文官丞相以下陈东方,西向。大行设九宾,胪传。于是皇帝辇出房,百官执职传警,引诸侯王以下至吏六百石以次奉贺。自诸侯王以下莫不振恐肃敬。至礼毕,复置法酒。诸侍坐殿上皆伏抑首,以尊卑次起上寿。……无敢讙哗失礼者。于是高帝曰:"吾乃今日知为皇帝之贵也。"乃拜叔孙通为太常,赐金五百斤。叔孙通因进曰:"诸弟子儒生随臣久矣,与臣共为仪,愿陛下官之。"高帝悉以为郎。叔孙通出,皆以五百斤金赐诸生。诸生乃皆喜曰:"叔孙生诚圣人也,知当世之要务。"

这段文字非常精彩。司马迁生动逼真地写出了叔孙通创立的礼仪,使粗俗不懂礼节的刘邦第一次尝到做皇帝的荣耀、尊贵的滋味,他自己与诸生弟子也得到高官厚禄。叔孙通所谓"儒者难以进取,可与守成。"可以说道破了汉儒谄谀的本质。因此,叔孙通成为识时务的大"圣人"!司马迁这段描写,表面上是记述刘邦称帝的煊赫,实际上是讽刺叔孙通取予应时的市侩作风。这就是司马迁论儒学的所谓"具见表里"。

在《平津侯列传》中,司马迁描述了公孙弘那种善于逢迎和老于世故的官僚形象,他以谄谀、诡诈的手段博得汉武帝的信任和重用，取得高官厚禄。其初，武帝下诏征召贤良文学之士，由于一篇对策，他被擢为第一名。武帝召见他，见他“状貌甚丽”，拜他为博士。在议论朝政时，他全看武帝的旨意行事，从来不敢和武帝当面争辩。如：

> 每朝会议，开陈其端，令人主自择，不肯面折庭争。于是天子察其行敦厚，辩论有余，习文法吏事，而又缘饰以儒术，上大说之。二岁中，至左内史。弘奏事，有不可，不庭辩之。尝与主爵都尉汲黯请间，汲黯先发之，弘推其后，天子常说，所言皆听，以此日益亲贵。尝与公卿约议，至上前，皆倍其约以顺上旨。汲黯庭诘弘曰：“齐人多诈而无情实，始与臣等建此议，今皆倍之，不忠。”上问弘。弘谢曰：“夫知臣者以臣为忠，不知臣者以臣为不忠。”上然弘言。左右幸臣每毁弘，上益厚遇之。

这里，司马迁深刻地揭示了公孙弘这个老官僚的圆滑行径，他仰承主子鼻息，顺应主子意旨，活像一只摇尾乞怜的哈吧狗。当汲黯指责他不忠时，他委婉地为自己辩解，说明自己的真心是忠的。在司马迁笔下，儒学末流的道德廉耻都丧尽了，然而他却因此被提拔为御史大夫，这又是多么尖锐的讽刺！

武帝谋划通西南夷，置沧海、朔方两郡。公孙弘屡次谏议，以为“罢敝中国以奉无用之地”，不合算。当武帝派朱买臣对他提出置朔方郡有十条便利时，他一条也不敢反驳，连忙说：“山东鄙人，不知其便若是，愿罢西南夷、沧海而专奉朔方。”这个所谓“缘饰以儒术”的能臣，就是这样一个唯唯诺诺的奴才。

公孙弘为人奸诈，以为“人主病不广大，人臣病不俭节”。因此他自己常“为布被，食不重肉”。汲黯当着武帝的面揭露他：“弘位在三公,奉禄甚多,然布被,此诈也。”他不但不生气,反而认为汲黯确是道破了自己的弱点,并赞扬汲黯对国君的忠诚。武帝以为他“谦让”,进而拜他为丞相。公孙弘又“为人意忌,外宽内深”,凡是与他有怨仇的人,他“虽佯与善,阴报其祸。”对那些仰赖衣食的宾客,他都用自己的奉禄供给之,“家无所余”,所以人们都称赞他为贤者。司马迁一方面写公孙弘的恶德,一方面写他这些恶德却得到封建君主的赏识和社会舆论的称赞。这就揭露了这位儒者欺世盗名的卑鄙伎俩。

方苞在《又书儒林传后》中说:“由弘以后,儒之途通而其道亡矣”(《方望溪先生全集》卷二)。也就是说,儒学发展到公孙弘时,在社会上虽然很吃得开,但是它本来的思想精神已经全部丧失掉了。这话是传达出司马迁的原意的。

对董仲舒,司马迁并没有给他立传,只是在《儒林列传》中对他作了简单的描述。这当然不能说是对董仲舒的鄙视,实际上他对他的老师是十分尊重的。他正面赞扬董仲舒“为人廉直”,不满于公孙弘的“从谀”,但在客观的叙述过程中,描写出了董仲舒“以《春秋》灾异之变推阴阳所以错行”的不切实际,特别是记载他因讲灾异获罪后,“竟不敢复言灾异”,则委婉地含有讥讽的意味。董仲舒是当时的儒学大师,对武帝推行的“罢黜百家,独尊儒术”的政策起过决定作用,看来司马迁对此也是不满的。《儒林列传》中还记载有其他儒者,像兒宽“在三公位,以和良承意从容得久,然无有所匡谏;于官,官属易之,不为尽力。”也完全是凭借顺承主子的旨意获得高官厚禄,没有任何匡扶国家的能力。司马迁往往以“诸谀儒”三字,来表示对他们的憎恶情绪。

总之,司马迁笔下的汉儒都趋时、随俗、追逐利禄,“知当世之要务”,并“以面谀得亲贵”。这是儒学发展的末流,儒学的真精神如违时、嫉俗、追求理想等，已荡然无存了。在《孔子世家》中，司马迁引用了一段晏婴批评孔子的话说：

> 夫儒者滑稽而不可轨法；倨傲自顺，不可以为下；崇丧遂哀，破产厚葬，不可以为俗；游说乞贷，不可以为国。……今孔子盛容饰，繁登降之礼，趋详之节，累世不能殚其学，当年不能究其礼。君欲用之以移齐俗，非所以先细民也。

这段话自然是批评孔子，但其中也含有对汉代儒学末流的斥责。我们若把晏婴这段话和司马迁所描写的叔孙通创礼仪，使刘邦尝到做皇帝的显贵滋味一段文字对照来看，就可以发现叔孙通的所作所为，正是晏婴批评的“儒者滑稽而不可轨法”等项目的具体化。所以，司马迁引用晏婴批评孔子的话，在一定意义上也是针对汉儒的。司马迁认为“今上”治理天下所用的都是一些谄谀博士，像晏婴这样的人一个也没有了。晏婴批评孔子的话是托为重言，则更加清楚了。

司马迁批判汉儒，含有思想斗争的意义，体现了他进步的史学观和文学观及对当时腐朽的统治思想的反抗精神。

第六节　谴责诸侯王叛乱

汉高祖刘邦取得天下之后，为了促进全国统一，便消灭了异姓王韩信、彭越、英布等，为了巩固自己的统治，又分封了一批同姓王，如封子刘肥为齐王、刘长为淮南王、刘建为燕王、刘如意为赵王，刘恢为梁王、刘恒为代王、刘友为淮阳王，又封弟刘交为楚王、侄刘濞为吴王。使已实行的郡县制，“形错诸侯间，犬牙相临。”（《汉兴以来诸侯王年表序》）刘邦满以为这样可以使汉政权长治久安,万无一失。然而事与愿违,造成汉王朝重大威胁的,恰恰是这些同姓王。当时,汉家天下共有五十余郡,分封给诸侯王的三十九郡,“大者或五六郡,连城数十。”(《汉兴以来诸侯王年表序》)直属汉王朝的仅十五郡。这说明诸侯王势力膨胀的严重性。

汉初从文帝、景帝到武帝时期,同姓诸侯王叛乱一直是汉王朝面临的尖锐问题。如文帝前元三年(公元前177)济北王刘兴居的叛乱,前元六年(公元前174)淮南王刘长的叛乱阴谋,景帝前元三年(公元前154)的“吴楚七国之乱”,武帝元狩元年(公元前122)淮南王刘安、衡山王刘赐的叛乱阴谋等。为了对付他们的反叛行动,汉王朝统治者在政治、经济、军事方面采取了一系列的限制、打击措施,最后终于平复了他们的反叛,巩固了国家的统一。作为历史家的司马迁,敏锐地观察到这一社会问题,在《汉兴以来诸侯王年表》、《吴王濞列传》、《袁盎晁错列传》、《绛侯周勃世家》、《淮南衡山列传》、《平津侯主父列传》中具体地记述了这一问题的发生、发展过程,并谴责了这种危害汉家天下统一、巩固的行为。

司马迁所记述的汉初分封同姓王,与西周时的分封有很大不同。它并没有改变封建土地所有制,诸侯王的权力受到各种限制,封国的重要官吏丞相、太傅是汉朝廷任命,法令由汉朝廷制定,军队统归汉朝廷掌握。但是,他们在封国内仍然有很大的特权,他们可以任免御史大夫以下的官吏,可以征收赋税,铸造钱币,在汉王朝没有明文规定诸侯王不得养兵的情况下,可以私自发展军事力量。他们在政治、经济、军事等方面发展的结果,便形成了“独立王国”,与汉王朝相对抗。吴王刘濞就是这样的典型。

司马迁在《吴王濞列传》中,记述刘邦封刘濞为吴王,“王三郡五十三城”时,曾忧心忡忡地对他说:“天下同姓为一家也,慎无反!”刘濞恭谨地回答:“不敢!”但是到了封国不久,情况就完全不同了。刘濞"务自拊循其民","招致天下亡命者盗铸钱,煮海水为盐,以故无赋,国用富饶。"极力搜集天下无赖子弟、亡命之徒发展自己的经济实力。并且"岁时存问茂材,赏赐闾里。佗郡国吏欲来捕亡人者,讼共禁弗予。"用一些手段笼络贤材和一般百姓,窝藏歹徒,因此能号令群众。在具有一定的政治、经济实力的基础上,开始"稍失藩臣之礼,称病不朝",之后"为谋滋甚"。但文帝并不责罚,反而"赐吴王几杖,老,不朝。"吴王刘濞不但没有任何收敛,更有所发展。晁错看到这种严重形势,向文帝提出削藩建议。"文帝宽,不忍罚,以此吴日益横。"景帝即位,晁错为御史大夫,又上书建议削藩:

> 今吴王……即山铸钱,煮海水为盐,诱天下亡人,谋作乱。今削之亦反,不削之亦反。削之,其反亟,祸小;不削,反迟,祸大。

主张着力打击诸侯王,以巩固汉王朝的统一政权。景帝采纳了他的建议,削楚王之东海郡、吴王之豫章郡和会稽郡、赵王之河间郡、胶西王之六县。这一措施。惊动了吴王刘濞,"因以此发谋,欲举事",便派密使应高去联络胶西王,订立"同恶相助,同好相留,同情相成,同欲相趋,同利相死"的盟约,并利用"彗星出,蝗虫数起,此万世一时,而愁劳圣人之所以起也"的迷信观念,煽动叛乱。胶西王应诺后,吴王刘濞还不放心,"乃身自为使,使于胶西,面结之。"胶西王又派使者去联络其他诸侯王共同谋反。因此,吴王濞、楚王戊、赵王遂、胶西王卬、济南王辟光、菑川王贤、胶东王雄渠七国之乱爆发了。当时"诸侯既新削罚,振恐,多怨晁错。"他们是以诛晁错为名义的。于是,胶西王"诛汉吏二千石以下,胶东、菑川、济南、楚、赵亦然"。吴王刘濞下令国中:"寡人年六十二,身自将。少子年十四,亦为士卒先。诸年上与寡人比,下与少子等者,皆发。”胁迫六十二岁以下,十四岁以上的人全部服兵役。而且“阴使匈奴与连兵”,“南使闽越、东越,东越亦发兵从。”吴王刘濞还夸耀说:“寡人金钱在天下者往往而有,非必取于吴,诸王日夜用之弗能尽。”可谓气势汹汹,不可一世。司马迁具体地描述了诸侯王的叛乱活动由产生到发展的过程。在描述中注意揭露他们的假面具,他们口头上说要安刘氏社稷,实际上是要篡夺刘家政权。吴王刘濞说:“汉有贼臣”,“不以诸侯人君礼遇刘氏骨肉”,因此“欲举兵诛之”,当景帝错误地采纳袁盎的意见,诛晁错之后,袁盎持诏书见吴王,让吴王拜受诏时,刘濞则说:“我已为东帝,尚何谁拜?”直接道出了他们的政治野心,在夺取汉家天下,不在诛晁错。为此,他们“节衣食之用,积金钱,修兵革,聚谷食,夜以继日,三十余年矣”,蓄谋已久了。

吴楚七国的叛军所到之处,“迫劫万民,夭杀无罪,烧残民家,掘其丘冢,甚为暴虐。”景帝派周亚夫等平叛。周亚夫用深沟高垒,绝吴粮道的战略,使吴“士卒多饥死,乃畔散”。吴王逃到丹徒,被东越人刺杀。其他诸侯王也相继溃败或自杀。吴楚七国的叛乱,终于被平定了。

吴王刘濞图谋不轨,养精蓄锐三十余年,七国之乱前后共三个月,司马迁用简洁的文字把它叙述出来。司马迁倾注着感情描述了晁错提出的削藩措施的深远意义,对晁错的死,寄予深切同情,他说:“晁错为国远虑,祸反近身。”他又引历史以为鉴戒说:“故古者诸侯地不过百里,山海不以封。”表示了对汉初分封制度的不满。

继吴王刘濞之后,司马迁还记述了汉朝诸侯王另一次重要叛乱,即淮南、衡山王的叛乱。他在《淮南衡山列传》中记载了高祖十一年封庶子刘长为淮南王，文帝即位后，刘长“自以为最亲，骄蹇，数不奉法”，“入朝，甚横”，“归国益骄恣，不用汉法，出入称警跸，称制，自为法令，拟于天子。”文帝本不想惩治他，但在群臣谏议的压力下，不得不把他逮捕遣送蜀郡，半路他畏罪自杀。十年后，文帝把淮南的疆土分封给刘长的三个儿子，即封刘安为淮南王、刘赐为衡山王、刘勃为庐江王。刘安从被封于淮南王之日开始，即等待时机叛乱。景帝三年，吴楚七国反，“吴使者至淮南，淮南王欲发兵应之”。但兵权被淮南相掌握，刘安调动不了，再加上汉王朝调兵增防，他更动弹不得。从此以后，他“时欲畔逆，未有因也”。建元二年，武帝继位，刘安入朝，武安侯田蚡怂恿说：“方今上无太子，大王亲高皇帝孙，行仁义，天下莫不闻。即宫车一日晏驾，非大王当谁立者！”他听了很高兴，便贿赂田蚡，“阴结宾客，拊循百姓，为畔逆事。”“愈益治器械攻战具，积金钱赂遗郡国诸侯游士奇材。”“而谋反滋甚。”并派爱女刘陵到长安侦察动向，他的儿子刘迁则和他谋划杀汉中尉。谋士伍被曾反复劝阻，刘安都不听，他伪造印玺，派人潜伏长安将军府和丞相府，一旦作乱，就刺杀卫青，同时劝公孙弘入伙。衡山王刘赐“数称引吴楚反时计画”作为行动的榜样。但是刘安、刘赐的封地只有原淮南国的三分之二，又受汉王朝派来的官吏的箝制，他们的实力与条件远比不上刘长，更比不上吴楚七国的十分之一、二，且汉王朝平定七国之乱后，更加巩固，强弱异势决定了他们必然失败。汉吏逮捕了淮南王太子、王后，围困王宫，“谋反列侯二千石豪杰数千人，皆以罪轻重受诛。”刘安、刘赐皆自杀。刘安后荼、儿子迁受族诛。司马迁描写了这些逆历史潮流而动的诸侯王，最终不免于灭亡。司马迁评论说：

《诗》之所谓“戎狄是膺，荆舒是惩”，信哉是言也。淮南、衡山亲为骨肉，疆土千里，列为诸侯，不务遵蕃臣职以承辅天

> 子，而专挟邪僻之计，谋为畔逆，仍父子再亡国，各不终其身，为天下笑。

即谴责这些诸侯王的行为为邪僻、为叛逆，谴责他们违背历史发展规律一意孤行，终于身死国亡而贻笑天下。

汉王朝面对诸侯王的叛乱活动，采取了一系列的措施。但主要是限制诸侯王的分封特权。继景帝实行削藩政策之后，武帝采纳了主父偃的意见，实行“推恩”法。主父偃对武帝说：“令诸侯子弟或十数，而适嗣代立，余虽骨肉，无尺寸地封，则仁孝之道不宣。愿陛下令诸侯得推恩分子弟，以地侯之。彼人人喜得所愿，上以德施，实分其国，不削而稍弱矣。”（《平津侯主父列传》）在名义上是皇帝施恩德，实际上是使藩国自析。武帝又以诸侯王贡献祭祀的黄金成色不足为理由，废掉了列侯106人。此外，还制定了一整套严密的法制，使诸侯王在政治、经济上都受到重重限制，完成了“强本干，弱枝叶”的战略部署。司马迁在《汉兴以来诸侯王年表序》中记述这段历史说：

> 汉兴，序二等。高祖末年，非刘氏而王者，若无功上所不置而侯者，天下共诛之。高祖子弟同姓为王者九国，唯独长沙异姓，而功臣侯者百有余人。自雁门、太原以东至辽阳，为燕、代国；常山以南，大行左转，度河、济，阿、甄以东薄海，为齐、赵国；自陈以西，南至九疑，东带江、淮、穀、泗，薄会稽，为梁、楚、淮南、长沙国：皆外接于胡、越。而内地北距山以东尽诸侯地，大者或五六郡，连城数十，置百官宫观，僭于天子。汉独有三河、东郡、颍川、南阳，自江陵以西至蜀，北自云中至陇西，与内史凡十五郡，而公主列侯颇食邑其中。何者？天下初定，骨肉同姓少，故广强庶孽，以镇抚四海，用承卫天子也。

> 汉定百年之间，亲属益疏，诸侯或骄奢，忕邪臣计谋为淫乱，大者叛逆，小者不轨于法，以危其命，殒身亡国。天子观于上古，然后加惠，使诸侯得推恩分子弟国邑，故齐分为七，赵分为六，梁分为五，淮南分三，及天子支庶子为王，王子支庶为侯，百有余焉。吴楚时，前后诸侯或以适削地，是以燕、代无北边郡，吴、淮南、长沙无南边郡，齐、赵、梁、楚支郡名山陂海咸纳于汉。诸侯稍微，大国不过十余城，小侯不过数十里，上足以奉贡职，下足以供养祭祀，以蕃辅京师。而汉郡八九十，形错诸侯间，犬牙相临，秉其厄塞地利，强本干，弱枝叶之势，尊卑明而万事各得其所矣。

这段文字叙述了汉初分封诸侯王的情况，诸侯王国势力的强大，汉王朝领地的狭小，汉初分封的目的在使同姓王“承卫天子”，诸侯王因而骄奢叛乱，并终于被削弱，汉武帝实行推恩法，把诸侯王国由大化小，使它们确能“蕃辅京师”，形成强本弱枝之势。这是对汉王朝和诸侯王矛盾斗争的简明完整的记述，是对这一段历史的总结。在记述中流露了司马迁对汉朝封建统一政权的肯定，对诸侯王割据势力的谴责。

第七节　惋惜对匈奴用兵“建功不深”

自殷周以来，我国北方的部族匈奴，历代都成为中原地区的边患。特别是秦末到西汉初年，匈奴族在冒顿单于的统治下，开拓了广阔的疆土。他们在东方消灭了东胡，占有内兴安岭辽河上游地区；在北方击败了浑庾、屈射、丁零、鬲昆、薪犁诸部，拓土到贝加尔湖一带；在西方驱逐了大月氏，并征服了楼兰、乌孙等 26 国，全部控制了祁连山、天山一带；在南方攻占了秦朝建置的河南地区和西汉北部边境接壤。他们把这片广阔的土地,划分为三个行政区:中部由单于直接统治,是匈奴的政治中心,东西两部设左右贤王分治。建立了一个巨大的军事行政的联合体。他们拥有骑兵30万,经常对汉朝北部边境进行骚扰和掠夺,严重地威胁着汉朝人民生命财产的安全。

西汉初年,王朝统治者把精力主要集中在解决异姓王的叛乱和农业生产的恢复与发展问题上,没有能力也顾不得对外用兵。所以对匈奴的入侵,采取了忍让的“和亲”政策,以换得边境的暂时安宁。随着汉朝经济的恢复与发展,汉景帝时期对外的军事抵抗力逐渐加强了。到汉武帝时期,经济发展到极盛阶段,因此,采取了大规模的军事行动,耗费了巨大的人力、物力和财力,终于取得了对匈奴战争的胜利。

汉王朝对匈奴的关系,是它对许多少数民族关系中最突出的问题。司马迁用了不少篇章,如《匈奴列传》、《卫将军骠骑列传》、《刘敬叔孙通列传》、《季布栾布列传》、《韩长孺列传》、《李将军列传》、《孝文本纪》等,描述了汉王朝对匈奴关系的发展和变化,描述了汉与匈奴在和与战过程中力量的消长,惋惜汉武帝用兵,名义上虽云胜利,实际上是得不偿失。

《匈奴列传》记载:高帝时有平城之役,匈奴纵精兵四十万骑,围困高帝于平城七天,高帝乃“使刘敬结和亲之约”。吕太后时,“匈奴以骄”,本想出击,后来听取季布的谏议,“复与匈奴和亲”。文帝时,匈奴日益骄,侵扰边境频繁,杀掠人民畜产很多,仍“复言和亲事”。景帝时,“复与匈奴和亲,通关市……终孝、景时,时小入盗边,无大寇。”武帝即位之初,“明和亲约束,厚遇,通关市,饶给之。匈奴自单于以下皆亲汉,往来长城下。”司马迁就这样记述了西汉初年,由于国力还不够强大,对匈奴一直采取“和亲”政策。但自汉朝马邑(县名,即今山西朔县)之谋以后却不同了。马邑之谋以后,汉王朝对匈奴发动了大规模的战争。马邑之谋是汉对匈奴政策的转折点。元光二年,汉遣马邑人聂翁壹假称卖马邑城给匈奴,以引诱单于兵入塞而消灭之,不料计谋泄露,匈奴迅速撤兵,逃出边境。从此"匈奴绝和亲,攻当路塞,往往入盗于汉边,不可胜数"。汉朝则大举用兵,从元光到元狩的十多年内,每年都动用几万、十几万士卒对匈奴作战。汉武帝采取从侧面孤立、从正面打击的战略:

汉东拔秽貉、朝鲜以为郡,而西置酒泉郡以鬲绝胡与羌通之路。汉又西通月氏、大夏,又以公主妻乌孙王,以分匈奴西方之援国。

即拔取秽貉、朝鲜,使其东方孤立;设酒泉郡,切断其与青海羌族的联系;遣使与月氏、大夏、乌孙通好,拆散其西方的援国。同时又从正面的陇西代郡,以重要兵力进行打击。这一战略是以后对匈奴的军事行动所始终坚持的。在频繁的对匈奴的战争中,司马迁是逐年加以描写的。其中有决定意义的是三次。

第一次是元朔二年:

卫青复出云中以西至陇西,击胡之楼烦、白羊王于河南,得胡首虏数千,牛羊百余万。于是汉遂取河南地,筑朔方,复缮故秦时蒙恬所为塞,因河为固。

汉武帝令车骑将军卫青自云中(今内蒙古托克托县东北)向西击败匈奴楼兰王、白羊王,收复秦时河南地。并且依蒙恬时旧规模,建立朔方郡。在汉军多次打击下,单于于元朔六年把龙庭迁到瀚海之北。

第二次是元狩二年:

汉使骠骑将军去病将万骑出陇西,过焉支山千余里,击匈奴,得胡首虏万八千余级,破得休屠王祭天金人。其夏,骠骑将军复与合骑侯数万骑出陇西、北地二千里,击匈奴。过居延,攻祁连山,得胡首虏三万余人,裨小王以下七十余人。

汉武帝又派骠骑将军霍去病两次自陇西(即今甘肃临洮县)出击,一次过焉支山,一次过祁连山,斩获匈奴四五万人。同年"浑邪王杀休屠王,并将其众降汉",于是"陇西、北地、河西益少胡寇,徙关东贫民处所夺匈奴河南、新秦中以实之,而减北地以西戍卒半"。自金城以西至盐泽,匈奴从此绝迹。

第三次是元狩四年:

令大将军青、骠骑将军去病中分军,大将军出定襄,骠骑将军出代,咸约绝幕击匈奴。单于闻之,远其辎重,以精兵待于幕北。与汉大将军接战一日,会暮,大风起,汉兵纵左右翼围单于。单于自度战不能如汉兵,单于遂独身与壮骑数百溃汉围西北遁走。汉兵夜追不得。……北至阗颜山赵信城而还。……汉骠骑将军之出代二千余里,与左贤王接战……左贤王将皆遁走。骠骑封于狼居胥山,禅姑衍,临瀚海而还。

汉武帝令大将卫青、骠骑将军霍去病各将骑兵五万,分道深入漠北,袭击匈奴,大败匈奴兵。从此匈奴远逃,不敢再侵扰北部边境了。这次战争虽然决定了汉胜匈奴的局势,但汉朝本身也精疲力竭了,所以才"久不北击胡"。

这些重要战役,都贯彻着汉武帝所采取的从陇西代郡进行正面打击的战略。

汉武帝一方面打击匈奴,一方面加强北部边防。其办法即大量向边境移民。元狩四年一次移民70余万口。"自朔方以西至令居,往往通渠置田,官吏卒五六万人"。在那里设立田官,督戍卒屯田。把以前的草原牧场,变成了用牛耕的农业区,巩固了边防。

司马迁这些描述,都具体真实地反映了汉王朝国势强大之后,对匈奴的政策由“和亲”转为用兵,反映了汉王朝在对匈奴大举用兵的过程中所采取的战略和策略,以及在耗尽了自己的人力、物力和财力的情况下,勉强取得了对匈奴的胜利。

司马迁对待汉武帝对匈奴的政策是什么态度呢?乍看起来,好像不太清楚,但仔细寻绎《匈奴列传》的文理,则可以领会到司马迁并非反对对匈奴用兵,而是认为对匈奴用兵虽然收利很多,但损失也不少,得失相应,未免不值得。这从他对元光六年至元狩四年凡十年间的战争双方用兵的得失的记述中可以看得出来。如元光六年,“汉使四将军各万骑击胡关市下。将军卫青出上谷,至茏城,得胡首虏七百人。公孙贺出云中,无所得。公孙敖出代郡,为胡所败七千余人。李广出雁门,为胡所败,而匈奴生得广,广后得亡归。”“其冬,匈奴数入盗边,渔阳尤甚。”则这年汉朝是失利的。再如元朔元年,“匈奴二万骑入汉,杀辽西太守,略二千余人。”“又入败渔阳太守军千余人,围汉将军安国,安国时千余骑亦且尽。”“又入雁门,杀略千余人。”于是汉派将军卫青、李息“击胡,得首虏数千人”。这年汉与匈奴得失相当。又如元朔二年,汉将卫青等出击,“得胡首虏数千,牛羊百余万,于是汉遂取河南地,筑朔方。”这次河南战役,汉朝取得很大胜利,但也有损失,“汉亦弃上谷之什辟县造阳地以予胡。”其他如元朔三年,匈奴“杀代郡太守恭友,略千余人。”其秋,“又入雁门,杀略千余人。”元朔四年,匈奴“又复入代郡、定襄、上郡,各三万骑,杀略数千人”。“及入河南,侵扰朔方,杀略吏民甚众。”这两年汉军全是失利的,毫无所得。元朔五年,汉大将军卫青出击,“得右贤王众男女万五千人,裨小王十余人。”其秋,“匈奴万骑入杀代郡都尉朱英,略千余人。”这年汉朝所得多于所失。元朔六年，汉大将卫青再出击，“得首虏前后凡万九千余级，而汉亦亡两将军，军三千余骑。右将军建得以身脱，而前将军翕侯赵信兵不利，降匈奴。”这年汉朝胜利了，但损失也不少。元狩元年，“胡骑万人入上谷，杀数百人。”汉朝只有损失，而无所得。元狩二年，骠骑将军霍去病出陇西，“击匈奴，得胡首虏万八千余级。”“攻祁连山，得胡首虏三万余人，裨小王以下七十余人。”而“匈奴亦来入代郡、雁门，杀略数百人。”“左贤王围李将军，卒可四千人，且尽，杀虏亦过当。”“李将军得脱，汉失亡数千人。”其秋，浑邪王“并将其众降汉。凡四万余人，号十万”。这年汉朝大胜，但损失也不少。元狩三年，匈奴“入右北平、定襄各数万骑，杀略千余人而去”。汉朝只有损失，而无所得。元狩四年，漠北大战，大将军卫青“斩捕匈奴首虏万九千级”；骠骑将军霍去病“得胡首虏凡七万余级”。“而汉士卒物故亦数万，汉马死者十余万。匈奴虽病，远去，而汉亦马少，无以复往。”这年汉朝取得很大胜利，但得失相应。从司马迁对这十年间汉与匈奴的战争的记述中，可以看出汉之胜匈奴是付出了巨大的代价，作出了很大牺牲的。这自然还不包括所耗费的财力物力在内。若把这方面的损失再计算进去，那么，汉武帝对匈奴的战争，真可以说是劳民伤财了。这些情况在《平准书》里有具体的记述。当然，司马迁并不是反对对匈奴用兵，而是痛惜这种穷兵黩武的战争给人民和社会造成无穷的痛苦和灾难，因此认为虽然有功，但“建功不深”。这一点刘咸炘看得很清楚，他在《太史公书知意》卷六中说：“史公亦以武帝逐匈奴为功，但惜其不深，非谓匈奴不当驱也。”可谓一语破的。

司马迁同样的观点和态度，也表现在对汉武帝征伐大宛的战役上。在《大宛列传》中，司马迁描述了汉武帝征伐大宛是得不偿失而且别有意图的。从太初元年到四年，武帝任命李广利为贰师将军,两次将兵出征大宛。第一次因道远乏食,不战而溃。武帝大怒,下令紧守玉门关,不准一兵一将退还。认为“宛小国而不能下,则大夏之属轻汉,而宛善马绝不来,乌孙、仑头易苦汉使矣,为外国笑”。因此,第二次又加派几十万甲士,十几万马牛牲畜,“多赍粮,兵弩甚设,天下骚动。”终于取得了战争的胜利。这样兴师动众,劳民伤财,所得到的则是“善马数十匹,中马以下牡牝三千余匹”。从司马迁的记述看,汉武帝发动这次战争,不过是为了夺取大宛的几匹“汗血马”和“欲侯宠姬李氏”(实即欲侯宠姬李夫人之兄李广利),所失极多,所得甚少,实在划不来。这次对大宛的战争,是汉武帝后期对匈奴战争的战略组成部分,其目的在建立西域基地,以切断匈奴与西域的联系。司马迁在《匈奴列传赞》中总评汉武帝时代对匈奴用兵时说:

> 世俗之言匈奴者,患其徼一时之权,而务谄纳其说,以便偏指,不参彼已;将率席中国广大,气奋,人主因以决策,是以建功不深。

汉武帝好大喜功,一般文臣投其所好,不考察敌我情况,务进谄言,以邀一时的宠幸;武将凭借中国土地广大,意气奋发,欲施展自己的武力。汉武帝便根据这些制定对匈奴的决策,所以造成劳民伤财“建功不深”的结果。这段话应当也包括对大宛之役的评论在内。张守节《正义》对这段话作了更深入的阐发,他说:“以刺武帝不能择贤将相,而务谄纳小人浮说,多伐匈奴,故坏齐民。”那么,司马迁对汉朝与匈奴关系的描述,不仅反映了汉与匈奴关系的发展和变化,反映了汉与匈奴在和与战过程中力量的消长,反映了汉对匈奴用兵造成的国穷民困的情况,而且谴责了汉武帝,谴责了汉武帝的好大喜功,穷兵黩武。茅坤《史记钞·读史法》说:“太史公所最不满当时情事者,汉开边衅,乃酷吏残民。故次匈奴、大宛,并郅都以下,文特精悍。”这可以说真正指明了司马迁的心意所在。当然,司马迁不满于汉武帝对外用兵,不只是指对匈奴、大宛,还应该包括南越、西南夷以及其他少数民族在内。

第八节 歌颂陈胜、吴广起义

司马迁对重大历史问题的处理,比较重视人民群众在历史上的作用。他为陈胜、吴广立世家,就突出地说明了这个问题。

汉兴以来,人们对秦汉兴亡的历史经验,都表现了极大的兴趣。秦因暴政而亡于陈胜首倡的起义,这是自贾谊以后,如严安、徐乐、贾山、伍被等人的一致看法。作为一个历史家,司马迁也必然对陈胜、吴广领导的农民起义作出评价,提出自己的看法。司马迁对陈胜、吴广起义的评价,集中概括在《陈涉世家》之中,他的观点不但表现在他的正面议论之中,也表现在他对这一历史事件具体的叙述里面。历史学家们往往从司马迁的正面议论中去探讨他的观点和看法,这当然是必要的。但是,从文学批评的角度来说,更重要的是看他在作品里怎样反映的,他是通过具体的叙述过程反映出对这一重大历史事件的评价的。

司马迁描写了我国历史上第一次规模巨大的农民起义运动,反映了这次起义运动从兴起、发展、壮大到建立政权,并终于失败的全部过程。陈胜称王前后仅六个月,司马迁不归他于列传,而把他列为世家,理由是“秦失其政,而陈涉发迹。……天下之端,自涉发难。”(《自序》)因为他开辟了一个历史新时期。

在《陈涉世家》中,司马迁首先揭示了这次农民起义爆发的根源,在于秦二世继位之后,继续秦始皇所加给贫苦农民的苛重徭

役,迫使他们无处求生:

> 二世元年七月,发闾左适戍渔阳九百人,屯大泽乡。陈胜、吴广皆次当行,为屯长。会天大雨,道不通,度已失期。失期,法皆斩。陈胜、吴广乃谋曰:“今亡亦死,举大计亦死,等死,死国可乎?”

“亡亦死”,遵从命令去戍边,“失期,法皆斩”。其中连用了四个“死”字,何去何从,一目了然,而陈胜、吴广的革命精神毕现。这种繁重的徭役所加给人民的痛苦,其他各篇中也有记载。如《秦始皇本纪》即记载,秦二世元年四月:“复作阿房宫。外抚四夷,如始皇计。尽征其材士五万人为屯卫咸阳,令教射狗马禽兽。当食者多,度不足,下调郡县转输菽粟刍藁,皆令自赍粮食,咸阳三百里内不得食其穀。用法益刻深。”为了满足自己穷奢极欲的生活,滥用民力,以至于使民不聊生。又同篇记载,陈胜起义之后,各地人民纷纷响应,左丞相李斯劝谏二世说:“盗多,皆以戍漕转作事苦,赋税大也。”戍是戍边,漕是水运,转是陆运,作是建筑,赋税大是指当时农民每年向地主贵族缴纳占总收成三分之二以上的地租、田赋和人口税。这是当时阶级压迫和阶级剥削的总形势。司马迁在几处都记载了这种形势,说明他是在对这种阶级压迫、阶级剥削形势有深刻认识的基础上,揭示出这次农民大起义爆发的根源的。

其次,司马迁描写了这次农民起义的领导者陈胜和吴广的抱负、卓识,赞扬了他们的组织、领导才能。陈胜出身于雇农,是“瓮牖绳枢之子,甿隶之人”,幼年便有非凡的抱负:

> 陈涉少时,尝与人佣耕,辍耕之垄上,怅恨久之,曰:“苟富贵,无相忘。”佣者笑而应曰:“若为佣耕,何富贵也?”陈涉太息曰:“嗟乎!燕雀安知鸿鹄之志哉!”

这种“鸿鹄之志”，当然包含着一种庸俗的富贵利禄观念，但是更主要的表现了他不满于被剥削地位的反抗精神。

在阶级斗争的紧要关头，他们临危不乱，对形势作出正确的分析和判断，采取相应措施和策略。如陈胜说：

天下苦秦久矣。吾闻二世少子也，不当立，当立者乃公子扶苏。扶苏以数谏故，上使外将兵。今或闻无罪，二世杀之。百姓多闻其贤，未知其死也。项燕为楚将，数有功，爱士卒，楚人怜之。或以为死，或以为亡。今诚以吾众诈自称公子扶苏、项燕，为天下唱，宜多应者。

他的策略之一，是利用公子扶苏作号召。扶苏是秦始皇的长子，秦始皇死后，被秦二世逼迫自杀，民间传说他还活着。他利用人们怀念扶苏的心理唤起人民反抗二世的情绪。他的策略之二，是凭借楚将项燕作旗帜。15 年前项燕曾率领楚军在蕲县大泽乡一带和秦将王翦、蒙武作战。后来下落不明，有的说已经死了，也有的说没死。他以秦灭楚的事激发楚地人民的复仇精神。“天下苦秦久矣”，“宜多应者”是他经过分析得出的判断。革命形势的发展，完全证明了他判断的正确性，所谓“风起云蒸，卒亡秦族。”(《自序》)

吴广一向爱护士卒，所以士卒都愿意为他出力。在生死存亡的关键时刻，他号召大家说：

公等遇雨，皆已失期，失期当斩。藉弟令毋斩，而戍死者固十六七。且壮士不死即已，死即举大名耳，王侯将相宁有种乎！

“失期当斩”点明形势的紧迫，“藉弟令毋斩”说明死在眼前，“壮士不死即已”，鼓励士卒为“举大计”而死，特别是“王侯将相宁有种乎”，打乱了“尊卑有序，贵贱有别”的封建秩序，否定了秦王可以万世为君的幻想，鼓舞了士卒造反的斗志。这是一道革命的动员令。这道动员令，言之以理，动之以情，很有感召力，所以振臂一呼，群起响应：“敬受命。”把处在走投无路的苦难人民，立刻聚集在自己为国牺牲的旗帜下，向着残酷的暴秦统治进军。

另外，司马迁还描写了陈胜、吴广领导的这支农民队伍的革命精神和威力，描写了这支队伍的成长和壮大。由于他们的行动爆发于深刻的阶级压迫和剥削，又有比较明确的纲领——“死国”，所以起义一开始，便风起云涌，所向无敌，势如破竹，形势发展很快：

> 攻大泽乡，收而攻蕲。蕲下，乃令符离人葛婴将兵徇蕲以东，攻铚、酂、苦、柘、谯皆下之。

大泽乡点燃起来的革命之火，遍地燃烧。大军所到，沿途群众纷纷响应，“行收兵”就是这种情况的生动写照。“比至陈”，已经形成了具有“车六七百乘，骑千余，卒数万人”的一支浩浩荡荡的农民起义大军。

陈县的地理位置十分重要，春秋时代它是陈国的国都，战国时又曾经是楚国的国都，秦朝是陈郡的郡治所在。境内有一条运河叫鸿沟，沟通了黄河和淮河两大水系。秦王朝依靠这条水路把江淮地区的大批粮食运到敖仓。农民起义军占领陈县，截断了秦朝重要的经济给养线，是对秦二世反动统治的沉重打击，是农民起义军的重大胜利。因此，更博得了社会各阶层的拥护。

> 三老、豪杰皆曰：“将军身被坚执锐，伐无道，诛暴秦，复立楚国之社稷，功宜为王。”陈涉乃立为王，号为张楚。

在我国历史上建立了第一个农民革命政权。“张楚”即张大楚国的意思。这是一项有重要意义的事件,它为后来的农民起义开创了用革命的手段反抗封建压迫,推动历史前进的光辉先例。它的建立标志着陈胜、吴广领导的这次起义发展到一个新的阶段,是民心所向,众望所归:

> 当此时,诸郡县苦秦吏者,皆刑其长吏,杀之以应陈涉。……楚兵数千人为聚者,不可胜数。

它有利于进一步发动群众,组织力量,把全国大规模的农民起义推向新的高潮。

在农民政权的统一指挥下,全国分西、南、北三路向秦二世为首的封建王朝进军。西路军分三支,一支由吴广亲自率领,进攻荥阳;一支由周文率领,通过函谷关,直取咸阳;另一支由宋留率领,经武关,入汉中。北路、南路两军,一支以武臣为将军,张耳、陈馀为左右校尉,带兵渡过黄河,进攻旧赵国地区;一支由汝阴人邓宗带领,攻取九江郡;另一支由周市带领,进攻旧魏国地区。陈胜、吴广的战略意图是:主力西进,直捣秦都咸阳,同时分兵各路,积极发展起义军的力量,打击各地区的秦朝统治。终于周文率领的西征军,在吴广军队的掩护下,绕过荥阳,抵达函谷关:

> 行收兵至关,车千乘,卒数十万,至戏,军焉。

并很快进驻关中,打到了距咸阳不过一百多里的戏,直接威胁着秦二世的反动统治中心。农民起义军所向披靡,锐不可当,他们的行动反映了饥寒交迫的奴隶们的要求和愿望,反映了千百万奴隶们的根本利益,因此,一旦揭竿而起,便天下云集。

司马迁还进一步描写了这次农民起义的失败过程,总结了它失败的历史教训。随着革命形势的发展,农民起义队伍中的一些贵族残余分子,滋长了个人称霸一方的念头。他们各到一处,便自立为王,如武臣在邯郸称赵王,韩广在旧燕国地区称燕王,田儋在狄县称齐王,周市在攻下旧魏国地区后,立魏国的贵族魏咎为魏王。他们完全放弃了反秦斗争,只顾发展自己的地方割据势力,对农民起义军起了破坏和瓦解的作用。与此同时,秦二世接受了少府章邯的建议,赦免骊山"刑徒"的"罪"和"奴产子"(私家奴隶所生的儿子)的奴隶身份,把他们武装起来,组织成一支几十万人的军队,由章邯率领去镇压农民起义军。这件事使战争形势发生了急剧的变化。章邯首先袭击了占据戏的周文的部队,迫使周文的部队不得不撤出关中,在函谷关以东的曹阳、渑池和章邯的军队作战。由于敌我力量悬殊,寡不敌众,又无后援,周文自杀,战争失败。章邯军更进而向围攻荥阳的起义军进攻。当时起义军内部因为在战略上有分歧,吴广的部将田臧等人主张以精兵去迎击秦军,便假借陈胜的命令把吴广杀了。陈胜因大敌当前,不得不任命田臧为上将继续作战。田臧留李归仍围困荥阳,自己率主力迎击秦军于敖仓。经过一场激战,田臧兵败身死。章邯乘机进击李归,李归兵少,也战败身死。章邯又相继击败郏县的邓说和许县的伍徐,再向东南推进,逼近陈县。起义军的形势急转直下,在强敌压境的情况下,陈胜采取紧急措施,一面处死从前方逃回来的邓说,以整肃军纪,一面派上柱国蔡赐带兵阻击章邯军,并派张贺带兵驻扎于陈县西部,与之策应。陈胜亲自出城督战。这一段战斗,作者深怀感情地写道:

> 章邯已破伍徐,击陈,柱国房君死。章邯又进兵击陈西张贺军。陈王出监战,军破,张贺死。

不幸的事件发生了,当起义军撤到下城父的时候,陈胜的御者庄贾乘机杀害了陈胜而降秦,这一叛变行动给革命造成重大的损失。

陈胜领导的这次农民革命运动，从大泽乡起义到他自己牺牲，时间很短。它兴起那样勃然，因为他们的行动反映了广大被压迫人民的要求；它失败又那样骤然，因为他们本身存在着缺点。缺点之一，是农民起义军勃然兴起，又发展那么快，参加起义队伍的人大部分没有经过战争的锻炼，而且过早地遇到了装备精良的章邯军，因此不能抵敌。缺点之二，是起义军内部混入了旧贵族残余分子如武臣之类，他们无心于反击暴秦，只是乘机进行地方割据，掠土称王，以涣散起义队伍。缺点之三，是陈胜、吴广称王后，骄傲自满，不肯听取别人的意见。田臧即说："今假王骄，不知兵权，不可与计。"结果把吴广杀了。陈胜则抛弃了贫贱之交，忘了本：

> 其故人尝与佣耕者闻之，之陈，扣宫门曰："吾欲见涉。"宫门令欲缚之。自辩数，乃置，不肯为通。陈王出，遮道而呼涉。陈王闻之，乃召见，载与俱归。……客出入愈益发舒，言陈王故情。或说陈王曰："客愚无知，颛妄言，轻威。"陈王斩之。诸陈王故人皆自引去，由是无亲陈王者。

因为故乡的穷朋友谈了些他贫贱时的故事，他嫌丢脸，竟把故交杀了。他为了提高自己的权威，还任意杀戮部下：

> 陈王以朱房为中正，胡武为司过，主司群臣。诸将徇地，至，令之不是者，系而罪之，以苛察为忠。其所不善者，弗下吏，辄自治之。陈王信用之。诸将以其故不亲附。

结果群臣都叛离了他。一是故人无亲陈王者，一是诸将不亲附，既见疾于百姓，又被疏于诸将。在司马迁看来："此其所以败也！"

司马迁对陈胜起义失败原因的总结，并不全面，但他明确指出的这两个方面，却是重要的、关键性的。除此之外，他还通过具体的叙述，揭示出由于起义队伍发展很快，来不及训练，以及旧贵族残余分子进行的叛变活动等，给革命事业造成的损失。从他的明确的见解和具体的叙述中，我们可以得出这次农民起义失败的全部原因。

司马迁描写了这次农民起义的整个过程，描写了它爆发的阶级根源，描写了他们的革命精神、威力以及他们的领袖陈胜、吴广卓越的才略、智谋，同时也描写了他们的失败和应该吸取的教训。要之，是描写了这次农民起义的优点和缺点。司马迁在描写这一重大历史事件的过程中，倾注着浓厚的感情，对被压迫、被剥削者的反抗精神给予热烈的赞扬和歌颂，对他们的失败和错误流露出沉痛的惋惜情绪。他是从同情在秦王朝暴政压迫下人民苦难的遭遇出发，来描写这次农民起义的，因此他虽然没有明确的阶级观点，却描写了一场波澜壮阔的阶级斗争，描写了农民起义对秦王朝反动统治的摧枯拉朽的作用。司马迁笔歌墨舞地在礼赞这次起义的领袖们，他在《陈涉世家》篇末说：

> 陈胜虽已死，其所置遣侯王将相竟亡秦，由涉首事也。高祖时为陈涉置守冢三十家砀，至今血食。

他又在《自序》中说：

> 桀、纣失其道而汤、武作，周失道而《春秋》作。秦失其政，而陈涉发迹，……天下之端，自涉发难。

又在《秦楚之际月表》中说：

> 太史公读秦楚之际，曰：初作难，发于陈涉；虐戾灭秦，自项氏；拨乱诛暴，平定海内，卒践帝祚，成于汉家。……

他反复赞扬了陈胜在历史上的首难功绩，因为没有陈胜的首难,便打不倒暴秦,也就没有后来历史的发展。值得注意的是司马迁把陈胜的地位与汤、武和孔子并列。汤、武是古代的“圣王”,孔子是奴隶社会的“圣人”,司马迁把陈胜提到和圣王、圣人同等的地位,可谓推崇备至了。他给陈胜这样高的评价,不是没有根据的。在他看来,汤、武伐桀纣,孔子作《春秋》和陈胜首难,代表以德政代替暴政、以统一代替分裂的三个历史发展阶段,他们各标志着一个新时代的开始。《秦楚之际月表》说:

> 然王迹之兴,起于闾巷,合从讨伐,轶于三代,向秦之禁,适足以资贤者为驱除难耳。故愤发其所为天下雄,安在无土不王。

这是说汉高祖的统一天下,是基于起于垄亩之间的陈胜、吴广。过去是“无土不王”,没有一块土地不分封诸侯的,现在则是无土者无宗,打破了宗法贵族的传统,而是无土而王,这是陈胜、吴广首创的奇举,陈胜、吴广的革命行动,开辟了一个历史新时期。这是司马迁对陈胜、吴广的崇高评价,也是他自己的远见卓识!

第九节 赞扬“游侠”

汉朝统一天下之后,局面焕然一新,在这种新局面之下出现了许多新事物,如何看待和评价这些新事物,是判断一个历史家和文学家是进步还是保守的重要尺度。进步的历史家和文学家很注意发现这些新生事物并加以分析给予应有的评价;相反,保守的历史学家和文学家则往往漠然视之,甚至反对它、摈斥它。游侠是当时的新生事物,是汉代初年的新兴阶层。战国时期游侠是属于“士”阶层,后来开始分化,从中游离出来的叫“游士”,倚人门下的叫

"食客",带剑而行的叫"剑客"等,到汉朝即成为游侠。游侠的行为是违反封建道德、破坏封建秩序的,因此他们是我国封建统治时期有积极意义的阶层。对此,司马迁的态度被班固批评为"其是非颇缪于圣人","序游侠,则退处士而进奸雄"(《汉书·司马迁传》),正从反面道出了司马迁反对封建正统观念而歌颂游侠的观点。

司马迁为什么歌颂游侠、赞扬游侠?游侠有些什么值得被立传的?他在《自序》中说:

> 救人于厄,振人不赡,仁者有乎;不既信,不背言,义者有取焉。作《游侠列传》。

又在《游侠列传》中说:

> 今游侠,其行虽不轨于正义,然其言必信,其行必果,已诺必诚,不爱其躯,赴士之厄困,既已存亡死生矣,而不矜其能,羞伐其德,盖亦有足多者焉。

那就是说游侠能急人之难,济人之困,轻生死,重然诺,为了别人,可以牺牲自己的一切,而没有任何个人的追求。这种精神在当时那种自私自利、尔虞我诈、一人有难,千万人落井下石的罪恶社会里,是极其可贵的。但是这类人物及其精神,"儒、墨皆排摈不载",以至"湮灭不见",作者"甚恨之",因此为他们立传,以广其传。

司马迁在描写这些人物的独行特立的精神品质时,有意识地把他们和他所批评、讥讽、憎恶的人物对比起来写。像与"以术取宰相、卿、大夫"的儒者比,"盖亦有足多者";与"抱咫尺之义,久孤于世"的季次、原宪比,则"比权量力,效功于当世,不同日而论矣";与"招天下贤者,显名诸侯"的孟尝君、春申君、平原君、信陵君比,其"修行砥名,声施于天下,莫不称贤,是为难耳";与"设财役贫"、"侵凌孤弱"的豪暴比,他们的行为"游侠亦丑之"。司马迁就是通过这种对比突出了游侠的高尚、无私的精神。

司马迁写的是"布衣之徒"、"乡曲之侠"、"闾巷之侠"、"匹夫之侠",那就说明这些游侠是下层人民,或接近下层人民的中小地主。其中的代表人物是朱家和郭解。他们对上"时扞当世之文罔",对下"专趋人之急,甚己之私",表现了对统治阶级的憎恶和对被迫害者的同情的鲜明态度。如朱家:

> 所藏活豪士以百数,其余庸人不可胜言。……振人不赡,先从贫贱始。家无余财,衣不完采,食不重味,乘不过軥牛。……既阴脱季布将军于阨,及布尊贵,终身不见也。自关以东,莫不延颈愿交焉。

这里所说的"所藏活豪士以百数"的"豪士",即"士不虚附"的"士",就是指当时社会上有声望的人;所说的"其余庸人不可胜言"的"庸人",即城、乡一般平民,指社会下层的人民。朱家收藏的逃亡豪杰之士有好几百,一般平民则不计其数。这是对当时封建法制的一种对抗,是一种极其值得称颂的侠义行为。"振人不赡,先从贫贱始",贫贱者是劳动人民,说明朱家同情的重心是劳动人民,他的行为是从解民于倒悬出发的。"家无余财,衣不完采,食不重味,乘不过軥牛",可见朱家自己就是社会下层人民,那么他的赈危济贫则是出于阶级本能。至于"阴脱季布将军于阨"的事,据《史记·季布列传》记载,季布是当时的一位贤者,为项羽将时,曾屡窘刘邦。刘邦得势后,用千金购求季布,季布藏在濮阳周氏家中,周氏"乃髡钳季布,衣褐衣,置广柳车中,并与其家僮数十人之鲁朱家所卖之。朱家心知是季布,乃买而置之田,诫其子曰:'田事听此奴，必与同食！'朱家乃乘轺车之洛阳，见汝阴滕公。"通过滕公向刘邦为季布说情，刘邦终于赦了季布。这是他"藏活豪士"的事件之一，当季布做了刘邦的郎中和文帝时的河东太守时，他却终身不见，即所谓"不伐其能、歆其德"，表现了高尚的道德精神。

郭解的行为、精神与朱家大致相同，《游侠列传》中是这样概括的：

> 解为人短小精悍，不饮酒。少时阴贼，慨不快意，身所杀甚众。以躯借交报仇，藏命作奸剽攻，休乃铸钱掘冢，固不可胜数。适有天幸，窘急常得脱，若遇赦。及解年长，更折节为俭，以德报怨，厚施而薄望。然其自喜为侠益甚。既已振人之命，不矜其功，其阴贼著于心，卒发于睚眦如故云。而少年慕其行，亦辄为报仇，不使知也。

这段文字把郭解的一生分为两个时期，即少年时和年长以后，写出了他的转变。少年时他随意杀人，私铸铜钱，偷掘坟墓等，好像是一个社会歹徒。年长以后完全改变了作风，成为一个任侠尚义的侠客。作者描写的重心在后期，所歌颂的也在后期。下文的描写即具体地体现了他的侠义行为，像"更折节为俭，以德报怨，厚施而薄望"。郭解"执恭敬，不敢乘车入其县廷"，"出未尝有骑"等，即对自己行为的严加检束。他对那个对他无礼的箕踞者，不但不加害，反而免了他的徭役；他为洛阳仇家排难解纷，功成奏效，自己却不承担名义，而把美名让给洛阳豪杰，所谓"且无用，待我去，令洛阳豪居其间，乃听之"，都是这种行为的表现。又像"振人之命，不矜其功"，郭解的外甥依仗郭解的声势，在喝酒时，强迫人家喝过量的酒，被人刺杀，郭解得知真情后，告诉凶手："公杀之固当，吾儿不直"，便把凶手放了，并归罪自己的外甥。这不但是"不矜其功”，而简直是公而无私了。又“邑中少年及旁近县贤豪，夜半过门常十余车，请得解客舍养之”句下，《索隐》如淳云：“解多藏亡命者，故喜事年少与解同志者，知亡命者多归解，故多将车来，欲为解迎亡者而藏之者也。”可见郭解“振人之命”之多和因此受人们的敬重。“其阴贼著于心，卒发于睚眦如故云”，指郭解在杨季主的儿子做县掾时，举荐他移徙茂陵，他的侄子“断杨掾头”的事。至于“少年慕其行，亦辄为报仇，不使知也”，指轵县一个儒生在座上诬蔑郭解，被称赞郭解的座上客杀了，“吏以此责解。解实不知杀者”的事。郭解的一生不是没有缺点的，但他那种急人之难，而自己毫无所求的精神，却吸引着当时社会中不同阶层的人们，“天下无贤与不肖，知与不知，皆慕其声”。然而，封建统治者却极端畏惧，最终判处他“大逆无道”罪行，并将他满门抄斩了。“于戏，惜哉！”司马迁对他寄以深切的同情。

司马迁在描写这些游侠人物的过程中，在描写这些游侠人物和封建统治者对立的过程中，提出了两种对立的道德观念。他说：

> 鄙人有言曰：“何知仁义，已飨其利者为有德。”故伯夷丑周，饿死首阳山，而文武不以其故贬王；跖、蹻暴戾，其徒诵义无穷。由此观之，“窃钩者诛，窃国者侯，侯之门仁义存”，非虚言也。今拘学或抱咫尺之义，久孤于世……而布衣之徒，设取予然诺，千里诵义，为死不顾世，此亦有所长，非苟而已也。……要以功见言信，侠客之义又曷可少哉！……

这是我国传统道德学说史上的一段重要文字。它说明道德是有阶级性的，不同阶级有不同的道德。封建统治者以周文王、周武王为仁义之君，而盗跖、庄蹻其徒也诵义无穷，此亦一是非，彼亦一是非，这完全是两种不同的道德观念，是无法求同的。“窃钩者诛，窃国者侯,侯之门仁义存”,即揭露不同阶级的道德内涵。在封建统治者看来,窃钩者破坏了封建统治秩序,破坏了封建地主所有制,所以当诛;而窃国者已经取得了政权,他们是统治者,他们就是仁义之所在,他们的窃国行为也就是理所当然的了。他们的是非就是封建社会的是非,他们的道德观念就是封建社会的道德观念。大盗有功,小盗有罪,这是因为“已飨其利者为有德”。当时的既得利益者是地主阶级,他们取得了政权,也就是“有德者王”了。“鄙人有言曰:‘何知仁义,已飨其利者为有德’。”鄙人即劳动人民,劳动人民揭露了统治阶级道德的阶级本质,而为司马迁所充分肯定。在封建社会里,道德为地主阶级所垄断,司马迁抨击了这种道德学说的虚伪性。司马迁蔑视季次、原宪之徒的“或拘咫尺之义,久孤于世”,而歌颂了“布衣之徒,千里诵义,为死不顾世”。季次、原宪之徒虽然不是统治阶级,但他们抱持的操行完全是封建正统的道德观念,而布衣之侠,“以功见言信”而论,则是下层人民的道德观念,把两种人物相比,“侠客之义又曷可少哉”!

游侠的行为为儒家所排斥,但并不像司马迁所说为墨家所不载,相反却是与墨家有联系的。侯外庐在他主编的《中国思想通史》中说:“韩非子‘侠以武犯禁’是墨侠以武犯禁。《墨经》云:‘士损己而益所为也’,颇合侠者之旨,惟在战国墨侠的行为早已失传。……墨子说,窃犬彘,世谓之不仁,而窃国都,则以为义,是知小物而不知大物。”墨家学说代表手工业者的观点,也就是代表劳动人民的观点,他们同情劳动人民,因此行为才有些像游侠。反过来也可以证明游侠的言行出于劳动人民。墨子“窃犬彘”,“窃国都”之说,和“侯之门仁义存”很相似,但司马迁的学说却直接来自庄周,《庄子·胠箧》说:“彼窃钩者诛,窃国者为诸侯;诸侯之门,而仁义存焉。”司马迁继承了这一学说并有所发挥,提出了“已飨其利者为有德”的道德哲学。这是对封建地主阶级既得利益者的揭发,这些封建统治者既享有政治、经济的利益,又享有仁义道德的美誉。司马迁无情地指出:这是不公平的,这是强盗逻辑!

司马迁歌颂游侠、赞扬游侠,与他自身的遭遇有密切关系。他遭李陵之祸,身被腐刑,因此对汉代最高统治者充满愤慨和不满。他在《游侠列传》中说:

> 且缓急,人之所时有也。太史公曰:昔者虞舜窘于井廪,伊尹负于鼎俎,傅说匿于傅险,吕尚困于棘津,夷吾桎梏,百里饭牛,仲尼畏匡,菜色陈、蔡。此皆学士所谓有道仁人也,犹然遭此菑,况以中材而涉乱世之末流乎? 其遇害何可胜道哉!

他以历史上六个被儒家认为是“有道仁人”的不幸遭遇自比,来说明自己以“中材”而遭末世,其被残害是必然的。这是愤世之辞。郭嵩焘《史记札记》卷五下说:“案:秦为乱世,自秦以后皆乱世之末流也。史公值汉盛时而言,此诚亦有伤心者哉!”司马迁把汉武帝的统治看作是“乱世之末流”,有着他的切身体验在内,是对那个时代的揭露。在这种封建末世,自己被残害的冤屈“何可胜道哉”! 怎么能说得完呢! 对那个时代发出了强烈的控诉。

他的这种处境,这种遭际,这种思想情绪,使他对“时扞当世之文罔,然其私义廉洁退让”的游侠的行为无限向往。宋人晁公武曾指出:“其进奸雄者,盖迁叹时无朱家之伦,不能脱己于祸,故曰:‘士穷窘得委命,此非人所谓贤豪者耶?”(《郡斋读书志》卷五)可以说道出了司马迁当时著述的心事。司马迁写《游侠列传》,赞扬了游侠的侠义行为,同时也倾注了自己激烈的感情。游侠和汉代的统治者是对立的,司马迁赞扬他们的行为,那么他的立场也不言而喻了。他是从被迫害、被摧残者的角度赞扬游侠并控诉那个社会的。

第十节　崇尚“货殖”

新兴的商人地主阶级的产生是汉朝统一后，出现的另一新生事物。本来在战国时期地主阶级可以分成两类：一是宗法贵族，一是新兴商人。这两种社会力量始终在矛盾着、斗争着，战国后期各诸侯国的变法活动，即新兴商人地主阶级对旧的宗法贵族地主阶级的斗争。到项羽领导农民起义席卷秦朝政权之后，仍然保持着旧贵族的传统观念，把曾经是统一的帝国分封为许多诸侯。刘邦继承了陈涉、吴广的传统，他们是无土而王，无土者无宗，他们打破了宗法贵族的旧思想，所以在建立政权之后，这种制度便逐渐崩溃。在宗法贵族的时代，是“不贵不富”并且贵才能富的，当时的政权、土地全部掌握在宗法贵族手里，除了他们之外再没有富人。但是，随着社会经济的发展，新兴的商人地主阶级出现了，他们是些不贵而富的人，是“多财善贾”者。他们虽然富，但还未掌握政权，并不能贵，这是“富而不贵”的时代。后来，到了新兴地主阶级掌握政权，也就是富人掌握了政权，情况便发生了变化，如何评价这些新兴地主阶级，是历史提出来的新课题。司马迁是满腔热情地肯定新兴的商人地主阶级的作家。他在《货殖列传》中赞扬了许多因为从事生产而致富的人。“货殖”就是生产，司马迁鼓吹货殖，就是提倡发展生产，并从而歌颂那些发展生产的人。班固批评他“其是非颇缪于圣人”，“述货殖，则崇势利而羞贫贱”（《汉书·司马迁传》），这并不能贬低司马迁的历史地位，适足以表明司马迁的进步观点。

司马迁在《货殖列传》中，首先从人民对生活利益的要求出发，批判了老子那种小国寡民、安贫乐业、清静无为、老死不相往来的复古倒退的社会理想,认为在汉朝还照老子那套办法去做,那便是塞人耳目的愚民政策了,是绝对行不通的。他根据对历史的考察,得出的看法是:

> 夫神农以前,吾不知已。至若《诗》、《书》所述虞、夏以来,耳目欲极声色之好,口欲穷刍豢之味,身安逸乐,而心夸矜势能之荣使。俗之渐民久矣,虽户说以眇论,终不能化。故善者因之,其次利道之,其次教诲之,其次整齐之,最下者与之争。

他提出了人们的生活欲望是与生俱来的观点,认为这是为有文字记载以来的历史所证明了的,也是人民受社会风尚的感染而行之已久的,因而是不可改变的。对此,只能因势利导,不能"与之争",与民争利,最为下策。他不但论述了人民对生活利益的要求,是合乎自然的法则,同时也指斥了违反这种自然法则的汉武帝的兴利措施。

为了满足人民对生活利益的要求,司马迁主张重视生产、发展生产。就是靠农民耕种取得粮食,靠虞人开采、捕捉取得矿植物和水产品,靠工人制造各种器具,靠商人流通货物,只有各行各业的人们各尽其才力,才能达到自己的生活要求。他说:

> 《周书》曰:"农不出则乏其食,工不出则乏其事,商不出则三宝绝,虞不出则财匮少。"财匮少而山泽不辟矣。此四者,民所衣食之原也。原大则饶,原小则鲜。上则富国,下则富家。

只有发展生产,人民的生活才能富足,只有发展生产,才能富国裕民。这种重视生产的观点,有利于社会发展,有利于人民生活。他同情人民,关心人民的物质利益,这种思想是进步的。

司马迁认为“贫富之道，莫之夺予，而巧者有余，拙者不足”。富不是因为有人赠给的，贫也不是因为有人掠夺去了，而完全在人们的聪明和愚笨。他以吕望、管仲治理齐国为例说明这个道理。吕望封在营丘，那里土地贫瘠，人民稀少，他于是“劝其女功，极技巧，通鱼盐，则人物归之，繦至而辐凑”。齐国因而富强起来，“冠带衣履天下，海岱之间敛袂而往朝焉”。后来，管仲相齐，“设轻重九府，则桓公以霸，九合诸侯，一匡天下”。这都说明发展生产必须依靠人们的才智、技术，事在人为，生产发展了，社会才能繁荣，国家才能富强。他批判那种空谈仁义而不讲物质利益的荒谬观点：

> 故曰：“仓廪实而知礼节，衣食足而知荣辱。”礼生于有而废于无。故君子富，好行其德；小人富，以适其力。渊深而鱼生之，山深而兽往之，人富而仁义附焉。富者得势益彰，失势则客无所之……故曰：“天下熙熙，皆为利来；天下攘攘，皆为利往。”

司马迁把人对生活利益的要求放在第一位，这实际上是批判了封建统治阶级那种表面“口不言利”，而实质则唯利是图的反动本质。封建统治阶级向人民标榜“正其谊，不谋其利；明其道，不计其功”，要人民不要讲利，只讲道义就行了。这是用“义”来遏制人民正当的生活权利，是用“义”来扼杀人民的利益。在阶级社会中，“义”和“利”都是有阶级性的。《墨子·经上》说：“义，利也”，又说：“利，所得而喜也”，“功，利民也”。这就是说，凡是有利于人民的功业就是义，所以义也就是利。后来的儒家则认为有利于封建统治阶级的都是义，有利于人民的便都不是义。他们要求人民遵守礼法，要求人民行其义而不谋其利，也就是只顾地主阶级的利益而不顾人民的死活，所以司马迁说，必富而后“人人自爱而重犯法,先行义而后绌辱焉”(《平准书》)。司马迁首先肯定了人民的利益,这与封建统治阶级的观点、要求是背道而驰的。

司马迁重视社会物质利益,重视财富,他认为追求富,是人的本性,“富者,人之情性,所不学而俱欲者也”,所以“农工商贾畜长,固求富益货也。此有知尽能索耳,终不余力而让财矣”。各行各业的人都尽力谋求财富,而决不肯把财富让给别人。这好像是一种自然规律,不可动摇。而谋求财富的妙诀,在于“无财作力,少有斗智,既饶争时,此其大经也”。即贫穷多卖力气,有点钱就和别人斗智,钱多了就抓紧时机赚钱。采用这种方法致富的有以下各种行业的人物:

> 田农,掘业,而秦扬以盖一州。掘冢,奸事也,而田叔以起。博戏,恶业也,而桓发用富。行贾,丈夫贱行也,而雍乐成以饶。贩脂,辱处也,而雍伯千金。卖浆,小业也,而张氏千万。洒削,薄技也,而郅氏鼎食。胃脯,简微耳,浊氏连骑。马医,浅方,张里击钟。此皆诚壹之所致。

这些人物所操的职业,今天看来并不都值得肯定,但是他们都是“必用奇胜”,“皆诚壹之所致”,即用巧妙的方法和对事业专心一志的精神,由一般平民变成富商大贾,其财势“大者倾郡,中者倾县,下者倾乡里”。在宗法贵族势力统治的时代,这是新生事物,所以值得推崇和歌颂。

司马迁重视富商大贾,赞扬那些不仕而富的人。像蜀地卓氏“即铁山鼓铸,运筹策,倾滇蜀之民,富至僮千人。田池射猎之乐,拟于人君”。山东程郑,“亦冶铸,贾椎髻之民,富埒卓氏”。宛地孔氏“大鼓铸,规陂池,连车骑,游诸侯,因通商贾之利……家致富数千金,故南阳行贾尽法孔氏之雍容”。曹地邴氏“以铁冶起,富至巨万。……俯有拾,仰有取,贳贷行贾遍郡国"。齐地刀间收取豪奴,"使之逐渔盐商贾之利……起富数千万"。周人师史"转毂以百数,贾郡国,无所不至。……数过邑不入门,设任此等,故师史能致七千万"。宣曲任氏"力田畜。田畜人争取贱贾,任氏独取贵善,富者数世"。桥姚在边塞放牧,"致马千匹,牛倍之,羊万头,粟以万钟计。"无盐氏于长安列侯从军旅平吴楚七国之乱时,"出捐千金贷,其息什之。……一岁之中,则无盐氏之息什倍,用此富埒关中"。此外关中的富商大贾还有田啬、田兰,韦家栗氏、安陵杜氏等,都家资巨万。这些富商大贾的财富,多数是榨取人民的血汗所取得的,但其结果在经营的过程中却提高了生产力,促进了社会的发展。司马迁赞扬他们说:

> 今有无秩禄之奉,爵邑之入,而乐与之比者,命曰"素封"。……此其人皆与千户侯等。然是富给之资也,不窥市井,不行异邑,坐而待收,身有处士之义而取给焉。若至家贫亲老,妻子软弱,岁时无以祭祀进醵,饮食被服不足以自通,如此不惭耻,则无所比矣。……无岩处奇士之行,而长贫贱,好语仁义,亦足羞也。

司马迁推崇富商大贾虽无官阶爵禄,但其财富却可以和千户侯相比的地位;贬斥贫穷之士上不能奉父母,下不能畜妻子的处境,值得自惭,认为没有真正隐士的高尚品德,而长期贫贱,还谈什么"仁义"? 那是令人羞耻的事! 这又把批判的锋芒指向那些只空谈仁义而不讲物质利益的正统儒家学派的观点了。最后结论说:

> 由是观之,富无经业,则货无常主,能者辐凑,不肖者瓦解。千金之家比一都之君,巨万者乃与王者同乐,岂所谓"素

封”者邪？非也？

致富不靠一定的职业，财货没有固定的主人，能否得到，关键在人的本领。家资千金的人比得上一都的君长，巨万的富翁可以和国王一样享乐，这就是所谓“素封”了吧！司马迁赞扬了那些“素封”之家，赞扬了那些通过自己经营而致富的人，即新兴的商人地主阶级。新兴商人地主阶级的出现，打破了宗法贵族势力对财富世世代代的垄断局面，即所谓“富无经业，则货无常主”。因此，司马迁公开地、满腔热情地赞扬新兴的商人地主阶级，在当时是对宗法贵族势力的猛烈冲击，是对这种旧的生产关系的一次涤荡！

《货殖列传》在我国经济思想史上是少见的好文章。在先秦，西方各诸侯国反对商贾而主张农战；而东方各诸侯国，例如齐国，都重视商贾渔盐之利，因此管仲有“仓廪实而知礼义”的话。司马迁发展了这种观点，他提倡生产，鼓吹货殖，重视财富，推崇富商大贾，把富者提高到与贵者相等的地位，使一向贵而后富的局面，变成富而后贵。这是社会发展史上的一场“剧变”。贵族是世袭的，是神圣的祖传，财富则是可以力取的，由不能力取的贵到可以力取的富，说明社会阶级关系发生了变化。司马迁是站在社会变化的进步方面，肯定新生的事物，赞扬新生的事物，鼓吹新生的事物，因此他的思想、理论、观点是进步的。

第十一节　推许“刺客”

对刺客的推许和称赞是司马迁思想成就的另一个方面。他是怀着热情、倾注着血泪，来为刺客写传记的。刺客在春秋战国时期，属于“士”的阶层。当时的统治阶级为了战胜对手，以巩固自己的统治地位，就召集天下有统治经验的“士”，来为自己效劳。而这些“士”为了报答主人对他们的恩遇，也就依附于统治阶级，甘心为统治阶级出力卖命。诸侯将相的“礼贤下士”和“士为知己者死”，就反映了统治阶级和“士”的互相利用、依附的关系。从总的方面看，“士”是为巩固统治阶级的地位和维护他们的利益效劳的。那末，司马迁推崇他们，称许他们，又有什么意义呢?

我们认为评价人物，不仅要看他做什么，而且要看他怎样做，看他那样做的客观效果如何?《刺客列传》共写了五个刺客，即曹沫、专诸、豫让、聂政和荆轲。曹沫劫持齐桓公，使齐桓公“尽归鲁之侵地”；专诸刺王僚，维护了公子光世袭的地位；豫让刺赵襄子，为智伯报仇；聂政刺韩相侠累，为严仲子报仇；荆轲刺秦王，以报答燕太子丹。他们行为的共同目的，是反抗强暴；共同的道德标准，是“士为知己者死”。一言以蔽之，他们为了报答主人的知遇之恩，而和强暴的敌人拼命。但是，作者写作的重心是荆轲。司马迁对刺客的态度，主要体现在对荆轲的写作上。如何评价荆轲，是理解司马迁对刺客赞扬、称许有无意义的关键。对这个问题，我们要从荆轲刺秦王的主观动机和客观效果两方面看。

荆轲刺秦王发生在公元前227年(燕王喜二十八年)，距离秦始皇统一六国仅仅五年。这时我国社会发展已经逐渐趋向统一，和山东六国比，秦是最有条件来完成统一历史使命的。秦代表先进的生产方式，在政治、经济、军事上都远远超过了山东六国，而山东六国代表落后的生产方式，已经失去了与秦抗衡的力量。在荆轲刺秦王之前三年(前230)秦灭韩，前一年(前228)灭赵，荆轲刺秦王之后两年(前235)秦灭魏，后四年(前223)灭楚，后五年(前222)灭燕，后六年(前221)灭齐。并在这一年统一了全国。这反映了社会发展的历史趋势。《史记・秦始皇本纪》记载说：“(秦王政)十七年,内史腾攻韩,得韩王安,尽纳其地。……十九年,王翦、羌瘣尽定取赵地东阳,得赵王。引兵欲攻燕。……二十年,燕太子丹患秦兵至国,恐。"这种情况在《刺客列传》中也有鲜明的反映,燕太子丹对荆轲说:

> 今秦有贪利之心,而欲不可足也。非尽天下之地,臣海内之王者,其意不厌。今秦已虏韩王,尽纳其地。又举兵南伐楚,北临赵;王翦将数十万之众距漳、邺,而李信出太原、云中。赵不能支秦,必入臣,入臣则祸至燕。燕小弱,数困于兵,今计举国不足以当秦。诸侯服秦,莫敢合从。丹之私计,愚以为诚得天下之勇士使于秦,窥以重利;秦王贪,其势必得所愿矣。诚得劫秦王,使悉反诸侯侵地,若曹沫之与齐桓公,则大善矣;则不可,因而刺杀之。彼秦大将擅兵于外而内有乱,则君臣相疑,以其间诸侯得合从,其破秦必矣。

这一方面反映了秦之统一势不可挡,一方面反映了燕太子丹派荆轲刺秦王的目的在于"使悉反诸侯侵地,若曹沫之与齐桓公",即在于保持宗法贵族的割据地位,而荆轲在秦廷行刺不成依柱箕踞笑骂秦王,意图在"欲生劫之,必得约契以报太子也"。即在于维护宗法贵族的割据势力。从荆轲的主观意图看,他是逆历史潮流而动的,他的行为本身没有什么意义,甚至是落后的。

但是,我们评价一个人物,不能只从他的主观动机出发,而且更重要的要看他行动的效果,看他所参加的社会斗争和所从事的社会实践。他的社会斗争和实践,往往比他的主观愿望丰富、广阔得多。从荆轲的斗争实践看,也由于司马迁形象描写的艺术效果,使人们不去注意荆轲刺秦王的意图是什么,而注视着他从事的这场斗争是一次反抗封建暴君的斗争,是一次反抗强暴而至死不屈的精神的表现。秦始皇统一六国，以及他所推行的一些有利于加强地主政权的改革措施，是符合历史发展要求的，因而是进步的。但秦始皇所建立的仍然是一种剥削制度，这种剥削制度从它确立的那一天起，即具有压迫人民、剥削人民的性质，它是建立在对人民的压迫、剥削基础之上的。我们既要看到秦政权在历史上进步的一面，也要看到它本质上反人民的一面。就是在秦实现统一的过程中具有进步作用的时候，同时也具有地主政权的本质的残酷性和反人民的性质。特别是秦始皇取得了在全国的统一，巩固了统一政权之后，就更变本加厉地对人民进行压迫、剥削。秦始皇为了满足自己贪得无厌的欲望，为了建立万世为君的帝业，曾制订了严酷的刑法，在这种严刑酷法下遭难的人民无数，被判处极刑的就更多。"赭衣塞路，囹圄成市"就是这种悲惨情景的生动写照。秦始皇派往修建阿房宫和骊山墓的刑徒有70万，派往北方筑长城的刑徒也很多。当时全国的刑徒至少在100万以上。刑徒如此众多，反映了秦王朝压迫人民程度之深，以及广大人民与秦王朝矛盾的尖锐化。政治压迫之外，秦王朝还加强了对人民的剥削。由于秦始皇"内兴功作，外攘夷狄"(《汉书·食货志》)，浪费了大量的人力和物力，对人民的赋税加重了。据《汉书·食货志》记载，秦时的"田租口赋盐铁之利，二十倍于古"。封建统治者向人民"收泰半之赋"，人民大部分收入要归统治者所有。秦王朝"尝竭天下之资财以奉其上，犹自以为不足也"。而广大人民则是"海内之士，力耕不足粮饷，女子纺绩不足衣服"(《平准书》)。为了满足巨大的耗费，统治者还采用"头会箕敛"(《张耳陈馀列传》)的办法，按人口进行搜刮。秦王朝徭役之重也是空前的，据《汉书·食货志》记载，当时"一岁力役，三十倍于古"，真是骇人听闻。这些情况都说明秦政权对人民压迫、剥削、役使的残酷，广大人民生活在水深火热之中，阶级矛盾越来越尖锐化。公元前216年秦始皇在咸阳夜间出行遭到“狙击”，公元前209年爆发了以陈胜、吴广为领导的农民起义，反抗暴秦的烈火在广大人民胸中燃烧起来了。

荆轲刺秦王的主观意图和人民要推翻秦王朝统治的目的不同，但是，其效果却是一致的。在反抗强暴、翦除暴君这一点上，荆轲的行为和人民有相通的地方。而且从艺术描写来看，荆轲那种敢于和有无上权威、神圣不可侵犯的君主作斗争的英勇精神是最生动最感人的：

> 荆轲奉樊於期头函，而秦舞阳奉地图柙，以次进。至陛，秦舞阳色变振恐，群臣怪之。荆轲顾笑舞阳，前谢曰：“北蕃蛮夷之鄙人，未尝见天子，故振慴。愿大王少假借之，使得毕使于前。”秦王谓轲曰：“取舞阳所持地图。”轲既取图奏之，秦王发图，图穷而匕首见。因左手把秦王之袖，而右手持匕首揕之。未至身，秦王惊，自引而起，袖绝。拔剑，剑长，操其室。时惶急，剑坚，故不可立拔。荆轲逐秦王，秦王环柱而走。群臣皆愕，卒起不意，尽失其度。……而卒惶急，无以击轲，而以手共搏之。是时，侍医夏无且以其所奉药囊提荆轲也。秦王方环柱走，卒惶急，不知所为，左右乃曰：“王负剑！”负剑，遂拔以击荆轲，断其左股。荆轲废，乃引其匕首以擿秦王，不中，中铜柱。秦王复击轲，轲被八创。轲自知事不就，倚柱而笑，箕踞以骂曰：“事所以不成者，以欲生劫之，必得约契以报太子也。”于是左右既前杀轲，秦王不怡者良久。

这场栩栩如生的描写，其吸引人之处，不在于荆轲的意图是报答燕太子丹的知遇之恩，而在于荆轲引匕首擿秦王，不中，因而逐秦王环柱而走的斗争精神，在于秦王作为一个至尊天子的惊慌失措的狼狈相。一个普通的刺客能凌逼一个"受命而帝"的"天子"，像耗子一样到处逃匿，这是千古以来大快人心的事！

此外，司马迁还写了一些为支助荆轲刺秦王而牺牲的人物，像樊於期因得罪于秦王，"父母宗族皆为戮没"，一想到所受的这种耻辱，"常痛于骨髓"，且"日夜切齿腐心也"。当听到荆轲说要用他的头为他报仇时，他立刻自刭，以示与秦王誓不两立的精神。高渐离因为与荆轲相善，荆轲去刺秦王时，他送别于易水之上，后来荆轲失败，他被秦王弄瞎了眼睛，专让他击筑以取乐，而高渐离"乃以铅置筑中"，得近，"举筑朴秦皇帝"。在这场壮烈的斗争场面中，他们都为反对秦王的残暴一个个牺牲了。从作品的艺术效果看，司马迁集中描写了当时人们和一个暴君的斗争。而这与当时广大人民不能忍受被压迫、被剥削、被役使的痛苦而纷纷起义，要推翻秦王朝的统治的历史潮流是一致的。

司马迁写荆轲刺秦王，是带着强烈的感情的。他怀着同情、赞赏、歌颂、惋惜的感情描写荆轲的全部行动，同时对秦始皇充满了憎恶、疾恨和誓不两立的情绪。那么，他对秦始皇在历史上的地位是否毫无认识呢？当然不是，他曾经评论秦始皇的历史地位说："秦取天下多暴，然世异变，成功大。"(《六国年表序》)他看到了秦代的变异，看到了秦始皇在历史上的重要作用。但在《刺客列传》中，他却着重写秦王"多暴"的一面，当然这也包含着他对秦王的认识在内。同时我们也应该看到，司马迁并不是纯客观地写历史，他是从对自己所处时代的感受和体验出发写历史的。司马迁生活在汉武帝时代，封建统治者极端残酷的压迫和剥削，造成广大人民有冤无处申、有屈莫能辩的局面，司马迁自己即深受其摧残和迫害。因此，他在写作过程中字里行间即渗透着自己的愤慨和不平，在秦王政身上渗透着自己对汉武帝的憎恨情绪。"惜哉，其不讲于刺剑之术也!"若单纯写历史,为什么要发这种感叹呢!所以他写荆轲刺秦王,但他的精神、意向,皆在汉武帝,他的笔锋是指向汉武帝的。

司马迁在写刺客的侠义行为的过程中,始终强调着他们那种"士为知己者死"的精神,并赞许这种精神。"士为知己者死"并不是劳动人民的品德,但司马迁反复强调和赞许这种精神,也不是没有原因的。司马迁受腐刑之后,处于孤独无援的境地,世态的炎凉,人情的冷暖,他是深有体味的。"家贫,财赂不足以自赎,交游莫救,左右亲近,不为一言。身非木石,独与法吏为伍,深幽囹圄之中,谁可告诉者!"(《汉书·司马迁传》)他是多么希望有人能搭救他,多么希望亲朋能为他说句好话,但是在那"一死一生,乃知交情;一贫一富,乃知交态;一贵一贱,交情乃见"(《汲郑列传》)的社会中,却是不可能的。他把自己的希望、向往倾注在对刺客侠义行为的赞扬上,这是他痛苦、哀伤的心理状态的反映。今天看来这种思想并不高明,但在当时那种尔虞我诈、忘恩负义的社会环境中,能为知己者的危难而献身,仍然是有意义的。

荆轲刺秦王不但在当时有积极意义,而且对后代也产生了重大影响。后代许多文人由于在政治上被排挤、打击,对统治阶级产生不满,他们往往根据自己对荆轲行为的理解,来歌咏荆轲,通过咏荆轲寄托对现实的愤怒和反抗。像阮瑀、左思的《咏史》和陶潜的《咏荆轲》,以及唐宋以后咏荆轲的诗文,都是如此。这些情况都说明荆轲刺秦王无论在当时或后代都产生过积极作用。

在长期的封建社会中,以强凌弱,强者为"刀俎"、弱者为"鱼肉"的现象是普遍存在的。这是司马迁描写的五个刺客反抗强暴精神的现实基础,通过对这五个人物侠义行为的赞颂,抒发了他对那个弱肉强食的社会的痛恨和不满!

司马迁所描写的汉代社会是极其广阔而深刻的。他的笔端接触到汉代社会的各个方面和各个领域，汉代社会一切新生、积极、进步的东西，都在他笔下呈现出来，一切落后、腐朽、反动的东西，也在他笔下呈现出来。他描写了汉代社会的优点和缺点。司马迁是站在地主阶级的立场描写汉代社会的，地主阶级在当时正处于上升时期，所以他能写出当时历史的一些真实面貌来。同时，司马迁的历史观点和哲学观点具有朴素的唯物主义成分，尽管这种唯物主义是不彻底的，但却是可贵的，它能促使司马迁比较全面地观察、分析当时的社会历史现象，看到历史变化的一些真正原因。司马迁是受过腐刑的，残酷的政治迫害，使他对封建阶级、封建社会有更深刻的认识，并敢于揭露封建阶级和封建社会。因此，司马迁写《史记》的目的，虽然在于总结历史经验以为加强汉朝的封建统治借鉴，并以帝王将相为中心构成自己著述的体系，但是，他所描写的在许多方面都接触到当时社会的本质问题，在许多方面反映了当时社会一幅阶级斗争的历史。这是司马迁所不认识的，也是他在当时不可能认识的。这是他对我们民族的伟大贡献，也是我们民族的骄傲和自豪。

第四章　司马迁笔下的主要人物

人的社会活动是历史的基本内容，一定阶级的代表人物的活动，与历史有更密切的关系。因此，写人物是历史著作中十分重要的课题。人是社会关系的总和。文学要表现社会矛盾和斗争，必须借助于人。文学描写的对象主要是社会生活中的人。司马迁达到了史学和文学两方面的要求，在自己著作中写了许多人物。其中有帝王、将相、外戚、游侠、刺客、酷吏、兵家、策士、文人、儒者、医卜、倡优等，各个阶级、阶层，各种职业、集团的人物。特别是写一些历史上有代表性的人物，通过对这些人物的身世、社会活动的描写，通过对他们与社会各方面联系的描写，来反映当时社会的各种矛盾和斗争，反映当时的社会生活和历史面貌。

司马迁描写人物时，不限于人物的本传，同时也见于其他人物传记之中，但是人物本传却是他对这个人物的生平事迹、思想品德最全面最完整的记述，从而最集中地体现了他对这一人物的观点和评价。因此，我们分析司马迁笔下的人物，主要根据人物的本传，兼及其他人物传记中的记载。

第一节　孔　子

孔子在我国哲学史、教育史、文化史上具有重要的地位。但是作为一代哲人，他在汉武帝以前并没有受到人们十分的推崇，自司马迁开始他才被尊为“至圣”，可以说司马迁是西汉以前对孔子评价最高的作家。孔子并非诸侯,司马迁却把他列为“世家”,理由是“周室既衰,诸侯恣行。仲尼悼礼废乐崩,追修经术,以达王道,匡乱世反之于正,见其文辞,为天下制仪法,垂《六艺》之统纪于后世。”(《自序》)即孔子不但在文化上有重要作用,而且在政治上也有拨乱反正的划时代意义。

司马迁对孔子评价这样高,是有社会原因的。他是处在转变时代中的人,他之前汉朝的几代统治者都以“黄老”治天下,到他这个时期汉武帝实行“罢黜百家,独尊儒术”的政策,儒学已经大盛,而“黄老”开始衰退了。本来汉初的统治者对儒学的态度是有双重性的,汉高祖虽然不喜欢儒生,但在开国之后,路过山东时就曾以太牢祭祀孔子。汉王朝一开始即设置由儒生担任的博士官,叔孙通曾做过汉高祖的博士,韩婴做过汉文帝的博士,辕固生做过汉景帝的博士,到汉武帝时,更设置五经博士。经学已经成为儒生的专业,他们传授源流必须追溯到孔子。所以,孔子在当时之受尊重就成为形势的必然。再加上司马迁的父亲勉励他做第二个孔子,他就更对孔子崇拜、向往。因此他写《孔子世家》和《仲尼弟子列传》,赞扬孔子,歌颂孔子,正是当时社会意识形态的历史特点的反映。

司马迁笔下的孔子是一个有政治理想的人物。他为实现自己的政治理想而游说诸侯,但却到处碰壁并终于失败了。一篇《孔子世家》正是他一生经历失败的实录。孔子的政治理想是什么?在司马迁看来并不是评论家们所认为的“仁”,而是“礼”。司马迁很少谈到孔子的“仁”,而特别突出了孔子的“礼”。他论述孔子一生的行迹时,是以“礼”为中心线索的。孔子幼年时“为儿嬉戏,常陈俎豆,设礼容”。“年少好礼”,“懿子与鲁人南宫敬叔往学礼焉”。他还曾和南宫敬叔“适周问礼”。齐景公问政,他答以“君君,臣臣,父父,子子”,也讲的是礼。夹谷之会,他辅助鲁定公黜败了齐景公,也是以“会遇之礼”。他劝定公堕三都,根据的是“臣无藏甲,大夫毋百雉之城”的礼。他由曹去宋,“与弟子习礼大树下。”卫灵公问兵陈,他说:“俎豆之事则尝闻之,军旅之事未之学也”。他“追迹三代之礼”说:“夏礼吾能言之,杞不足征也。殷礼吾能言之,宋不足征也”,“周监二代,郁郁乎文哉!”他既熟知夏殷之礼,又盛赞周礼,所以“《书传》、《礼记》自孔氏”。他删诗,“取可施于礼义”者。他教弟子“以诗书礼乐”,颜渊因而有“博我以文,约我以礼,欲罢不能”的赞叹。“鱼馁、肉败,割不正,不食。席不正,不坐。食于有丧者之侧,未尝饱也”,是他恪守的礼。“礼失则昏,名失则愆”,则是他的名言。他死后,“诸儒亦讲礼乡饮大射于孔子冢”,是根据他一生的行迹对他的悼念。可见孔子一生是把“礼”作为安身立命的根本。他理想中的“礼”,即一切统治阶级所规定的秩序,如亲亲,尊尊,长长,男女有别等,用以区别贵贱的等级,区别人与人之间复杂的关系,确立每个人应受的约束,使之不得逾越。其目的在为当时的统治者提供治理动乱社会的药方。

但是,这种药方在当时是不合时宜的,落后的,是与历史发展的趋势相悖的。所以尽管他为实现自己的理想而终生奔波,遭受到的却都是冷遇、奚落和讽刺。他用王道说齐景公,齐景公虽然称“善哉!”但却“以季、孟之间待之”,“弗能用也。”到了卫,卫灵公与南子同车,“使孔子为次乘,招摇市过之”,以侮辱孔子。到匡,“匡人拘孔子。”去宋,“宋司马桓魋欲杀孔子。”过蒲,“蒲人止孔子。”于陈、蔡之间,陈、蔡人“乃相与发徒役围孔子于野。不得行,绝粮”。季康子要用他,公子鱼反对说:“昔吾先君用之不终,终为诸侯笑。今又用之,不能终,是再为诸侯笑。”他“循道弥久,温温无所试,莫能己用”。身干70余君而终不得遇。郑人讽刺他“累累若丧家之狗”。但是,无论处境如何困难,他绝不与世俗苟合,对自己的理想怀着坚定的信念:“天之未丧斯文也,匡人其如予何!”“天生德于予,桓魋其如予何!”对恶劣的环境表现了坚强不屈的精神。在走投无路时,弟子们有的也灰心丧气,他用同样的“《诗》云:‘匪兕匪虎,率彼旷野。’吾道非邪?吾何为于此?”的问题对他们加以开导。子路是最动摇的,他说:“意者吾未仁邪?人之不我信也。意者吾未知邪?人之不我行也。”孔子反驳他说:“有是乎!由,譬使仁者而必信,安有伯夷、叔齐?使知者而必行,安有王子比干?”子贡虽然对孔子的信仰比较坚定,但也感到他的学说与现实有些脱节,他说:“夫子之道至大也,故天下莫能容夫子,夫子盖少贬焉?”孔子则批评他说:“赐,良农能稼而不能为穑,良工能巧而不能为顺。君子能修其道,纲而纪之,统而理之,而不能为容。今尔不修尔道而求为容。赐,而志不远矣!”颜渊对孔子的信仰是最坚定的,他说:“夫子之道至大,故天下莫能容。虽然,夫子推而行之,不容何病,不容然后见君子!……”只有他才真正了解孔子,从而博得孔子的赞赏:“有是哉颜氏之子!使尔多财,吾为尔宰。”司马迁真正传达出孔子的精神,即知其不可为而为之。

如果我们不是从政治、哲学的角度评价孔子,而是从文学批评的角度评价司马迁描写的孔子,那么,孔子的价值不在于他为当时统治者提供的治理动乱社会的药方,不在于他的政治理想——礼,而在于对理想所持的坚定信念。他为统治者开立的治世药方是迂阔而不切实际的,他那种知其不可为而为之的精神也是滑稽可笑的,但他为坚持自己的信念而顽强不屈的意志,却能给我们以启发。

司马迁在《孔子世家》中叙述孔子一生的潦倒落魄,重点是为了写孔子后来整理或撰述《易》、《书》、《诗》、《礼》、《乐》、《春秋》,

也就是因为政治上的失败而发愤著书。“孔子之去鲁凡十四岁而反乎鲁”,“然鲁终不能用孔子,孔子亦不求仕。”然后陈述孔子撰述的过程:

> 孔子之时,周室微而礼乐废,《诗》《书》缺。追迹三代之礼,序《书传》,上纪唐虞之际,下至秦缪,编次其事。曰:“夏礼吾能言之,杞不足征也。殷礼吾能言之,宋不足征也。足,则吾能征之矣。”观殷夏所损益,曰:“后虽百世可知也,以一文一质。周监二代,郁郁乎文哉。吾从周。”故《书传》、《礼记》自孔氏。
>
> 孔子语鲁大师:“乐其可知也。始作翕如,纵之纯如,皦如,绎如也,以成。”“吾自卫反鲁,然后乐正,《雅》《颂》各得其所。”
>
> 古者《诗》三千余篇,及至孔子,去其重,取可施于礼义,上采契后稷,中述殷周之盛,至幽厉之缺,始于衽席,故曰:“《关雎》之乱以为《风》始,《鹿鸣》为《小雅》始,《文王》为《大雅》始,《清庙》为《颂》始”。三百五篇孔子皆弦歌之,以求合《韶》《武》《雅》《颂》之音。礼乐自此可得而述,以备王道,成六艺。
>
> 孔子晚而喜《易》,序《彖》、《系》、《象》、《说卦》、《文言》。读《易》,韦编三绝。曰:“假我数年,若是,我于《易》则彬彬矣。”

但是,他最重要的著述是《春秋》,《春秋》的写作目的在正名分,有褒有贬,以为后世之法,他说:

> “弗乎弗乎,君子病没世而名不称焉。吾道不行矣,吾何以自见于后世哉?”乃因史记作《春秋》,上至隐公,下讫哀公

十四年,十二公。据鲁,亲周,故殷,运之三代。约其文辞而指博。故吴楚之君自称王,而《春秋》贬之曰“子”;践土之会实召周天子,而《春秋》讳之曰“天王狩于河阳”:推此类以绳当世。贬损之义,后有王者举而开之。《春秋》之义行,则天下乱臣贼子惧焉。孔子在位听讼,文辞有可与人共者,弗独有也。至于为《春秋》,笔则笔,削则削,子夏之徒不能赞一辞。弟子受《春秋》,孔子曰:“后世知丘者以《春秋》,而罪丘者亦以《春秋》。”

《春秋》是他政治理想的最高标准,是他全部精神的寄托。他写作时之不苟与认真,子夏也不能有所修润,是他一生功罪之所系了。

孔子删《诗》,序《易》,修《书传》,正《雅》《颂》,著《春秋》,企图用著述达到他对当时社会拨乱反正的目的。实际政治上所做不到的,他则要通过著述来达到。这虽然表现了他的顽强精神,或者说是没落阶级的顽固性,但客观上却反映了当时社会的动乱不堪。由于他的著述,保存了三代旧典,他的儒学理想形成了我国封建时代的文化核心,他的学说的某些部分,表现了我们民族在文化特点上的某些精神形态。

在著述的过程中,颜渊突然死了,孔子失去了他最得意的弟子,因此感叹道:“天丧予!”认为是天亡我的象征。鲁哀公西狩获麟,麟是瑞兽,猎获而死,他喟然叹曰:“吾道穷矣!”“莫知我夫!”预感到自己的穷途末路。他并且向子贡解释说:“不怨天,不尤人,下学而上达,知我者其天乎!”在无可奈何的时候又不得不用天命来解释自己一生的穷通祸福。不久,他病了。子贡来看他,他对子贡说:“赐,汝来何其晚也?”因而慨叹而歌曰:“太山坏乎!梁柱摧乎!哲人萎乎!”因以涕下。又对子贡说:“天下无道久矣,莫能宗予。夏人殡于东阶,周人于西阶,殷人两柱间。昨暮予梦坐奠两柱之间,予始殷人也。”这是他留给人间最后的几句话,仍然念念不忘“天下无道”的现实。司马迁是含着热泪描写孔子之死的,含着热泪描写孔子死时的冷落、寂寞和无可奈何,并最后完成了对一代哲人一生的悲剧创作。司马迁之前,作为一代哲人的孔子并没有一个具体的形象,从司马迁写《孔子世家》开始,孔子才作为一个有政治理想然而到处不被重用,最后彻底失败的悲剧形象出现。这是司马迁的创造。但是孔子的悲剧意义是什么呢?马克思在论革命悲剧时说:“西金根(而且胡腾多少和他一样)的灭亡……是因为他作为一个骑士、作为一个垂死阶级的代表起而反对现存制度,或者更确切些说,反对现存制度的新形式。……在这个可怜的人物身上,以适当的形式表现出了骑士阶级对于皇帝和封建领主的悲剧的对抗,因此歌德选择了他作主人公是正确的。”(见《马克思、恩格斯、列宁、斯大林论文艺》)同样,孔子的悲剧意义在于他作为没落阶级政治思想的代表起来反对正在形成的封建制度,在他身上体现了没落阶级对封建统治者和封建领主的悲剧的对抗。司马迁通过对孔子一生行迹的叙述,真实地揭示了当时的社会矛盾和冲突。

司马迁的同情在孔子方面,他赞扬孔子不苟合取容的精神,歌颂孔子的政治理想“礼”的德性,感伤孔子的悲剧结局。他在《礼书》中说:

> 周衰,礼废乐坏,大小相逾,管仲之家,兼备三归。循法守正者见侮于世,奢溢僭差者谓之显荣。自子夏,门人之高弟也,犹云“出见纷华盛丽而说,入闻夫子之道而乐,二者心战,未能自决”,而况中庸以下,渐渍于失教,被服于成俗乎?孔子曰“必也正名”,于卫所居不合。仲尼没后,受业之徒沉湮而

不举,或适齐、楚,或入河海,岂不痛哉!

又在《孟子荀卿列传》中把驺衍的受礼遇和孔子的困厄作了对比:

是以驺子重于齐。适梁,惠王郊迎,执宾主之礼。适赵,平原君侧行撇席。如燕,昭王拥彗先驱,请列弟子之座而受业,筑碣石宫,身亲往师之。作《主运》。其游诸侯见尊礼如此,岂与仲尼菜色陈蔡,孟轲困于齐梁同乎哉!故武王以仁义伐纣而王,伯夷饿不食周粟;卫灵公问陈,而孔子不答;梁惠王谋欲攻赵,孟轲称大王去邠。此岂有意阿世俗苟合而已哉!持方枘欲内圆凿,其能入乎?

他怀着对孔子的同情揭露了孔子的悲剧产生于那种方正之不容、邪曲之害公的社会。司马迁对孔子的描写态度,很像巴尔扎克在《人间喜剧》里对贵族男女的描写态度,“他的同情是在注定要灭亡的那个阶级方面。虽然如此,当他让他所深切同情的贵族男女行动的时候,他的讽刺却是最尖刻不过的,他的嘲弄却是最毒辣不过的。……他看出了他所心爱的贵族的必然没落而描写了他们不配有更好的命运。”(恩格斯《给哈克奈斯的信》,见《马克思、恩格斯、列宁、斯大林论文艺》)。作为一个伟大的历史家,必然要忠于历史事实,作为一个伟大的文学家,也必然要忠于现实生活,因此司马迁在同情、歌颂孔子的同时,也通过他笔下的人物讽刺、嘲弄了孔子学说的迂阔而不切实际,从而揭示了他不为世用而终于失败的必然结果。如晏婴所说:“夫儒者滑稽而不可轨法;倨傲自顺,不可以为下;崇丧遂哀,破产厚葬,不可以为俗;游说乞贷,不可以为国。自大贤之息,周室既衰,礼乐缺有间。今孔子盛容饰,繁登降之礼,趋详之节,累世不能殚其学,当年不能究其礼。君欲用之以移齐俗,非所以先细民也。”这是对孔子及其儒学之不合时宜的一针见血的批评。又如长沮回答孔子问津说:“是知津矣。”讥讽孔子之到处周游求仕。桀溺则说:“滔滔者天下皆是也,而谁以易之?”指责孔子无力治理天下而偏要去干的愚蠢行为。荷蓧丈人回答子路说:“四体不勤,五谷不分,孰为夫子!”揭露孔子脱离劳动的剥削阶级本质。又如楚狂接舆讥刺孔子道德的衰微:“凤兮凤兮,何德之衰!往者不可谏兮,来者犹可追也!已而已而,今之从政者殆而!”甚至连他的弟子子路也批评他:“有是哉,子之迂也!”他的弟子还揭露了他学说中的矛盾。孔子56岁时代理鲁国宰相,面有喜色,弟子问他:“闻君子祸至不惧,福至不喜。”他曲为之解说:“有是言也。不曰‘乐其以贵下人’乎?”说是为了使下面的人能够富贵而高兴。孔子路过蒲,被蒲人围困起来,蒲人说只要他不到卫国去,就放了他。他同意了,与蒲人盟誓。后来竟又去了卫国。弟子问他:“盟可负邪?”他又曲为之解说:“要盟也,神不听。”说是要挟而盟不能信守。佛肸以中牟畔,派人召孔子,孔子要去。子路质问他说:“由闻诸夫子,‘其身亲为不善者,君子不入也。’今佛肸亲以中牟畔,子欲往,如之何?”孔子又辩解说:“有是言也。不曰坚乎,磨而不磷;不曰白乎,涅而不淄。我岂匏瓜也哉,焉能系而不食?”说自己能出于污浊而不染,等等。这些都揭露了孔子学说的某些部分的自相矛盾,不能自圆其说。

孔子的一生,就其不屈服于社会环境、不与世苟合讲,是伟大的,就其为治理当时动乱社会所开的不切实际的药方讲,则是渺小的。作为伟大的历史家和文学家,司马迁便真实地描写出孔子思想性格的优点和缺点,描写了形成孔子悲剧的某些重要原因。司马迁的同情是在孔子方面,他怀着景仰、崇敬的感情写孔子一生的行迹和经历,即使在揭露孔子的缺点时,也是饱含着热泪的。他说："《诗》有之：'高山仰止，景行行止。'虽不能至，然心向往之。余读孔氏书，想见其为人。适鲁，观仲尼庙堂车服礼器，诸生以时习礼其家，余祗回留之不能去云。天下君王至于贤人众矣，当时则荣，没则已焉。孔子布衣，传十余世，学者宗之。自天子王侯，中国言《六艺》者折中于夫子，可谓至圣矣！"这不但说明他在精神上对孔子的向往和依恋，而且准确地指出了孔子的历史地位。岂止天子王侯折中于夫子，他自己也确如此。他对一般人物的品评，对一些历史事件的看法，往往以孔子的话作为自己论断的根据。

第二节 商　鞅

商鞅是战国时代著名的法家，他为坚持变法而和顽固的奴隶主贵族势力进行了顽强的斗争，不幸最后惨遭杀害，但他对政治、经济、军事、思想文化等方面的改革措施，却确立了封建制的上层建筑，直接影响着秦汉社会的发展和国家的统一。

司马迁尤其注意这一历史现象，用不少篇章来记述战国时期各国变法的情况，特别在《商君列传》中通过对商鞅的描写，详细真切地反映了秦国变法的过程，记述了商鞅先后两次变法的具体内容，变法所造成的富国强兵的客观效果，以及商鞅与顽固派甘龙、杜挚、公子虔、公孙贾、赵良等一系列的斗争。当时很多政治家的夸夸其谈，纵横家的雄辩之词，著作家的大块文章，都不能给人们提供关于变法的详实内容，而司马迁以商鞅这一丰富的人物形象，真实地反映了这一巨大变革的历史情景。

商鞅是卫国人，"少好刑名之学"，魏惠王初年，他在魏国宰相公叔痤门下做中庶子这个小官，公叔痤临死时，把他推荐给魏惠王，魏惠王不肯用。公叔痤告诉他魏惠王既不用他，就必然要杀害他,让他赶快离开魏国,他说:“彼王不能用君之言任臣,又安能用君之言杀臣乎?”结果他并没有离开魏国,魏惠王也没有杀他。这说明商鞅善于分析问题,具有远见卓识,即公叔痤所赞扬的“年虽少,有奇才”!

公叔痤死后,商鞅听说秦孝公下令求贤,想重修秦穆公的事业,他便到秦国去通过孝公的嬖臣景监求见孝公。先是以“帝道”进谏孝公,孝公不听,又继之以“王道”,孝公也听不进去,最后以“强国之术”即“霸道”劝说孝公,孝公听了很投自己的心意,“不自知厀之前于席也。语数日不厌。”因此得到孝公的重用。

秦孝公任用商鞅,是为了变法图强,但是要变法就必须扫除当时政治思想领域的障碍,就必须和那些反对变法的奴隶主顽固势力作斗争。于是在秦孝公主持下一场大辩论展开了:

卫鞅曰:“疑行无名,疑事无功。且夫有高人之行者,固见非于世;有独知之虑者,必见敖于民。愚者暗于成事,知者见于未萌。民不可与虑始而可与乐成。论至德者不和于俗,成大功者不谋于众。是以圣人苟可以强国,不法其故;苟可以利民,不循其礼。”孝公曰:“善。”甘龙曰:“不然。圣人不易民而教,知者不变法而治。因民而教,不劳而成功;缘法而治者,吏习而民安之。”卫鞅曰:“龙之所言,世俗之言也。常人安于故俗,学者溺于所闻。以此两者居官守法可也,非所以论于法之外也。三代不同礼而王,五伯不同法而霸。智者作法,愚者制焉;贤者更礼,不肖者拘焉。”杜挚曰:“利不百,不变法;功不十,不易器。法古无过,循礼无邪。”卫鞅曰:“治世不一道,便国不法古。故汤武不循古而王,夏殷不易礼而亡。反古者不可非,而循礼者不足多。”孝公曰:“善。”

这场大辩论反映了两种政治观和历史观的斗争。商鞅在政治上主张法治,认为历史是不断发展、前进的,不能复古倒退。他说:“苟可以强国,不法其故,苟可以利民,不循其礼。”他的着眼点在强国利民。他还说:“三代不同礼而王,五伯不同法而霸。”“治世不一道,便国不法古。”历史是在发展的,治国之术就不能一成不变。甘龙、杜挚则相反,他们主张礼治、法古,认为历史是复古倒退的。他们说:“圣人不易民而教,知者不变法而治。”又说:“利不百,不变法;功不十,不易器。法古无过,循礼无邪。”实际上是反对秦孝公变法,主张因循守旧,维护奴隶主贵族阶级的利益。商鞅从新兴地主阶级的利益出发,对历史的发展变化进行了分析,在理论上论证了社会变革的必要,辞锋犀利,条分理析,给顽固的奴隶主贵族势力以致命的回击,对法家的思想理论作出了重要贡献。

这是秦孝公变法之前的一次关键性的大辩论。通过这次辩论,涤荡了历史前进过程中的污泥浊水,奠定了变法的思想基础。商鞅胜利了,被任为左庶长,开始变法。

秦孝公三年(前359),商鞅开始第一次变法,这次变法的主要内容有以下几方面:

其一,编制户籍,实行什伍连坐:“令民为什伍,而相牧司连坐。不告奸者腰斩,告奸者与斩敌首同赏,匿奸者与降敌同罚。”而且客店不能随便留住客人,若让没有持官府凭证的旅客住宿,店主人也要连坐,与奸人同罪。这对打击奴隶主贵族的反抗,维护地主阶级的利益是有积极意义的。

其二,奖励军功,废除世卿世禄制度:“有军功者,各以率受上爵;为私斗者,各以轻重被刑大小。”官爵的升迁,与军功大小相称,私人斗殴,按情节轻重论处。而且“宗室非有军功论,不得为属籍”。把没有为国家建立军功的贵族,从宗室的族谱册上除名,不许他们无功受禄。这就大大削弱了旧贵族宗室的政治势力。

其三,重农抑商,发展生产:“僇力本业,耕织致粟帛多者,复其身;事末利及怠而贫者,举以为收孥。”凡是努力种田、纺织,生产粮食、布匹比较多的人,可以免除原来的奴隶身份;凡是弃农经商或游手好闲的人,就连同妻子儿女都没入官府为奴婢。而且改变了“父子无别,同室而居”的落后习俗,规定“民有二男以上不分异者,倍其赋”。这对确立和发展以一家一户为单位的个体经济,提高劳动生产率是有促进作用的。

商鞅的初步变法,是地主阶级的政治革命,沉重地打击了奴隶主贵族的权势,开始瓦解着奴隶制。新法刚实行一年,一些奴隶主贵族便纷纷议论新法之不当,仅京都一处,“言初令之不便者以千数。”以太子的师傅公子虔、公孙贾为代表的反动势力,唆使年幼的太子驷犯法,给商鞅推行新法制造难题。怎么办呢?商鞅是主张刑罚不分等级的,卿、大夫、士犯法都要与庶民同罪。他认为“法之不行,自上犯之”。要推行新法,就必须从太子开始,太子不能行刑,就拿他师傅代替,因此刑公子虔、公孙贾。这件事震动很大,使贵族顽固势力不敢再轻举妄动了。新法很快推行开来。商鞅第一次变法成功,秦孝公十年(前352)由左庶长升任大良造。

秦孝公十二年(前350),商鞅又开始了第二次变法,这是第一次变法的继续,在政治、经济方面的改革,比第一次更深入了。这次变法的主要内容为:

其一,设置郡县,形成地主阶级中央集权的政治制度:“集小乡邑(小城市)聚(村落)为县,置令、丞,凡三十一县。”即把秦国各行政区合并成31个县,每县设置县令、县丞等官吏,并由国家统一任免。这就把政权集中到国君手中,废除了分封制的分裂割据局面。

其二,开辟阡陌封疆,建立地主阶级的土地制度:“为田开阡陌封疆,而赋税平。”即废除旧的疆界,承认土地私有权,国家按田亩征收赋税。这就破坏了奴隶主阶级的井田制,有利于封建的个体经济的发展。而且“平斗桶权衡丈尺”,统一秦国的度量衡。这促进了经济交流,统一了赋税和俸禄的标准。

其三,营建冀阙、宫室,迁都咸阳:“作为筑冀阙宫庭于咸阳,秦自雍徙都之。”咸阳在渭水平原,是秦国的中心,农业发达,交通便利,迁都于此,可以加强对秦国各地的控制,有利于物资沟通,也为以后的东征做准备。

商鞅第二次变法,是对第一次变法的完善和提高,也取得了显著成功。

商鞅变法给秦国的政治、经济、军事带来了大发展,使秦国空前强大起来。司马迁满腔热情地赞扬变法的效果说:

> 行之十年,秦民大悦,道不拾遗,山无盗贼,家给人足。民勇于公战,怯于私斗,乡邑大治。

又说:

> 居五年,秦人富强,天子致胙于孝公,诸侯毕贺。

这生动说明秦国由弱变强,由落后变成先进的景象。

秦强大之后,便开始向东用兵。秦孝公十年(前352),商鞅以大良造的身份,亲自率领秦军,渡过黄河,围攻魏国的旧都安邑,迫使安邑投降。秦孝公二十二年(前340),商鞅分析了秦、魏两国的形势,认为魏是秦的心腹之患,它占据着中条山以东的优势地形,有利时可以西侵秦国,不利时可以向东发展。现在魏新败于齐,众叛亲离,应当趁机攻魏,占据中条山的险要地势,东向以控制诸侯。商鞅得到秦孝公的支持,就率兵东攻魏国,终于战败魏军,俘虏魏将公子卬。魏被迫把所占领的河西之地归还秦国,与秦讲和。因此，商鞅被封以商、於等十五邑。

商鞅所主张的东征魏国，“秦据河山之固，东向以制诸侯，此帝王之业也。”作为新兴势力代表的秦国和山东六国旧势力的斗争，在客观上是符合历史走向统一的趋势，符合社会经济发展的要求的。

商鞅做了十年秦国的宰相（即大良造），坚决果敢地推行新法，不断地遭到宗室贵戚的反对。秦孝公死前不久，一个宗室贵族的代言人赵良来见商鞅，以孔子、尧、舜的“遗训”指责商鞅的作为违反了“尧舜之道”。商鞅提出自己治秦的政绩说：“始秦戎翟之教，父子无别，同室而居。今我更制其教，而为其男女之别，大筑冀阙，营如鲁卫矣。”赵良却指责他的一切措施“非所以为功也”，“非所以为教也”，“非所以为寿也”，“非所以得人也”，“是积怨蓄祸也”，全面攻击了商鞅的变法活动，并企图从个人安危、利害的角度，动摇商鞅变法的决心。商鞅表现了坚强的意志“弗从”！

秦孝公死后，太子驷即位，即秦惠王，一些宗室贵族反动势力便乘机纠结在一起反对商鞅。公子虔的门徒诬告商鞅谋反，秦惠王就派人去逮捕。商鞅逃到秦国边境的一个关口，客舍主人不知他是商鞅，便说：“商君之法，舍人无验者坐之”，不准他住宿。他又逃往魏国，魏人怨恨他欺骗魏将公子卬而破魏兵，不准他到魏国。他最后回到商、於之地，发动兵变，准备反抗，但被秦兵所俘，秦惠王用最残酷的刑法——车裂——把他杀害了。

司马迁写商鞅的一生都在致力于地主阶级的变法活动，并为推翻奴隶制，建立封建制献出了自己的生命。但他在《商君列传》的评语中却尖锐地批评了商鞅，他说：“商君，其天资刻薄人也。……且所因由嬖臣，及得用，刑公子虔，欺魏将卬，不师赵良之言，亦足发明商君之少恩矣。……卒受恶名于秦，有以也夫！”甚至写商鞅走投无路、客舍主人也不准他住宿时,他喟然叹曰:"嗟乎,为法之敝一至此哉!"好像又在写他作法自毙。这与《商君列传》中客观具体的描写是完全相反的。这怎样解释呢?我们认为,司马迁在政治思想上是反对法治的,他在很多篇章中对法家人物都有不少批评。但是,作为一个伟大的历史家,司马迁不以个人的好恶来写历史,而是根据历史的本来面貌来写历史;作为一个伟大的文学家,司马迁不是根据主观思想进行写作,而是突破主观思想的限制全面真实地反映了社会生活。这正是司马迁卓异之处。他对商鞅一生行迹的记述,提供了变法的详实内容,概括了变法过程中与宗室贵族的斗争,反映了战国时期巨大变革的历史情景。

第三节　信陵君和平原君

魏信陵君、赵平原君、齐孟尝君、楚春申君,是战国时期著名的四公子。战国时期养士之风很盛,王侯将相为了巩固自己的统治争相养士,士也愿意为他们效忠出力。司马迁为他们都立了传,记述他们养士和士为他们所用的情况。其中信陵君和平原君是两种典型,信陵君是真正"仁而下士",平原君则"徒豪举耳,不求士也"。司马迁有意识地描写了这两个不同思想作风的人物,把他们作了对比,并表示了对他们不同的爱憎态度。

信陵君名无忌,是魏昭王少子,魏安厘王的异母弟。他在四公子中最为礼贤下士,司马迁在《自序》中说:"能以富贵下贫贱,贤能诎于不肖,唯信陵君为能行之。作《魏公子列传》。"又在《魏公子列传》开篇说他"士无贤不肖,皆谦而礼交之,不敢以其富贵骄士。"这是对他一生行动的总概括,也是司马迁着眼描写的重要方面。司马迁对信陵君的礼贤下士,主要是通过写两件事来表现的。

一是自迎夷门监者侯嬴和前去数请朱亥，二是在赵国谦恭地对待“藏于博徒”的毛公和“藏于卖浆家”的薛公。侯嬴是大梁城东门的守门人，年老家贫，地位卑下，信陵君身为贵公子，听说他是隐者，便屈尊“往请，欲厚遗之”。侯嬴不受，他不但不以为嫌，反而更以优礼相待。他置酒会宾客，亲自迎侯嬴，在宴会上盛赞侯嬴的贤德。司马迁这样写道：

> 公子于是乃置酒大会宾客。坐定，公子从车骑，虚左，自迎夷门侯生。侯生摄敝衣冠，直上载公子上坐，不让，欲以观公子。公子执辔愈恭。侯生又谓公子曰：“臣有客在市屠中，愿枉车骑过之。”公子引车入市，侯生下见其客朱亥，俾倪故久立，与其客语，微察公子。公子颜色愈和。当是时，魏将相宗室宾客满堂，待公子举酒。市人皆观公子执辔。从骑皆窃骂侯生。侯生视公子色终不变，乃谢客就车。至家，公子引侯生坐上坐，遍赞宾客，宾客皆惊。酒酣，公子起，为寿侯生前。……于是罢酒，侯生遂为上客。

他“虚位”以待侯嬴，态度十分恭谦，侯嬴虽然“直上载公子上坐，不让”，神色傲慢，他却“执辔愈恭”。侯嬴故意要去屠中会客，他并不认为是刁难，立刻依从，而“颜色愈和”。家中满堂宾客都等他举酒，市人都好奇地看他执辔，从骑不耐烦都“窃骂侯生”，他“色终不变”。到家，“引侯生坐上坐，遍赞宾客。”把侯嬴置于诸将相宗室宾客之上。这种“能以富贵下贫贱”的态度，被司马迁写得栩栩如生，维妙维肖。当侯嬴向他介绍贤者朱亥之后，他又即“往，数请之”。朱亥“故不复谢”，他也毫不在意。

“窃符救赵”之后，信陵君留在赵国，听说这里有贤者博徒毛公和卖浆者薛公，便急于求见，二人匿而不见，他则打听他们的所在,“乃闲步往。从此两人游,甚欢。”信陵君求贤若渴,虽“从之游,尚恐其不我欲也”。

司马迁通过这两件事,描写信陵君以贵公子之尊,看人却不从地位尊卑着眼,而是从才能着眼,只要有才能,即屈尊相就,至于再三。这种礼贤下士的态度,在当时是有积极意义的。

信陵君礼贤下士的目的,是希望这些士能为我所用,即使他们能为巩固魏国的政权、保卫魏国疆土而出力。司马迁在传记开篇中写道:“秦兵围大梁,破魏华阳下军,走芒卯。魏王及公子患之。”因此,他礼贤下士,正是为了解除国家的忧患。“诸侯以公子贤,多客,不敢加兵谋魏十余年。”这当然与史实不合。据郭嵩焘《史记札记》卷五说:“盖自魏安厘王立,无岁不有秦兵。是时秦益强,六国日益削弱,而赵将楼昌攻魏几,廉颇攻魏房子,又攻安阳,所谓‘诸侯不敢加兵谋魏十余年’,是史公极意描写之笔,无事实也。”但为了说明信陵君养士对解除国家忧患的重要作用,甚至可以忽略当时的某些历史真实。可见司马迁对信陵君养士的意义推崇到何种程度!信陵君在魏国时,使诸侯不敢侵犯,后来又救赵,再安魏,也都得到宾客的帮助。司马迁并未写信陵君两次破秦时具体的战斗场面,而主要写宾客如何为他谋划、出力,和他如何接纳宾客的意见而采取行动的。“窃符救赵”是全篇的中心。当秦昭王已破赵长平军,又进兵围邯郸,赵国危在旦夕时,魏王畏秦,不敢救。信陵君则“欲以客往赴秦军,与赵俱死。”侯嬴则批评说:“无他端而欲赴秦军,譬若以肉投馁虎,何功之有哉!”但是,魏王不肯出兵,信陵君又没有兵权,怎么办呢?侯嬴为他出奇计,即请魏王的宠妾如姬窃虎符以夺晋鄙之军。他“从其计,请如姬。如姬果盗晋鄙兵符与公子”。临行时,侯嬴又向他献一计:

> 将在外,主令有所不受,以便国家。公子即合符,而晋鄙

不授公子兵而复请之，事必危矣。臣客屠者朱亥可与俱，此人力士。晋鄙听，大善；不听，可使击之。

遂把朱亥推荐给他。朱亥表示："今公子有急，此乃臣效命之秋也。"他又过谢侯嬴，侯嬴以死相送。侯嬴为什么以死送别呢？王维《夷门歌》说："非但慷慨献良谋，意气兼将身命酬。向风刎头送公子，七十老翁何所求？"他之以死相送，是为了坚定信陵君夺晋鄙军的决心，使他届时不要手软。晋鄙是"嚄唶宿将"，又无辜，而信陵君则一贯仁爱。侯嬴开始提出这一计策时，他就掉了泪说："往恐不听，必当杀之，是以泣耳。"这是侯嬴最担心的，所以他告诉信陵君说："请数公子行日，以至晋鄙军之日，北向自刭，以送公子。"侯生的死，与《刺客列传》中田光为送别荆轲而死，意义相同，都是为了激励、坚定出征者的信念和决心。这些全是写侯嬴如何为他出谋划策，以达到解除邯郸之围，挽救赵国的目的。最后写矫魏王令，将晋鄙军，与秦军作战的情况：

至邺，矫魏王令代晋鄙。……朱亥袖四十斤铁椎，椎杀晋鄙，公子遂将晋鄙军。勒兵下令军中曰："父子俱在军中，父归；兄弟俱在军中，兄归；独子无兄弟，归养。"得选兵八万人，进兵击秦军。秦军解去，遂救邯郸，存赵。

其中选兵一节，显示出信陵君的军事才能，关乎破秦的胜利，但司马迁主要是写他依靠侯嬴的智谋、朱亥的勇力，成就了历史上这一著名的功业。

返魏破秦，是信陵君另一项功绩。他在赵国时，秦"日夜出兵东伐魏"，魏王派人请他回国，他怕魏王忌恨，告诫门下说："有敢为魏王使通者，死。"毛公、薛公劝他说：

今秦攻魏，魏急而公子不恤，使秦破大梁而夷先王之宗庙,公子当何面目立天下乎?

两人刚一进言,“语未及卒,公子立变色,告车趣驾归救魏”。他所以转变这样快,是由于魏国的危亡牵动了他的心思。回魏之后,魏王授以上将军印,他派人遍告诸侯,得到诸侯的援助:

诸侯闻公子将,各遣将将兵救魏。公子率五国之兵破秦军于河外,走蒙骜。遂乘胜逐秦军至函谷关,抑秦兵,秦兵不敢出。

司马迁这里所写,信陵君之能破秦安魏,也是由于依靠“士”,由于听取了毛公、薛公的意见的结果。

在司马迁笔下,信陵君的两大功绩:窃符救赵、破秦安魏,都是和“士”的帮助分不开的。“士”是依附于统治阶级并为统治阶级服务的,但他们能做些有利于国家人民的事,就是难能可贵的了,所以侯嬴、朱亥、毛公、薛公等的行为值得肯定。贵族是统治阶级中的上层,他们中的人物还能顾及国家的利益,不惜屈尊就士,选择人才,便是相当开明的了,所以信陵君的言行值得赞扬。司马迁对信陵君礼贤下士,士又乐为其用,是充满了向往之情的。这不仅流露在具体的描述中,而且直接表现在赞语里。他说:“吾过大梁之墟,求问其所谓夷门。夷门者,城之东门也。”他亲自访问信陵君自迎侯嬴的地方,对信陵君的行为极其仰慕。接着说:“天下诸公子亦有喜士者矣,然信陵君之接岩穴隐者,不耻下交,有以也。名冠诸侯,不虚耳。”他赞叹信陵君超出天下一般喜欢养士的人,能掌握待士的道理。他的声名能盖在当时诸侯之上,确有实在的原因,并非虚传。司马迁对信陵君这种同情和赞赏,在今天看来仍然是有积极意义的。

信陵君主张抗秦,在《魏世家》里已记载得很清楚。当魏王

“欲亲秦而伐韩”时，他为魏王分析形势，陈说利害，劝阻魏王，表现了他的卓识和远见。本篇传记记述他坚决破秦的目的，和《魏世家》的记载大体一致。

司马迁在写信陵君礼贤下士，士乐为之用的过程中，还隐寓信陵君一身系魏国安危存亡之意，与《廉颇蔺相如列传》中写廉、蔺二人系赵国之存亡的用意相同。这自然夸大了个人在历史上的作用，是一种唯心史观的表现。但同时，他在《魏世家》赞语中还说：“说者皆曰魏以不用信陵君故，国削弱至于亡，余以为不然。天方令秦平海内，其业未成，魏虽得阿衡之佐，曷益乎？”又认为秦灭六国是大势所趋，信陵君个人是不能逆转的，这与他在论述历史现象时经常强调“自然之势”、“物之理也”的思想是一致的。他写项羽失败后感叹：“此天亡我也，非战之罪。”（《项羽本纪》）写魏其侯的失败是“不知时变”（《魏其武安侯列传》），认为他们的行动违背了历史发展的趋势，因此，必然要失败，这又是一种唯物史观。司马迁对信陵君的不同评价，即反映了他的唯心与唯物两种历史观的矛盾。

平原君姓赵名胜，是赵惠文王之弟，曾几度做赵相。司马迁是把他作为与信陵君对立的人物来写的，与对信陵君寄以同情、赞扬不同，完全采取贬斥、批判的态度。传记的开头即说：“诸子中，胜最贤。喜宾客，宾客盖至者数千人。”这几句话是全篇的中心，平原君最贤的表现，即喜宾客。那末是否真正如此呢？实际上这几句话是暗寓讥讽的，司马迁笔下的平原君，与信陵君礼贤下士相反，而是“爱色而贱士”。一个重要事例，即他家的楼临民家，民家有躄者，跛行出外取水。平原君的美人在楼上见了大笑。第二天，躄者来见平原君，要求得到美人的头。“平原君笑应曰：‘诺’。躄者去，平原君笑曰：‘观此竖子，乃欲以一笑之故，杀吾美人，不亦甚乎!'"当面一笑,背面一笑,一明一暗,即表露出平原君爱色贱士的心理。他何尝真正爱士!

平原君并不能尊贤爱士,选择人才,他之养士是为了树立党羽,以壮大自己的声势。毛遂在他家三年,他都不识得。当毛遂自荐去楚国定合纵之盟时,他还认为毛遂"无所有也",没有值得称赞的地方,不同意毛遂去。后来勉强让毛遂同去,结果在促使楚王合纵方面起了决定作用。定纵归来之后,他反复说:"胜不敢复相士",口气上是自责,实质上司马迁在讥讽他不过是"因人成事者也"。

和信陵君"以富贵下贫贱"相反,平原君只接纳有声名的人。《范雎蔡泽列传》记述他家躲藏着魏相魏齐。魏齐因为得罪了秦相范雎,躲在他家。秦王把他骗到秦国去,要他交出魏齐,才准许他回国。他说:"夫魏齐者,胜之友也,在,固不出也,今又不在臣所。"他能以身家性命收留魏齐,但对本国的贤者毛公、薛公却极端鄙视。《魏公子列传》记载,信陵君在赵时,与毛公、薛公交游,他大不以为然,对妻子说:"始吾闻夫人弟公子天下无双,今吾闻之,乃妄从博徒卖浆者游,公子妄人耳。"信陵君听到后说:

> 始吾闻平原君贤,故负魏王而救赵,以称平原君。平原君之游,徒豪举耳,不求士也。

结果"平原君门下闻之,半去平原君归公子,天下士复往归公子,公子倾平原君客"。

司马迁把这两个人物对待士的态度作了鲜明的对比,信陵君是真正礼贤士,平原君不过是以养士壮大自己的声势而已。

传记描写的中心,是如何解除秦对邯郸之围。至于秦为何围困赵都邯郸,传记中并未写,而《赵世家》里却写得很清楚:秦昭襄王四十五年(公元前 262 年),秦攻占了韩的野王,切断了上党与韩都新郑的联系。韩想割上党给秦以求和,而上党守冯亭假说上党人民愿归赵。平阳君豹谏赵王不要接受,认为韩“欲嫁其祸于赵”。而平原君却认为应当接受,理由是“发百万之军而攻,逾岁未得一城,今坐受城市邑十七,此大利,不可失也”。赵王就派他去受地。两年后,秦发兵攻上党,上党人民逃亡到赵,秦因而攻赵。秦将白起破赵军于长平,坑杀赵降卒四十余万。秦昭襄王五十年(前 257),秦遂进兵围赵都邯郸,赵危在旦夕。可见邯郸被围,推原祸始,平原君应当负其咎。司马迁在《平原君列传》赞语中说:“鄙语曰‘利令智昏’,平原君贪冯亭邪说,使赵陷长平兵四十余万众,邯郸几亡。”即对他的严厉批评!

解除邯郸之围是一大段文字,司马迁固然写了平原君的功劳,但也写出他不同于信陵君从国家利益出发来破秦安魏,他是从个人得失考虑的。当邯郸被围危急,即将投降的时候,李同问他:“君不忧赵亡邪?”他回答:“赵亡则胜为虏,何为不忧乎?”他采取了李同的意见,把婢妾编入行伍,散家财以飨士卒,得敢死之士 3000 人,也是为了“使秦破赵,君安得有此?使赵得全,君何患无有”?他都是立足于个人的安危得失,才为解除邯郸之围出力。他压榨人民,又不肯缴纳租税,据《廉颇蔺相如列传》记载,赵奢“收租税而平原君家不肯出租”。他养士,讲究生活上的豪华,据《春申君列传》记载,他派使者到楚国见春申君,使者以豪富夸楚:“为玳瑁簪,刀剑室以珠玉饰之。”他追求穷奢极欲的生活,而不顾国家的危亡、人民的死活。当邯郸被围时,李同揭露道:

> 邯郸之民,炊骨易子而食,可谓急矣,而君之后宫以百数,婢妾被绮縠,余粱肉,而民褐衣不完,糟糠不厌。民困兵尽,或剡木为矛矢,而君器物钟磬自若。

李同的话说明在国难当头之时，阶级矛盾的尖锐、剧烈，而这是由于平原君一类贵族压榨、剥削造成的，平原君是国家、人民的罪人。

和信陵君之依靠自己的政治、军事才能破秦安魏，功成不居不同，平原君没有任何才能，却要无功受禄。虞卿想以信陵君救赵为平原君请求加封食邑，他认可了。公孙龙劝阻说：

> 且王举君而相赵者，非以君之智能为赵国无有也。割东武城而封君者，非以君为有功也，而以国人无勋，乃以君为亲戚故也。君受相印不辞无能，割地不言无功者，亦自以为亲戚故也。今信陵君存邯郸而请封，是亲戚受城而国人计功也。

这就揭露了他几度为相，并非因为有什么才能，完全因为他是赵王的亲属。平时因亲属关系，无功受封，邯郸解围后，又要照国人一般地论功。他心目中除了贪功增封之外，没有别的。司马迁在赞语中说："平原君，翩翩浊世之佳公子也。然未睹大体。"这个纨绔子弟未见大道，只见自己的私利。可鄙可贱到极点了。

司马迁描写了这两个完全不同的人物。他们思想不同，作风不同，两相对照，泾渭分明。在描写过程中，司马迁从一定的历史环境中进行考察，经过剪裁，把典型的事例写出来，并表现了自己的感情倾向，自己的爱憎，自己的政治观点和看法等。把信陵君写成在历史上有贡献的人物，而平原君则是历史的罪人。

第四节　廉颇和蔺相如

廉颇和蔺相如是战国末年赵国的一将一相，是关乎赵国存亡的两个人物。司马迁把这两个人物合传，理由是"能信意强秦，而屈体廉子,用徇其君,俱重于诸侯。作《廉颇蔺相如列传》”。(《自序》)实际上这篇传记,不只是写了这两个人物,还写了赵奢及其子赵括和李牧的一些事迹。是廉、蔺、赵、李的合传。通过对这几个人物的描写,把赵国之所以兴亡,交待得十分清楚。

形势处在战国末年,秦并六国的历史时刻。秦从军事上、政治上向山东六国发动进攻,而山东六国则相应地从军事上、政治上进行抵御和反抗。廉颇、蔺相如是赵国在这两方面的代表,廉颇重在军事方面,蔺相如重在政治方面。司马迁即描写了廉颇在军事方面的威重和蔺相如在政治方面的才能。

在这篇传记中,司马迁描写最集中、着笔最多的是蔺相如。蔺相如出身很微贱,“为赵宦者令缪贤舍人。”由于缪贤的推荐得以持和氏璧出使秦国,并不辱使命,而拜为上大夫,后又晋升为上卿。他在政治方面的主要才能,表现在能对情况和形势进行冷静、深入的分析,作出正确的判断,并采取坚定果敢的行动,以卫护赵国的尊严和利益。司马迁写这个人物的出现,正是在秦王要用十五城易赵王和氏璧,赵国君臣犹豫不决的时候:“欲予秦,秦城恐不可得,徒见欺;欲勿予,即患秦兵之来。计未定,求人可使报秦者,未得。”在这一关键时刻,缪贤举荐他,认为他是个“勇士,有智谋”。根据是缪贤尝有罪,要逃亡燕国,因为他跟从赵惠文王会见燕王时,燕王曾私下握着他的手说:“愿结友。”蔺相如劝阻他说:“夫赵强而燕弱,而君幸于赵王,故燕王欲结于君。今君乃亡赵走燕,燕畏赵,其势必不敢留君,而束君归赵矣。”这种看法,与缪贤大不相同,不是从私人感情考虑问题,而是从政治斗争考虑问题。这不但超过缪贤的看法,而且远远超出一般世俗的见解。在应否给秦和氏璧的问题上,他也从政治上加以分析。他认为“秦强而赵弱,不可不许”。“秦以城求璧而赵不许,曲在赵。赵予璧而秦不予赵城,曲在秦。均之二策,宁许以负秦曲。”他首先让赵国占住理,以揭露秦国之无理。“负秦曲”,揭露秦之曲也。这就使赵国在对敌斗争中处于有利的地位。但是把璧送给秦,秦不给城,怎么办?他说:“臣请完璧归赵。”至于他怎样考虑完成这一重要使命,则在他与秦王的具体斗争中表现出来。那就是根据情况的变化,采取不同的手段,随机应变,勇谋兼施。他的每一个行动,都是经过周密的观察、思索的结果,俨然是一个政治家的头脑和气派。司马迁是这样写的:

> 秦王坐章台见相如,相如奉璧奏秦王。秦王大喜,传以示美人及左右,左右皆呼万岁。相如视秦王无意偿赵城,乃前曰:“璧有瑕,请指示王。”王授璧,相如因持璧却立,倚柱,怒发上冲冠,谓秦王曰:“大王欲得璧,使人发书至赵王,赵王悉召群臣议,皆曰‘秦贪,负其强,以空言求璧,偿城恐不可得’。议不欲予秦璧。臣以为布衣之交尚不相欺,况大国乎!且以一璧之故逆强秦之欢,不可。于是赵王乃斋戒五日,使臣奉璧,拜送书于庭。何者?严大国之威以修敬也。今臣至,大王见臣列观,礼节甚倨;得璧,传之美人,以戏弄臣。臣观大王无意偿赵王城邑,故臣复取璧。大王必欲急臣,臣头今与璧俱碎于柱矣!”相如持其璧睨柱,欲以击柱。秦恐其破璧,乃辞谢固请,召有司案图,指从此以往十五都予赵。相如度秦王特以诈佯为予赵城,实不可得,乃谓秦王曰:“和氏璧,天下所共传宝也,赵王恐,不敢不献。赵王送璧时,斋戒五日,今大王亦宜斋戒五日,设九宾于廷,臣乃敢上璧。”秦王度之,终不可强夺,遂许斋五日,舍相如广成传。相如度秦王虽斋,决负约不偿城,乃使其从者衣褐,怀其璧,从径道亡,归璧于赵。

蔺相如“视秦王无意偿赵城”,“度秦王特以诈佯为予赵城,实不可得。”“度秦王虽斋,决负约不偿城。”便采取相应的措施,从秦王手中把和氏璧骗回来,迫使秦王斋戒以大礼相迎,最后派使者归璧于赵。面对秦王的戏弄、凌逼,他“怒发上冲冠”,自誓“头今与璧俱碎于柱矣”!在对敌的斗争中,有勇有谋,有礼有节。他认识到“归璧于赵”的严重性,因此“请就汤镬”。秦王左右的人要拉蔺相如去就烹,秦王则说:“今杀相如,终不能得璧也,而绝秦赵之欢,不如因而厚遇之,使归赵。……”对这一结果,他也是预料到的。秦王要的是和氏璧,璧既归赵,杀了蔺相如,又有什么用呢?蔺相如凭着冷静的头脑,分析的态度,勇敢的精神,胜利完成了出使秦国的使命。

随着形势的发展,秦对赵在军事上一天天进逼。“其后秦伐赵,拔石城。明年,复攻赵,杀二万人。”在强大的军事攻势下,秦王约赵王会于秦之渑池。赵王畏秦,不敢去。蔺相如和廉颇考虑:“王不行,示赵弱且怯也。”这是有损国体的事,所以坚决赴会。在渑池会上,蔺相如对秦王进行了针锋相对的斗争:

> 秦王饮酒酣,曰:“寡人窃闻赵王好音,请奏瑟。”赵王鼓瑟。秦御史前书曰“某年月日,秦王与赵王会饮,令赵王鼓瑟”。蔺相如前曰:“赵王窃闻秦王善为秦声,请奏盆缻秦王,以相娱乐。”秦王怒,不许。于是相如前进缻,因跪请秦王。秦不肯击缻。相如曰:“五步之内,相如请得以颈血溅大王矣!”左右欲刃相如,相如张目叱之,左右皆靡。于是秦王不怿,为一击缻。相如顾召赵御史书曰“某年月日,秦王为赵王击缻”。秦之群臣曰:“请以赵十五城为秦王寿。”蔺相如亦曰:“请以秦之咸阳为赵王寿。”秦王竟酒,终不能加胜于赵。赵亦盛设兵以待秦,秦不敢动。

蔺相如在对敌斗争中,始终贯彻着一种重要精神,即为了维护赵国的尊严和荣誉,不惜牺牲自己的生命。司马迁指出:“知死必勇,非死者难也,处死者难。”一个人安心受死并不是难事,而如何处理死才是真难呢!蔺相如认识到应该怎样正确地对待死,他认为为国而死才是有价值的。

蔺相如对敌人针锋相对、寸步不让,对同僚却退避三舍,谦卑自下。渑池会之后,他拜为上卿。廉颇不甘心在他位下,要当面给他难堪。蔺相如称病不与廉颇争列,有时竟至望见廉颇便“引车避匿”。怯懦得连他的舍人也难于忍受了,“请辞去”。他解释说:

> 顾吾念之,强秦之所以不敢加兵于赵者,徒以吾两人在也。今两虎共斗,其势不俱生。吾所以为此者,以先国家之急而后私仇也。

廉颇听了,肉袒负荆请罪。蔺相如为了国家而不怕牺牲的精神折服了强暴的秦王,也感动了负气争功的廉颇。司马迁在这里把蔺相如的思想情操提到新的高度,揭示了他一切行动的根据在“先国家之急”,并最后完成了这一英雄形象的创造。

廉颇是这篇传记中贯彻始终的人物,是全篇传记的纲,对他的任免关系到赵国的存亡。司马迁对他的描写并不集中,而是在描写其他人物时,通过与其他人物的关系,写出了他的将才、功绩和他在赵国的重要性。传记的开头,对他在赵国的地位作了概括的叙述:“廉颇者,赵之良将也。赵惠文王十六年,廉颇为赵将伐齐,大破之,取阳晋,拜为上卿,以勇气闻于诸侯。”这里不但道出了他的战功,也点明了他的声望。“以勇气闻于诸侯”一句,可以贯穿他一生的活动。即因为有他这一员勇将存在,敌人才不敢侵犯赵国。司马迁在明写蔺相如对秦斗争取得胜利的同时,却在暗写廉颇在这些斗争中所起的作用。如赵王正在犹豫是否以和氏璧易秦城时,“与大将军廉颇诸大臣谋”,特别提到廉颇,说明对廉颇的倚重。当“秦王设九宾礼于廷”,准备受璧时,蔺相如却归璧于赵,秦王不杀蔺相如,怕“绝秦赵之欢”。秦王对赵国何所顾忌?这里暗示,因有廉颇率领的重兵在。赵王赴渑池之会时,廉颇与王诀别:“王行,度道里会遇之礼毕,还,不过三十日。三十日不还,则请立太子为王,以绝秦望。”这不但表明他对赵国的忠诚,而且说明他是这场政治斗争的后盾。蔺相如在渑池之会上能挺身威逼秦王,迫使秦王不得不“为一击缻”,最后“秦终不能加胜于赵,赵亦盛设兵以待秦,秦不敢动”,则更明确地点明了廉颇在这场斗争中所起的重要作用。斗争胜利了,司马迁描写了廉颇负气争功的一些行为,这固然是他的弱点,但也表明了他之服善,即为了国家的存亡肯于服罪。对这个人物的思想品德又是一种提高。廉颇和蔺相如的合作保卫了赵国,政治和军事的配合抵御了强秦。这是司马迁在记叙中总结的历史经验。

廉颇用兵持重,绝不轻举妄动。赵孝成王六年(前260)长平(今山西省高平县西北)之战,本来是秦将白起攻取韩之野王,切断了上党与韩的联系,赵想趁机取得上党,因此发生了与秦的战争。这是一次出师无名,不易取胜的战争。对待这次战争,廉颇是“固壁不战。秦数挑战,廉颇不肯”。这在当时是明智的。秦用反间计,谓“秦之所恶,……赵括为将耳。”赵王因此以赵括代廉颇。赵括轻易进兵,陷入秦兵的包围之中,粮道断绝,“四十余日,军饿”。“数十万之众遂降秦,秦悉阬之。”结果全军覆没。如果赵王不听反间计,仍用廉颇为将,则可能不发生这次惨败。这说明廉颇在战争胜败中的重要性。赵孝成王十五年(前251),燕国用国相栗腹的计策进攻赵国,赵王复用廉颇为将,“大破燕军于鄗,杀栗腹,遂围燕。燕割五城请和,乃听之。”使赵国从溃败中再振作起来。赵孝成王卒,其子悼襄王立,又以乐乘代廉颇,廉颇逃到魏国的首都,魏国不信用他。后来,当赵国数败于秦兵时,赵王想再起用廉颇,派人去看望廉颇是否可用。廉颇的仇人郭开贿赂使者,令毁之。使者还报说:“廉将军虽老,尚善饭,然与臣坐,顷之三遗矢矣。”因此赵王不再用廉颇。楚国暗中迎廉颇到楚,廉颇为楚将仍不得志,感叹道:“我思用赵人。”他到老也不忘赵国。由于廉颇被排挤,赵在长平之役大败;廉颇再被起用,赵又振作起来;廉颇再被排挤,紧跟着赵名将李牧被斩,赵国就灭亡了。其间有敌人的反间计,仇人的诋毁,而蔺相如已经死了。这说明良将、贤相的任用,对国家兴亡的重要性。司马迁在《楚元王世家》中即说:“安危在出令,存亡在所任。”这篇传记所记述的正是他这种思想的具体化。司马迁通过对这两个人物的描写,反映了赵国兴亡的过程,表述了赵国所以兴亡的原因,考察了赵国盛衰的历史。

第五节 屈原和贾生

司马迁写《屈原贾生列传》,并不是严格的传记体,他并没有周密完备地记述他们一生的经历,而是在叙述中夹带着大段评论,在描写中包含着浓厚的抒情,因此,与其说这是历史传记,毋宁说是文学创作或文学评论。

司马迁笔下这两个人物有共同的特点,即他们都忠贞正直,有卓越的才能和政治见解,但都不为当时顽固、腐朽的贵族势力所容,遭受打击、陷害,以至于被贬谪、放逐,在悲伤痛苦之中进行创作,以抒发自己的愤慨和不满。因此,作者好像并不重在描写他们一生的行迹,而是重在描写他们如何进行创作,描写他们一生的行迹,是服务于描写他们的创作过程。

对屈原,首先叙述他的身份、仕履和与上官大夫矛盾的过程;其次叙述屈原作《离骚》的原因以及《离骚》的主要内容和价值;其次叙述楚怀王、楚顷襄王受秦欺骗的经过和屈原对此的不满和痛恨;其次又说到《离骚》的写作和大意;最后写他被放逐,披发行吟泽畔,作《怀沙》之文。其突出的内容,不是人们所说的忠君爱国,而是屈原与贵族重臣等顽固势力的斗争精神,和他在斗争中坚贞不屈的性格:

> (屈原)入则与王图议国事,以出号令;出则接遇宾客,应对诸侯。王甚任之。上官大夫与之同列,争宠而心害其能。怀王使屈原造为宪令,屈平属草稿(按:百衲本稿下有二字。二字疑是稿字重文,古重文多写作小二字,因而致误。原作屈原属草稿,稿未定。)未定。上官大夫见而欲夺之,屈平不与,因谗之曰:"王使屈平为令,众莫不知,每一令出,平伐其功,以为非我莫能为也。"王怒而疏屈平。

又如:

> 秦割汉中地与楚以和。楚王曰:"不愿得地,愿得张仪而甘心焉。"张仪闻,乃曰:"以一仪而当汉中地,臣请往如楚。"如楚,又因厚币用事者臣靳尚,而设诡辩于怀王之宠姬郑袖。怀王竟听郑袖,复释去张仪。是时屈平既疏,不复在位,使于齐,顾反,谏怀王曰:"何不杀张仪?"怀王悔,追张仪不及。

再如:

> 时秦昭王与楚婚,欲与怀王会。怀王欲行,屈平曰:"秦虎狼之国,不可信,不如毋行。"怀王稚子子兰劝王行:"奈何绝

秦欢!”怀王卒行。……竟死于秦而归葬。

这些描写都是屈原以方正公平与阿世邪曲者的斗争,以光明正义与谗谄小人的斗争。这种邪曲害公、方正不容的现象,正是楚国社会的本质,屈原的真正价值就在于和这种黑暗腐朽的社会不屈不挠斗争的精神。世人只能见其小,司马迁独能见其大。

但是,司马迁突出这部分内容,是为了强调他的发愤著书说,是为了表明屈原创作的动机和原因,全文的中心即写屈原创作《离骚》的过程和内容。司马迁首先阐明了屈原作《离骚》的原因:

屈平疾王听之不聪也,谗谄之蔽明也,邪曲之害公也,方正之不容也,故忧愁幽思而作《离骚》。

信而见疑,忠而被谤,能无怨乎?屈平之作《离骚》,盖自怨生也。

司马迁认为《离骚》是见疑被谤之怨恨所产生的,是血泪的结晶,苦痛的宣泄,是对造成他不幸遭遇的社会的控诉。司马迁并能从人们的心灵深处去理解文学创作,把文学看作是人们痛苦至极的呼号:

夫天者,人之始也;父母者,人之本也。人穷则反本,故劳苦倦极,未尝不呼天也;疾痛惨怛,未尝不呼父母也。

这种“人穷则反本”的观点,包含着多么深刻的创作体会!和他那“意有所郁结,不得通其道,故述往事,思来者”的心境是一致的。司马迁从《离骚》的创作谈到了《离骚》的内容:

上称帝喾,下道齐桓,中述汤武,以刺世事。明道德之广崇,治乱之条贯,靡不毕见。

言简而意赅,把《离骚》的中心思想准确地概括出来。“以刺世事”四字道出了《离骚》的战斗精神。司马迁还从《离骚》的内容谈到《离骚》的风格：

> 《国风》好色而不淫，《小雅》怨诽而不乱。若《离骚》者，可谓兼之矣。
>
> 其文约，其辞微，其志洁，其行廉，其称文小而其指极大，举类迩而见义远。其志洁，故其称物芳。其行廉，故死而不容自疏。濯淖污泥之中，蝉蜕于浊秽，以浮游尘埃之外，不获世之滋(按：滋，亦垢也)垢，皭然泥而不滓者也。推此志也，虽与日月争光可也。

这是古往今来对《离骚》最有名的评语，也是最有创见的评语，它高度概括出了《离骚》的风格特点及其卓越价值，概括出了《离骚》的风格特点根源于屈原的高尚人格。

司马迁关于屈原创作的论述，可以说深入到屈原的思想、灵魂了，和他对屈原与贵族重臣的斗争的叙述比，他是把屈原的道德、品格、情操升华了。作为一部文学创作，《离骚》呈现出屈原那种高尚而感人的精神力量！

司马迁论述《离骚》的创作不只是这些，还有下面一大段文字：

> 屈平既嫉之，虽放流，睠顾楚国，系心怀王，不忘欲反，冀幸君之一悟，俗之一改也。其存君兴国而欲反覆之，一篇之中三致志焉。然终无可奈何，故不可以反，卒以此见怀王之终不悟也。人君无愚智贤不肖，莫不欲求忠以自为，举贤以自佐，然亡国破家相随属，而圣君治国累世而不见者，其所谓忠者不忠，而所谓贤者不贤也。怀王以不知忠臣之分，故内惑于郑袖，外欺于张仪，疏屈平而信上官大夫、令尹子兰。兵挫地削，

亡其六郡，身客死于秦，为天下笑。此不知人之祸也。《易》曰：“井泄不食，为我心恻，可以汲。王明，并受其福。”王之不明，岂足福哉！

我认为这段文字不是一般史实的记述，而仍然谈的是《离骚》的创作。明显的如“冀幸君之一悟，俗之一改也。其存君兴国而欲反覆之，一篇之中三致志焉”，固然是谈《离骚》创作的讽谏目的，就是“卒以此见怀王之终不悟也”，也是谈经过讽谏之后，怀王仍不醒悟，和《离骚》中之“闺中既邃远兮，哲王又不寤；怀朕情而不发兮，余焉能忍与此终古”相同。“怀王之终不悟”即承“哲王又不寤”而言。自“人君无愚智贤不肖”以下，则是谴责怀王贤愚不分，疏忠良亲谗佞。这也是《离骚》的主要内容。所以，司马迁写屈原的一生，是以《离骚》的创作为中心的，叙述《离骚》的撰写经过及其内容、要旨等，其他都是表现这一中心的陪衬。

这段文字之后，司马迁进一步写屈原被排斥被打击：“令尹子兰闻之大怒，卒使上官大夫短屈原于顷襄王，顷襄王怒而迁之。”然后再转入屈原写《渔父》、《怀沙》之赋。整个屈原的传记是由他撰写的三篇文章构成的，第一篇（也是中心的篇章）即《离骚》，用这一篇巨制来概括屈原一生与贵族重臣斗争的行迹；其次是《渔父》，用这篇妙文来描写屈原被放逐后的生活；其三是《怀沙》，用这篇绝命词来表现屈原宁死不屈的精神，并结束屈原一生的行事。三篇文章连接在一起，便构成屈原传记的中心部分，构成屈原主要作品的创作过程。

司马迁是深切地了解屈原的，他在思想精神上和屈原有着共鸣，在叙述中予以热情的礼赞。至于宋玉、唐勒、景差之徒，虽然都“好辞而以赋见称”，但“终莫敢直谏”，他们缺少屈原那种“正道直行”的精神，这是司马迁所不重视的。由此，我们可以看出司马迁文学批评的卓越和分寸了。

司马迁在写完屈原的传记之后说:“自屈原沉汨罗后百有余年,汉有贾生,为长沙王太傅,过湘水,投书以吊屈原。”这不但深深慨叹于屈原身后的寂寞,而且认为只有贾谊在精神上能和屈原交流,只有贾谊能领会屈原的“忧愁幽思”并发愤著书的情感。

贾谊的政治遭遇,和屈原有很多相似之处。他年轻时即很有才华,“颇通诸子百家之书”,得到河南郡太守吴某的赏识,召置门下。后来吴某被提升为廷尉,有机会把他推荐给汉文帝,汉文帝征召他为博士,他在任职期间,针对汉代社会存在的许多问题,积极提出建议,这些建议在西汉前期的历史上是有进步意义的,但却遭到汉高祖时的旧臣保守派周勃、灌婴等人的嫉妒、排斥和打击:

> 是时贾生年二十余,最为少。每诏令议下,诸老先生不能言,贾生尽为之对,人人各如其意所欲出。诸生于是乃以为能,不及也。孝文帝说之,超迁,一岁中至太中大夫。贾生以为汉兴至孝文二十余年,天下和洽,而固当改正朔,易服色,法制度,定官名,兴礼乐,乃悉草具其事仪法,色尚黄,数用五,为官名,悉更秦之法。孝文帝初即位,谦让未遑也。诸律令所更定,及列侯悉就国,其说皆自贾生发之。于是天子议以为贾生任公卿之位。绛、灌、东阳侯、冯敬之属尽害之,乃短贾生曰:“雒阳之人,年少初学,专欲擅权,纷乱诸事。”于是天子后亦疏之,不用其议,乃以贾生为长沙王太傅。

贾谊和周勃、灌婴、冯敬等人的斗争,与屈原和上官大夫、令尹子兰的斗争何其相似!他终于失败了,被贬为长沙王太傅。司马迁特别描写了他作《吊屈原赋》时的心境:“贾生既辞往行,闻长沙卑湿,自以寿不得长,又以適(按:同谪)去,意不自得。及渡湘水,为赋以吊屈原。”屈原的不幸遭际，在他思想感情上产生了强烈的反响，因此写成这篇动人心弦的赋。这篇赋名义上是吊古，实际上是伤今。他是通过对屈原的哀悼，抒发自己的生不逢时，抒发自己的愤慨和不平：

恭承嘉惠兮，俟罪长沙。侧闻屈原兮，自沉汨罗。造托湘流兮，敬吊先生。遭世罔极兮，乃陨厥身。呜呼哀哉，逢时不祥！鸾凤伏窜兮，鸱枭翱翔。阘茸尊显兮，谗谀得志；贤圣逆曳兮，方正倒植。世谓伯夷贪兮，谓盗跖廉；莫邪为顿兮，铅刀为铦。

他和屈原同遭遇、共命运的感情淋漓酣畅地倾泻着！

贾谊做长沙王太傅三年，有一只鹏鸟飞到他的屋里。鹏鸟是一种不祥之鸟，长沙习俗以为鹏鸟主人之死，贾谊本来即以为自己被贬长沙，气候卑湿，年寿不会长，及见鹏鸟，便认为是不吉之兆，“乃为赋以自广”，这就是《鹏鸟赋》。他用老、庄的齐生死、等荣辱的思想来宽解自己，求得精神上的解脱。

和屈原传记的写法相同，司马迁把对贾谊一生行迹的叙述，作为贾谊的《吊屈原赋》、《鹏鸟赋》的创作过程，是贾谊创作的不可分割的部分，是为了表现他的一切优秀的文学作品“盖自怨生也”的文学观点。

司马迁之写屈原和贾生，始终为深挚而沉痛的同情所浸润着，他说：“余读《离骚》、《天问》、《招魂》、《哀郢》，悲其志。适长沙，观屈原所自沉渊，未尝不垂涕，想见其为人。及见贾生吊之，又怪屈原以彼其材，游诸侯，何国不容，而自令若是。读《鹏鸟赋》，同死生，轻去就，又爽然自失矣。”他为屈原赋《骚》见志而悲伤，为屈原终沉汨罗而垂涕，为屈原誓死不离开楚国而惊怪，又为贾谊的齐生死等荣辱而爽然自失。他的感情激烈地浮动着、沸腾着，他就是怀着这种浮动、沸腾的感情来为这两个人物写传记的。他笔下的屈原、贾生及其创作因此而不朽，他的批评文字也因之不朽！

第六节　李　斯

李斯是秦始皇的丞相。他曾协助秦始皇吞并六国，统一天下，建立我国历史上第一个统一的封建王朝，并为巩固这一王朝采取了许多重要措施，在历史上做出了重要贡献。同时，李斯还接受赵高的密谋，废嫡立庶，陷害了公子扶苏、名将蒙恬，并迎合胡亥的心愿，大行暴政，给社会、人民造成极大的灾难。司马迁既描写了他在历史上的积极作用，也批判了他的一些行为促成了秦朝的覆亡。司马迁具体、客观地评价了李斯的历史地位。

李斯是楚上蔡人，年轻时做郡中管文书的小吏，见吏舍厕所中的老鼠多吃秽物，又常受人、犬的惊扰，而谷仓中的老鼠都吃粮食，并住在廊庑之下，安然自得，因此感叹说："人之贤不肖譬如鼠矣，在所自处耳！"这句话道出了李斯的人生哲学，即如何"自处"。这种善于"自处"的人生哲学，在他从荀卿学成帝王之术以后，西入秦，要施展自己之所学，辞别荀卿时，讲得更清楚：

> 斯闻得时无怠，今万乘方争时，游者主事。今秦王欲吞天下，称帝而治，此布衣驰骛之时而游说者之秋也。处卑贱之位而计不为者，此禽鹿视肉，人面而能强行者耳。故诟莫大于卑贱，而悲莫甚于穷困。久处卑贱之位，困苦之地，非世而恶利，自托于无为，此非士之情也。故斯将西说秦王矣。

这段话的中心意思即"趋时诡合"，通过"趋时诡合"以改变自己卑贱、穷困的境遇。这是他一生行动的出发点。郭嵩焘即指出:“案李斯生平只此一幅本领。其辞荀卿游说,务在趋时诡合,而己所以相始皇及为赵高所怵迫,其源皆出于此。”(《史记札记》卷五)可谓一语破的。他就是怀着这种目的西说秦王的。

李斯西入秦,说秦王以帝王之术者,有以下几个方面:

其一,劝谏秦王政统一六国。他对秦王说:“胥人者,去其几也。成大功者,在因瑕衅而遂忍之。”即不能等待而失去时机,应当趁诸侯国有隙可乘之时,而忍心地进行活动。这是他的人生哲学的再一次表露。接着他分析了秦国的历史,说明秦穆公曾称霸诸侯,但终未统一天下,原因是诸侯众多,周王室还有相当的力量和影响。秦孝公以来,周室衰微,诸侯兼并,秦乘胜驾驭诸侯,诸侯被迫服从秦国,犹如郡县。并得出结论说:“夫以秦之强,大王之贤,由灶上骚除,足以灭诸侯,成帝业,为天下一统,此万世之一时也。”秦王应抓紧这一千载难逢的时机,坚决果断地完成一统天下的大业。秦王政接受了李斯的建议,任命李斯为长史,听从李斯的计策:“阴遣谋士赍持金玉以游说诸侯。诸侯名士可下以财者,厚遗结之;不肯者,利剑刺之。离其君臣之计,秦王乃使其良将随其后。”即以金钱、财物诱降各诸侯名士,离间其君臣关系,随后率大军发动进攻。结果,秦王政用了十年的时间消灭了六国,完成了“六王毕,四海一”的历史使命。秦之统一天下,自然是商鞅变法以来,社会生产发展的必然趋势,但李斯所提出的分化瓦解,各个击破的策略,也发生了重要作用。

其二,谏阻逐客。正当李斯任长史,辅助秦王政筹划统一大业时,韩国派一名水工郑国到秦国来,名义是帮助秦国开凿水渠,实际是要消耗秦国的人力和物力,使秦国无力攻韩。秦王政觉察韩国的意图后,要杀郑国,后来由于修筑的水渠对秦国的农业生产有利，才不杀郑国。这件事引起了秦国的宗室大臣的疑忌，认为六国客卿来秦国都是搞间谍活动的，建议一律驱逐。李斯是楚国人，自然在被逐之列。因此，他上《谏逐客书》，反对逐客。他回顾了秦自穆公、孝公以来，重用大批六国客卿，对秦的发展起了重要作用。秦国今天有“富利之实”、“强大之名”，乃是任用由余、百里奚、商鞅、张仪、范雎等客卿的结果。事实证明，客卿并没有负秦。李斯总结了秦国重用客卿、变法图强的历史经验，认为一味逐客，将会“弃黔首以资敌国，却宾客以业诸侯”。使天下的人才再不敢西向入秦，这就等于“藉寇兵而赍盗粮”，即把军队借给敌国，把粮食送给敌人，造成国家倾危的局面。最后得出结论说：

> 地广者粟多，国大者人众，兵强则士勇。是以太山不让土壤，故能成其大；河海不择细流，故能就其深；王者不却众庶，故能明其德。是以地无四方，民无异国，四时充美，鬼神降福，此五帝、三王之所以无敌也。

这是李斯政治主张的核心。他认为富国强兵是完成统一事业的物质基础，要富国强兵就必须不分地域，不分国别，广泛招集人才，这才是“跨海内制诸侯之术也”。秦王政“卒用其计谋”，二十余年，竟并天下。李斯做了丞相，“使秦无尺土之封，不立子弟为王，功臣为诸侯者，使后无战攻之患。”加强了中央集权的统治。

其三，反对分封诸侯。秦始皇三十四年，宴群臣于咸阳宫。博士仆射周青臣称颂始皇帝灭诸侯、设郡县、统一天下的功德。淳于越则不以为然，认为应当效法古代，分封子弟功臣，以辅助王室。李斯坚决反对这种复古倒退的观点，认为五帝不相重，三代不相袭，时代变了，政治制度也要随之改变。现在天下已定，法令统一，那些儒生标榜私学，以攻击法制，“入则心非，出则巷议，非主以为名，异趣以为高，率群下以造谤。”如果不加禁止，国君的威信就会下降，他们也会结党作乱。因此，他建议“焚书”，又主张禁止私学，提倡“法教”，以吏为师。秦始皇采纳了他的建议，焚“《诗》《书》百家之语”，“使天下无以古非今”。“焚书”是秦始皇巩固中央集权的一项重要措施，在当时的历史条件下，不无积极作用，但这毕竟是古代文化史上的一次浩劫，并不足取。李斯还辅助秦始皇统一法律，所谓“明法度，定律令，皆以始皇起”。特别是统一文字，即“同文书”，李斯的功绩更显著。司马迁于此称颂说：“斯皆有力焉”。

以上诸方面即李斯说秦始皇的帝王之术，也即他所学成于荀卿者。他游说或辅助秦始皇未尝不是为追求富贵尊荣，未尝不是驰骛趋时以摆脱自己的贫贱境遇，但是，他的观点和策略，实际上却符合秦统一天下的要求，促使秦始皇完成了战国末年的一项重大历史使命。

秦始皇统一天下后，李斯官至丞相，职位日显，权势日重。秦始皇东巡郡县，他多随行，刻石记功，多出于他的手笔。他的儿子“皆尚秦公主”，女儿“悉嫁秦诸公子”，可谓“富贵极矣”！他的长子三川郡守李由回咸阳探亲，他大设酒宴，朝廷百官都来祝贺，他触景生情，回忆当年“仓鼠”、“厕鼠”之叹，不胜感慨，踌躇满志地说：

> 嗟乎！吾闻之荀卿曰“物禁大盛”。夫斯乃上蔡布衣，闾巷之黔首，上不知其驽下，遂擢至此。当今人臣之位无居臣上者，可谓富贵极矣。物极则衰，吾未知所税驾也！

他既自矜自夸，又对前途失去信心。这是他一生显赫、富贵的顶点，也是衰败的开始，是他盛极而衰的转折点。司马迁从此就着重描写李斯如何为保全既得利益而“趋时诡合”了。

秦始皇三十七年七月东巡，病死在沙丘平台。遗诏公子扶苏回咸阳奔丧。中车府令赵高扣留诏书，欲立胡亥为帝，以便自己篡权。但这必须通过丞相李斯，只有李斯同意，阴谋才能得逞。他用威逼利诱、软硬兼施的手段劝说李斯。李斯开始斥之为“亡国之言”，继之，责令：“君反其位！”再则，劝说：“君其勿复言，将令斯得罪！”然后告诫道：“斯其犹人哉，安足为谋！”语气由盛怒到平息，由严厉到温和，其默许的意会，逐渐显示出来。赵高又以祸福利害相威胁：“君听臣之计，即长有封侯，世世称孤。”“今释此而不从，祸及子孙，足以为寒心。善者因祸为福，君何处焉？”贵贱穷通，全在“自处”。这最能打动李斯的心。李斯乃垂泪太息：“嗟乎！独遭乱世，既以不能死，安托命哉！”以无可奈何的态度接受了赵高的计谋。屠隆指出：“李斯诈立胡亥，阴弑扶苏，虽由赵高之奸，实其私心所肯也，……彼其初难之，不过饰说以欺高与天下耳。其后扶苏死而斯大喜，真情其微露矣。”（明李光缙《史记评林增补》引）可谓道出李斯内心的秘密。谋害扶苏，诈立胡亥，李斯负有重要责任。

秦二世当政之后，“法令诛罚日益刻深，群臣人人自危，欲畔者众。又作阿房之宫，治直道、驰道，赋敛愈重，戍徭无已。”在严刑峻法、苦役重赋的压迫下，人民灾难深重，陈胜、吴广等相继起义。当时李由为三川郡守，面对吴广的攻击，而不能抵御。秦二世便归咎于李斯，责备他身为丞相，竟任凭“盗贼”如此猖狂！李斯惶恐已极，“重爵禄，不知所出，乃阿二世意，欲求容。”遂上《行督责书》。他谏秦二世坚持申不害、韩非的法术，不要像尧、禹那样“身徇百姓”，以天下为“桎梏”，而应当“专以天下自适也”。他认为“督责之诚则臣无邪，臣无邪则天下安，天下安则主严尊，主严尊则督责必,督责必则所求得,所求得则国家富,国家富则君乐丰。故督责之术设,则所欲无不得矣。”总之,用严刑峻法是治理天下、镇压人民、强化君权的最好方法。李斯这样做完全是为了迎合秦二世的权势欲和恣意淫乐的愿望,是他“趋时诡合”处世态度的鲜明表现。《行督责书》上奏之后,秦二世施行的刑法更严酷了。凡是征税多者为好官,杀人多者是忠臣。路上行人一半受过刑,死者堆积于市,而秦二世认为“若此则可谓能督责矣”。李斯以《行督责书》暂时保全了自己,但秦王朝的危机却由此日甚一日。

李斯这些行为都加深了秦朝的社会危机,促进了秦朝的灭亡。

统治阶级内部矛盾的激化,加剧了李斯的垮台。赵高专权,常侍中用事,“事皆决于赵高”。他向秦二世进谗言,诬陷李斯要“裂地而王”,李由与陈胜以书信相勾结等。秦二世信以为真,便疑忌李斯。李斯上书揭发赵高的阴谋:“擅利擅害,与陛下无异。”有奸邪之心,叛逆之行,如不及时提防,“恐其为变”。秦二世受赵高的蒙蔽很深,不但不听信李斯,反而把李斯的话告诉了赵高,赵高因此扬言李斯要谋反,秦二世立刻把李斯交给赵高审讯。李斯在监狱中,一方面认识到秦二世诛杀兄弟,谋害忠臣,大修宫室,赋敛天下,造成人民起义作乱的罪行;一方面上书秦二世,历叙自己追随秦始皇三十余年,功勋累累,对秦一片忠心,并无反意。但是他对秦二世的认识未免太迟了,并且也曾经助纣为虐过。他的奏书被赵高弃置不管,理由是“囚安得上书”! 在上书无路,倾诉无门的情况下,赵高等轮番审讯,严刑拷打,他被迫诬服了。临刑前对他的二儿子说:“吾欲与若复牵黄犬俱出上蔡东门逐狡兔,岂可得乎!”他后悔当年由于贪图富贵,而落得今天的下场,富贵还不如贫贱的处境好。他是善于“自处”的,但最后仍不免被“腰斩”,在残酷的封建制度下,并无遗类。

司马迁最后评价说：

> 李斯以闾阎历诸侯，入事秦，因以瑕衅，以辅始皇，卒成帝业，斯为三公，可谓尊用矣。斯知六艺之归，不务明政以补主上之缺，持爵禄之重，阿顺苟合，严威酷刑，听高邪说，废嫡立庶。诸侯已畔，斯乃欲谏争，不亦末乎！人皆以斯极忠而被五刑死，察其本，乃与俗议之异。不然，斯之功且与周、召列矣。

司马迁评价了李斯在秦朝历史上的功与过，认为其过大于功。他肯定了李斯辅助秦始皇完成帝业方面的重要作用，但主要是批判了李斯的缺点和错误。他不同意一般人的看法，说李斯为尽忠而受酷刑，而认为李斯是咎由自取。但最后又把李斯的功劳与周公、召公相比，未免悖谬。梁玉绳即指出："若李斯何人，乃赞其功并周、召，不亦悖乎！"（《史记志疑》卷三十一）这是司马迁的疏漏之处。

第七节　项　羽

项羽是秦汉之际的一位重要人物，是农民起义领袖之一，对这一时期的历史发展作出了重大贡献。司马迁在《项羽本纪》赞语中说："夫秦失其政，陈涉首难，豪杰蜂起，相与并争，不可胜数。然羽非有尺寸，乘势起陇亩之中，三年，遂将五诸侯灭秦，分裂天下，而封王侯，政由羽出，号为'霸王'，位虽不终，近古以来未尝有也。"这是司马迁对项羽的历史功绩的中肯评价。项羽虽然没有建立一个统一的王朝，成为一个时代的帝王，但他在推翻秦朝的统治，一个时期成为天下发号施令的霸主方面，其贡献却是非凡的。因此，司马迁把他列入本纪，比之以帝王的地位。

《项羽本纪》记述项羽出身于“世世为楚将”的旧贵族家庭。他的祖父项燕是战国末年楚国的名将,叔父项梁是吴中的豪杰。他们本是下相(今江苏宿迁市)人,楚国灭亡后,移居到秦朝会稽郡治的吴县。在司马迁笔下,项羽这个英雄人物幼年即不平凡,具有自己的个性特征。他不愿学习,认为“书足以记名姓而已”;也不愿学剑,认为“剑一人敌,不足学”;要“学万人敌”,但学兵法,只“略知其意,又不肯竟学”。在会稽见到秦始皇,便发出:“彼可取而代之”的豪言壮语。

他参加反秦起义的活动是从斩杀会稽郡守殷通开始的。在陈胜、吴广发动起义两个月后,会稽郡守殷通约项梁共同起兵反秦,项梁设计,召项羽杀掉殷通:

> 于是籍遂拔剑斩守头。项梁持守头,佩其印绶。门下大惊,扰乱,籍所击杀数十百人。一府中皆慴伏,莫敢起。梁乃召故所知豪吏,谕以所为起大事,遂举吴中兵。使人收下县,得精兵八千人。

他们杀掉了殷通,并号召会稽郡的人民,参加反抗秦王朝的斗争,终于集中了八千人的武装力量。这是项梁、项羽举行起义的基本队伍,是他们革命的起点。

判断一个人是否革命,不是看他的出身和思想动机,而是看他的实际行动。因为实践是检验真理的唯一标准,只有实际行动才是评价人物的可靠依据。事实上项羽自从杀掉殷通之后是积极参加了农民革命斗争的。他和项梁在陈胜失败之后,便从吴县率领八千起义军渡江北上,迎击秦军。当时在东阳(今安徽天长县)由陈婴领导的二万人的起义队伍和在淮河以北由黥布、蒲将军(其名失传)领导的数千人的起义队伍,都相继归属项氏,由项梁统一指挥。及至到达下邳(今江苏邳县),已经发展成为六七万人的强大军队了。在剡县起义的秦嘉,得知陈胜失败的消息,就立楚国旧贵族景驹为楚王,占据彭城(今江苏徐州)以东的地区,企图割据一方。项梁在胡陵(今山东鱼台县)打败了秦嘉,扫除了抗秦的障碍,收集了秦嘉的降卒,又率领起义队伍由胡陵到达薛(今山东滕县东南)。在薛他召集诸将商量国家大事,范增建议说:

> 陈胜败固当。夫秦灭六国,楚最无罪。自怀王入秦不反,楚人怜之至今。故楚南公曰:"楚虽三户,亡秦必楚也"。今陈胜首事,不立楚后而自立,其势不长。今君起江东,楚蜂午之将皆争附君者,以君世世楚将,为能复立楚之后也。

项梁接受了范增的意见,立从前的楚怀王之孙名心的为楚怀王,都于盱台(今江苏盱眙县)。项梁之立楚怀王,不同于秦嘉之立景驹为楚王,而是与陈胜"诈称公子扶苏、项燕,为天下唱"(《陈涉世家》)相似,他不是为了称雄割据,而是为了号召天下,推动反秦起义。

当时秦将章邯在攻占陈县之后,又率军攻杀了田儋、周市,并围困田儋之弟田荣于东阿(今山东阳谷县东北)。项梁立即出兵到东阿,击败了章邯,救出了田荣。章邯向西败退,项梁急迫,到濮阳(今河南濮阳市)之东,又大破秦军。原在沛县起义的刘邦,这时也与项氏合作,他和项羽合攻定陶(今山东定陶),又往西推进,在雝丘大败秦军,并杀死秦将李由。项梁、项羽的军队与秦军作战,所向披靡,节节胜利,那些只图割据一方的政权,如齐、赵、魏等,却在争权夺利,绝不肯出兵抗秦。像齐王田儋被章邯攻杀后,原齐王建之弟田假便自立为齐王,以田角为相,田间为将。田荣在东阿被救出后,并不去攻打秦军,反而去攻打田假,结果田假逃楚,田角逃赵，田间原在赵也不敢回来，田荣便立田儋之子田市为齐王。这时赵因为武臣在内乱中被杀，又立赵国旧贵族赵歇为赵王。项梁曾多次劝齐、赵出兵，共同攻打章邯，而田荣却以楚杀田假，赵杀田角、田间为条件，把报私仇放在第一位。楚、赵不答应，田荣也终未出兵。司马迁在忠实地叙述历史事实，但也好像有意识地用这些具体事实作对比，以显示出项梁、项羽、刘邦是真正的坚决的抗秦农民起义军，是继陈胜之后能推翻秦王朝统治的坚强的革命领袖。

项梁、项羽所领导的军队给秦军以沉重的打击，取得了重大的胜利，不免骄傲自得，产生了轻敌思想，而秦二世为了挽救秦军的失败，则增调军队，加强了章邯的兵力，结果定陶一战，章邯乘虚来袭，项梁战死，使起义军受到很大损失。正在攻打陈留（今河南陈留县）的项羽、刘邦，听到消息后，共同谋划说："今项梁军破，士卒恐。"为了保存实力，避免被敌人各个击破，便把力量集中到彭城周围。把怀王自盱台迁到彭城，让吕臣率军驻在彭城之东，项羽驻在彭城之西，刘邦驻在彭城西北的砀。以彭城为中心，形成新的守备格局。自陈胜死至此，约半年时间，农民起义军连续战败秦军，项羽则是这支队伍的积极参加者和领导者。

项梁既死，章邯认为黄河以南的起义军已不足虑，便率军北渡黄河去攻打赵。赵王歇及其将相陈馀、张耳等只知割据不图抗秦，所以一战即溃，退入钜鹿（今河北平乡县）以求自保。章邯派王离、涉间把钜鹿严密地包围起来。赵歇向楚怀王求救，楚怀王派上将军宋义、次将项羽，前去救赵，同时派刘邦西进，攻取咸阳。宋义并没有什么军事才能，只是由于预测到项梁兵骄必败，而得到楚怀王的重用。他率兵抵安阳（今山东曹县）后，就按兵不动，在安阳留驻了46天。项羽建议："疾引兵渡河，楚击其外，赵应其内，破秦必矣。”他却自负有项羽不如的“坐而运筹”的才能，而不接受项羽的建议，认为“秦攻赵，战胜则兵疲，我承其敝；不胜，则我引兵鼓行而西，必举秦矣。”主张坐观秦、赵之战，而收渔人之利，并下令：“猛如虎，很如羊，贪如狼，强不可使者，皆斩之。”暗示项羽不听命令就要处斩，同时不顾战士的死活，还“饮酒高会”。这时已迫近初冬，“天寒大雨，士卒冻饥”，项羽气愤至极说：

> 今岁饥民贫，士卒食芋菽，军无见粮，乃饮酒高会，不引兵渡河因赵食，与赵并力攻秦，乃曰“承其敝”。夫以秦之强，攻新造之赵，其势必举赵。赵举而秦强，何敝之承！且国兵新破，王坐不安席，埽境内而专属于将军，国家安危，在此一举。今不恤士卒而徇其私，非社稷之臣。

遂把宋义斩了。此后楚怀王便以项羽为上将军。项羽先派英布、蒲将军将兵二万援救钜鹿，然后又受陈馀之请，亲自率起义军渡河增援。他破釜沉舟，表示誓死不归的决心：

> 皆沉船，破釜甑，烧庐舍，持三日粮，以示士卒必死，无一还心。于是至则围王离，与秦军遇，九战，绝其甬道，大破之，杀苏角，虏王离。涉间不降楚，自烧杀。当是时，楚兵冠诸侯。诸侯军救钜鹿下者十余壁，莫敢纵兵。及楚击秦，诸将皆从壁上观。楚战士无不一以当十，楚兵呼声动天，诸侯军无不人人惴恐。于是已破秦军，项羽召见诸侯将，入辕门，无不膝行而前，莫敢仰视。项羽由是始为诸侯上将军，诸侯皆属焉。

这里不但写出了项羽领导的起义军英勇果敢的英雄气概，而且写出了诸侯军怯懦无能的丑态。这是秦末农民起义战争中最激烈的有决定性的一场大战役。由于起义军的顽强战斗，打垮了秦王朝的主力军，扭转了抗秦战争的局势，奠定了农民起义胜利的基础。

钜鹿大战之后,秦王朝即将崩溃,专权的赵高想以战争失败为借口,杀害章邯,以推卸自己的罪责。章邯疑惧,想与项羽讲和,但又犹豫不决。项羽派蒲将军破秦军于漳水之南,自己再率起义军破秦军于汙水(今河南临漳县西)。章邯连遭溃败,已无力再战,便在洹水南殷虚(今河南安阳殷虚)上向项羽投降。秦朝的主力军从此全部被消灭,反秦斗争基本结束,农民革命战争取得了决定性胜利。

由于项羽在黄河以北围攻了秦军的主力,刘邦在西进的过程中,并没有遇到太大的抵抗,便顺利地进入武关,又经过蓝田(今陕西蓝田县),到达咸阳附近的霸上(今陕西长安东),最后终于推翻了秦王朝。

可见,项羽领导的农民起义军在重创秦军方面,在动摇并摧毁秦王朝的统治方面,在完成秦末农民起义的历史使命方面,确是作出了重要的贡献,有不可否认的功绩。

当刘邦进军霸上之时,项羽也到达戏水(今陕西临潼县东)之西。他听说刘邦已破咸阳,便大怒,要率兵攻打刘邦。刘邦用张良的计策,亲自到鸿门向项羽表示没有占据关中称王之意。这就是有名的鸿门宴。鸿门宴是秦汉之间历史的关键性事件。它标志着刘邦、项羽推翻秦朝统治的战争的结束和楚汉战争的开始,标志着项羽这个叱咤风云的人物由代表农民阶级的进步利益转变为代表贵族阶级的要求并在历史上起反动作用了。历史开始了另一个阶段,即如何建立新政权的阶段。

项羽是旧贵族出身,旧贵族的阶级意识很重,因此他在以报复的心情屠杀咸阳之后,便要恢复贵族领主的统治,就分封了十八个王,他自己则以“霸王”的身份统驭天下。这种分割天下,各霸一方的办法正反映了旧贵族阶级的利益，而与历史发展的潮流和广大人民要求统一的愿望是背道而驰的，这就必然促成他的失败。而且项羽与旧贵族之间也有深刻的矛盾，一般旧贵族希望秦亡之后，他们应当完全恢复原有的领地，不受任何人牵制，项羽则认为应当根据在抗秦斗争中的表现进行分封，他说："天下初发难时，假立诸侯后以伐秦。然身被坚执锐首事，暴露于野三年，灭秦定天下者，皆将相诸君与籍之力也。义帝虽无功，故当分其地而王之。"这种分封办法自然为项氏诸将乐于接受，而其他旧贵族却大为不满，因为采取这种办法，他们的领地不但不能扩大，反而缩小了。如魏豹由魏王改为西魏王，赵歇由赵王改为代王，田市由齐王改为胶东王，韩广由燕王改为辽东王等，他们的领地都比原来缩小了很多。至于在所封十八王之外未被分封的，如齐相田荣、赵将陈馀，更为不满了，陈馀即愤恨地说："项羽为天下宰，不平！今尽王故王于丑地，而王其群臣诸将善地。"最甚者是刘邦，他有先入咸阳降服秦王子婴的功劳，其初楚怀王在彭城就曾有约言："先入关者王之"。现在他没有得到关中王，而只是王偏僻的巴、蜀、汉中，怎能甘心？何况他的志向并不只是"关中王"而已！在这种矛盾重重的情况下，项羽分封完毕刚回到彭城，田荣就在齐地造反，紧跟着刘邦乘机占据关中，并率军东向，与项羽展开了争夺政权的斗争。

"楚汉战争"经历了四年，其初项羽的兵三四倍于刘邦，刘邦屡次被战败落荒而走，但最后项羽却被围垓下，自刎乌江，彻底失败了。这是为什么？司马迁描写了项羽失败的原因并揭示了项羽悲剧的根源。其一是项羽在战争中往往不顾政策而随便焚烧、杀戮，他每当攻破一个地方，为了发泄自己的仇恨，便任意烧杀。如攻襄城，"已拔，皆阬之"；"攻城阳，屠之"。甚至对那些已经投降的士卒也不放过，如在新安"夜击阬秦卒二十余万人"，又引兵"西屠咸阳,杀秦降王子婴,烧秦宫室,火三月不灭"。战败田荣,"遂北烧夷齐城郭室屋,皆阬田荣降卒,系虏其老弱妇女。徇齐至北海,多所残灭。"又派人杀死了义帝。司马迁在《黥布列传》中即指出:"项氏之所阬杀人以千万数。"这些做法是不得人心的,并从而引起人民的反抗。像当时"齐人相聚而叛之",秦人则"痛入骨髓"。司马迁笔下的韩信分析项羽失败的原因说:"项王所过无不残灭者,天下多怨,百姓不亲附,特劫于威强耳。名虽为霸,实失天下心。"(《淮阴侯列传》)所以他亡命时,问田父道路,田父把他骗入大泽之中。其二是项羽全凭自己的勇、悍力征天下,不善于用智谋,往往在关键时刻失败。宋义即说:"夫被坚执锐,义不如公;坐而运策,公不如义。"项羽对刘邦说:"天下匈匈数岁者,徒以吾两人耳,愿与汉王挑战决雌雄,毋徒苦天下之民父子为也。"刘邦则说:"吾宁斗智,不能斗力。"都说明项羽缺乏策略智谋。荥阳之战以前,项羽本想答应刘邦请和的要求,由于听从范增的意见,便急围荥阳。刘邦用陈平的反间计,使项羽猜疑范增,范增即引退并死在道中。刘邦又用纪信的计策,声东击西以蒙骗项羽,使刘邦逃出荥阳。荥阳一战决定楚、汉的成败,虽然项羽占据了荥阳,但刘邦却逃走了,实际上是项羽的失败。由于他自己不善于用智谋,也就不会用有智谋的人,如韩信、陈平等都先后脱离他而依归刘邦,最后连一个范增也保不住,完全变成孤家寡人了。其三是项羽分封诸侯,形成天下分裂。楚汉相争的局面,违反了历史发展的趋势,加深了广大人民的苦难,所谓"丁壮苦军旅,老弱疲转漕",司马迁笔下的人物蒯通说:"今楚汉分争,使天下无罪之人肝胆涂地,父子暴骸骨于中野,不可胜数。楚人起彭城,转斗逐北,至于荥阳,乘利席卷,威震天下。然兵困于京、索之间,迫西山而不能进者,三年于此矣。汉王将数十万之众,距巩、雒,阻山河之险,一日数战,无尺寸之功,折北不救,败荥阳,伤成皋,遂走宛、叶之间,此所谓智勇俱困者也。夫锐气挫于险塞,而粮食竭于内府,百姓罢极怨望,容容无所倚。"(《淮阴侯列传》)他不顾已经改变了的历史条件提出了什么样的历史要求,简直是以历史的"创造者"自居,企图扭转历史的车轮使之倒退,违反了广大人民的要求和愿望,此其所以败也。

对项羽失败的原因,项羽自己的认识与当时的历史事实即司马迁所描写的是有距离的。项羽临死之前在东城(今安徽定远县东南)有一段自白:"吾起兵至今八岁矣,身七十余战,所当者破,所击者服,未尝败北,遂霸有天下。然今卒困于此,此天之亡我,非战之罪也。"司马迁批评他说:

> 自矜功伐,奋其私智而不师古,谓霸王之业,欲以力征经营天下,五年卒亡其国,身死东城,尚不觉寤而不自责,过矣。乃引"天亡我,非用兵之罪也",岂不谬哉!

司马迁对项羽失败的原因的认识虽不全面,但他从人事的角度批评项羽的天命观念却是十分中肯的。

司马迁描写了项羽从斩殷通起义,到钜鹿大战,到推翻秦王朝,到楚汉战争,到被困垓下的全部过程,赞扬了项羽的革命精神和历史功绩,揭示了项羽失败的一些主要原因。他是怀着歌颂、同情和批判的复杂心情完成这一英雄人物的创造的,真实、生动地描写出这一英雄人物的思想性格。有人说司马迁笔下的项羽,和他描写的另一个英雄人物李广相似,这自然是有道理的,但是我认为从项羽的一生由胜利走向失败的事业看,从他的行迹、精神、气质看,和他描写的陈胜更相似。司马迁好像是有意识地把项羽描写成继陈胜之后而出现的农民起义领袖。

第八节 刘 邦

刘邦是秦末农民起义领袖之一,同时也是汉朝“开基之主”。他是由农民起义领袖走向并取得帝王宝座的。司马迁在为他写的传记中,记述了他的出身、起义经过、楚汉战争五年的情况,以及取得天下后在政治、经济方面所采取的巩固统一政权的措施;记述了他在灭秦、反对复古倒退、建立汉朝方面的历史作用;同时,也揭露了他侮慢、要智谋和善于玩弄权术的作风。他一生的行迹,明显地可以分成三个阶段,即参加推翻暴秦的斗争,与项籍争夺天下和建立汉朝后为与民休息准备了必要条件。

传记的开篇即写刘邦是个比较富裕的农民,其妻吕雉“与两子居田中耨”。他30岁做泗水亭长,为人“仁而爱人,喜施,意豁如也。常有大度,不事家人生产作业。及壮,试为吏,为泗水亭长,廷中吏无所不狎侮。好酒及色。”他既是个讲仁爱,气量大,胸襟开朗,有大的打算,不爱搞一般生产作业的长者,又是个身为亭长,却随便取笑、欺侮官吏并好酒及色的酒色之徒。沛县令家来了个贵客,县里豪绅官员都去送礼。萧何为主吏,管收礼钱,对大家说:“进不满千钱,坐之堂下。”刘邦“乃给为谒(名刺)曰:‘贺万钱’,实不持一钱。”而且大模大样,“狎侮诸客,遂坐上坐,无所诎。”他又是一个善于玩弄权术以欺上瞒下的人。这些生活细节,却是刘邦一生为人的写照,刘邦的一生就是这样一个在政治上既有作为,又侮慢、玩弄权术的人物。

刘邦起事,应当是从他为亭长时,送民伕去骊山服役,半路上把民伕放走了开始。他“到丰西泽中,止饮,夜乃解纵所送徒。曰:‘公等皆去,吾亦从此逝矣!’徒中壮士愿从者十余人。”这实际上已经触犯了秦朝的刑律。至于秦二世元年,刘邦聚众数十人,号召沛县父老:"天下苦秦久矣。今父老虽为沛令守,诸侯并起,今屠沛。沛今共诛令,择子弟可立者立之,以应诸侯,则家室完。不然,父子俱屠,无为也。"则更是公开的宣言造秦朝的反。在他的号召下,沛县人民果然杀了沛令,县吏萧何、曹参等立他为沛公,征发沛县子弟,得二三千人。这时,刘邦真正揭起了义旗,与暴秦相对抗。

当项梁引兵到薛时,刘邦率众投奔项梁。项梁给他兵五千人,五大夫爵级的将官十人,与项籍同为项梁部下的主力军。楚怀王与诸将约定:"先入定关中者王之"。当时,秦兵强大,诸将没有争取率兵进关的,只有项籍自告奋勇,愿与刘邦一起进关。诸老将说:"秦父兄苦其主久矣,今诚得长者往,毋侵暴,宜可下。今项羽僄悍,今不可遣。独沛公素宽大长者,可遣。"结果令项籍北救赵,刘邦西攻秦。实际上是要刘邦做关中王。

刘邦采取迂回战术向西进击,"收陈王、项梁散卒",以壮大自己的力量。他到成阳和杠里,击破秦守军。二世三年十二月到栗,夺刚武侯军四千人。二月又北上,和彭越部一起攻昌邑,未下,即西折过高阳,高阳监门郦食其"说沛公袭陈留,得秦积粟"。这就切断了秦军的粮食而为义军取得了给养。同时,郦食其弟郦商率部来归,共同攻开封,未下。西进和秦将杨熊战于白马津,再战于曲遇,取得很大胜利。同年四月攻占了颍阳,继之又北攻平阴,断绝河津,而在洛阳东面被秦军打败。刘邦南下出轘辕关,于六月破秦南阳守军,南阳守齮退守宛县。刘邦不想攻宛,要绕道西去。张良劝他说:"秦兵尚众,距险。今不下宛,宛从后击,强秦在前,此危道也。"因此他决定拔取宛城,"约降,封其守,因使止守,引其甲卒与之西",诸城闻声争开门而待,"无不下者"。这样不但无后顾之虑,而且迅速抵达武关。刘邦的义军迫近武关,震动了秦朝上层统治集团,赵高杀了秦二世,要和刘邦订约:“分王关中”。刘邦拒绝了,并采纳张良的计策:“使郦生、陆贾往说秦将,啗以利,因袭攻武关,破之。”武关是关中南部的门户,义军占领了武关,就等于扼住秦军的咽喉。接着“又与秦军战于蓝田南,益张疑兵旗帜,诸所过毋得掠卤,秦人憙,秦军解,因大破之。又战其北,大破之。乘胜遂破之”。刘邦起义军以摧枯拉朽之势,大破秦军,使秦军一败涂地。

汉元年十月,刘邦率军抵达霸上,秦王子婴“素车白马,系颈以组,封皇帝玺符节”。在轵道旁向刘邦投降。刘邦并没有把秦王杀掉,原因是“始怀王遣我,固以能宽容;且人已服降,又杀之,不祥。”便把秦王交给了军法官。刘邦即西入咸阳,并采纳樊哙、张良的建议:“封秦重宝财物府库,还军霸上。”召集诸县父老豪杰至霸上,对他们说:

> 父老苦秦苛法久矣,诽谤者族,偶语者弃市。吾与诸侯约,先入关者王之,吾当王关中。与父老约,法三章耳:杀人者死,伤人及盗抵罪。余悉除去秦法。诸吏人皆案堵如故。凡吾所以来,为父老除害,非有所侵暴,无恐!且吾所以还军霸上,待诸侯至而定约束耳。

这自然是一项安民告示,但其中心在宣告了刘邦义军的政策:约法省禁,所谓“法三章耳”。这就把人民从严刑峻法之下解放出来。因此,得到人民的拥护:“秦人大喜,争持牛羊酒食献飨军士。”刘邦再三辞不受说:“仓粟多,非乏,不欲费人。”则完全是一个“仁而爱人”的长者。

刘邦从秦二世元年(前209)把押送到郦山服役的民伕放走起,到汉元年(前206)率领十万大军到霸上,秦王子婴投降止,共三年有余。司马迁描写了刘邦在这三年多的时间里,其行动有以下几个方面:他的革命口号:“诛无道秦”,“天下苦秦久矣”,“为父老除害”等,对天下百姓及秦官吏,都有强烈的号召力;他的军队“诸所过毋得掠卤”,“毋侵暴”,也深得民心;他随时听取诸将谋士的意见,作出相应的决策,取得预期的效果;他是“素宽大长者”,不杀已降,值得称许;他仍然有早年那种傲慢、好酒及色的作风,如郦食其求见时,他“方踞床,使两女子洗足”。可谓无礼至极。入咸阳后,“欲止宫休舍”,以至后来入彭城时,大肆抢劫掳掠。钱时即指出:“是山东贪财好色之习,虽能强遏于入关之始,而终不能自禁于入彭城之时。”(《两汉笔记》卷一)一语道破了问题的实质。司马迁既写了刘邦在灭秦方面的历史作用,又能不为尊者讳,揭示了刘邦思想作风的缺点。自然,这些缺点在别人的劝戒下,有时是强忍地克制着。刘邦这些行动在主要方面反映了当时广大人民的利益和要求,得到人民的爱戴,“唯恐沛公不为秦王”。

“鸿门之宴”是秦汉之际的关键事件,它标志着刘、项推翻秦朝统治战争的结束和楚汉战争的开始。项籍听说刘邦欲王关中,便急切出兵进击。当时由于双方兵力相差悬殊,在项籍 40 万士卒的压力下,刘邦不得不到鸿门谢罪,以求解脱。项籍入关之后,以政局的主宰者自居,发号施令,分封诸侯王,扩大了割据局面。刘邦被封为汉王,都南郑。为了阻止刘邦东下,项籍在关中封置雍(章邯)、翟(董翳)、塞(司马欣)三王。刘邦“去辄烧绝栈道”,一者防备诸侯之入侵,二者示项羽无东下之意。但是,韩信劝刘邦说:“军吏士卒皆山东之人也,日夜跂而望归,及其锋而用之,可以有大功。……不如决策东向,争权天下。”这对促使刘邦与项籍争夺天下起了决定性作用。刘邦东下,必然破坏现存的封建割据秩序,而使天下趋向统一。在刘邦与项羽的斗争中,其政治路线的主要区别,即在于封诸侯和设郡县(为了换取诸将的帮助,刘邦也分封了部分诸侯王），也即割据与统一的斗争。刘邦以韩信为大将，暗渡陈仓，自汉中攻入关中，三个月内，便降服了关中三王。接着东下，迫使河南王申阳、韩王郑昌投降，俘虏了殷王司马卬。诸所攻取，大都设为郡县。

汉二年，刘邦趁项籍北击齐的时机，会聚士卒五十余万长驱直捣彭城。项籍分兵应付，大战彭城灵壁东，刘邦军大败。刘邦从彭城狼狈退至荥阳，一边收集散卒，一边"筑甬道属之河，以取敖仓"。利用秦留下的敖仓之粟以补给自己的队伍。同时，"与诸将及关中卒益出"，萧何调拨关中人员来补充，韩信也率部来会合，"是以兵大振荥阳"，破项籍兵于京、索之间。但是，通敖仓的粮道常被切断，刘邦又被困于荥阳城中。袁生向刘邦建议："汉与楚相距荥阳数岁，汉常困。愿君王出武关，项羽必引兵南走，王深壁，令荥阳成皋闲且得休。使韩信等辑河北赵地，连燕齐，君王乃复走荥阳，未晚也。如此则楚所备者多，力分，汉得休，复与之战，破楚必矣。"刘邦采纳袁生的建议，向宛、叶一带游动，吸引了项籍部分兵力，使韩信在河北略赵地。项籍既不能消灭刘邦主力，又得撤军东去攻打彭越，以解彭城之危。刘邦趁机占领成皋。项籍击败彭越，又西去破荥阳成皋。刘邦"使卢绾、刘贾将卒二万人，骑数百，渡白马津，入楚地，与彭越复击破楚军燕郭西"，以威胁项籍的后方，"复下梁地十余城"，又攻破成皋，歼灭曹咎一军，与项籍正面相对。同时，派韩信东击齐，韩信破齐及赵，并进而消灭楚龙且的全部军队。这就在战略上完成了对项籍的包围形势。汉四年，项籍向刘邦求和，以鸿沟为界，中分天下。刘邦采取张良、陈平的计策，乘势进击，并联合韩信、彭越所部，楚将周殷叛楚，与九江王黥布会师。汉五年，刘邦会同诸军于垓下，围攻项籍：

项羽卒闻汉军之楚歌，以为汉尽得楚地，项羽乃败而走，是以兵大败。

楚汉战争共五年,项籍在一片楚歌声中覆没了,刘邦取得了统一天下的胜利,完成了一项重大的历史使命。司马迁描写刘邦在这一阶段行动的意义与前一阶段有所不同。在新的历史条件下,也是以诛“大逆无道”,“诛残贼”为号召的;他所攻略的地区,多数设立郡县,以代替分封;他每前进一步,都是采纳了谋臣策士的意见而取得的;他关心人民疾苦,平定三秦之后,立即把“诸故秦苑囿园池,皆令人得田之”,以发展生产、解决人民的生活要求,“出关至陕,抚关外父老”,“至栎阳,存问父老”,随处安抚百姓。这些行动、措施,在建立统一政权方面,都起着重要作用,在历史上有进步意义。但是,刘邦要阴谋权术的作风,也随时表露出来。如他派骑将灌婴“追杀项羽东城”,又以“鲁公号葬项羽谷城”;他听说义帝被项籍杀害,便“袒而大哭。遂为义帝发丧,临三日”。这都是一些欺世盗名的行为。朱熹即说:凡此种种,皆“假仁借义以行其私”(《朱子语类》卷一三五)。钱时也说:“未免出于诈术,非王者之所尚。”(《两汉笔记》卷一)成皋之战失败后,刘邦单身出成皋玉门,渡黄河,夜宿于修武,第二天一早,“自称使者,晨驰入张耳、韩信壁,而夺之军。乃使张耳北益收兵赵地,使韩信东击齐。”韩信在楚汉战争中立下了汗马功劳,而他却时刻猜忌,乘这次危急之际夺了韩信军,让韩信再收集散卒,东击齐。韩信定齐之后,请立为假王,认为“不为假王,恐不能安齐”。他破口大骂,想急击韩信,后来权衡轻重,却假意立韩信为齐王。项籍已破,他“驰入齐王壁,夺其军”。韩信对他一片忠心,他对韩信却处处疑忌,用阴谋手段排挤、打击,最后竟至杀害。郭嵩焘即指出:“高帝以匹夫有天下……其心惴惴焉,惟惧人之效其所为而思所以戮之。”(《史记札记》卷五)可谓揭示了刘邦的内心秘密。项籍射伤了他的胸口,他却扪足说:“虏中吾指!”用欺诈的手段以稳定军心。司马迁就这样既描写了刘邦的行动符合并促进历史发展的方面,也描写了他的阴谋和权术,二者是交织出现的。但就刘邦的传记而论,司马迁主要记述了刘邦在秦汉之际历史转变过程中所起的重要推动作用。

刘邦夺取天下后,召集列侯诸将总结自己所以取胜的经验:

> 高起、王陵对曰:“陛下慢而侮人,项羽仁而爱人。然陛下使人攻城略地,所降下者因以予之,与天下同利也。项羽妒贤嫉能,有功者害之,贤者疑之,战胜而不予人功,得地而不予人利,此所以失天下也。”高祖曰:“公知其一,未知其二。夫运筹策帷帐之中,决胜于千里之外,吾不如子房。镇国家,抚百姓,给馈饷,不绝粮道,吾不如萧何。连百万之军,战必胜,攻必取,吾不如韩信。此三者,皆人杰也,吾能用之,此吾所以取天下也。项羽有一范增而不能用,此其所以为我擒也。”

高起、王陵对刘邦的评价比较公平,既指出他作风上的缺点,也说明他在政策上之得人心。司马迁就是这样写的。刘邦则认为关键在自己善用人。这与司马迁“安危在出令,存亡在所任”(《楚元王世家》)的思想也是一致的。这是刘邦与列侯诸将对这段历史的看法,同时也渗透着司马迁自己的观点。把刘邦和高起、王陵的意见综合起来,便是对楚汉兴亡的比较全面的分析,也是司马迁对这段历史比较公允的评价。

刘邦统一天下之后,为了医治战争的创伤,巩固自己的政权,采取了一系列的措施。在他的传记中,司马迁主要写了他消灭异姓王,分封同姓王的问题。在楚汉战争结束之后,刘邦曾分封的楚王韩信、梁王彭越、淮南王黥布、韩王信、长沙王吴芮、赵王张敖、燕王臧荼等，随着形势的发展，却成为统一的障碍了，必须消灭他们，并封刘姓子侄为王以藩辅京师，才能巩固政权。刘邦所封的异姓王的功过，不便逐一评价，但削平这些割据势力，却有利于汉王朝的统一。汉朝建立伊始，他就以堂兄"刘贾数有功，以为荆王，王淮东。弟交为楚王，王淮西。子肥为齐王，王七十余城，民能齐言者皆属齐"。汉七年，韩王信反于太原，遂令樊哙定代地，"立兄刘仲为代王"。降赵相国陈豨将赵利，"乃分赵山北，立子恒以为代王，都晋阳。"同年灭梁王彭越三族，"立子恢为梁王，子友为淮阳王。"又亲自出击淮南王黥布，"立子长为淮南王。"十二年，出击黥布回来，经过沛县时，"拜沛侯刘濞为吴王。"同年派樊哙、周勃击燕王卢绾，"立皇子建为燕王"等。在他消灭诸侯王的过程中，比较注意把一般吏民与王侯割据势力分开。他攻击陈豨时说："代地吏民非有罪也，其赦代吏民。"又攻击燕王卢绾时说："赦燕吏民与反者。"这样既促进了统一，又争取了吏民。

刘邦还减免徭役。汉五年，项籍已破，他就决定"兵皆罢归家"，让士兵复员，并且根据所到的地区不同，给予不同的待遇："诸侯子在关中者复之十二岁，其归者复之六岁，食之一岁。"山东诸侯国人复员到关中的，免徭役十二年，回乡的免徭役六年，说明更鼓励在关中生产。他过沛时，"复其民，世世无有所与。""乃并复丰，比沛。"让沛、丰人民永远不应征服役。沛、丰是他的故乡，所以特加"恩赐"，但总是注意了减轻人民的负担。免役的吏民得到了田地，安定了生活，提高了生产的积极性。

刘邦又迁徙豪强贵族到关中。汉九年，"徙贵族楚昭、屈、景、怀、齐田氏关中。"这一方面是为了充实关中，另一方面是为了加强对山东豪强贵族的管理。把这五大族迁入关中，使山东人民得到休养生息的机会。

刘邦在位七年，由于推行这些措施，巩固了国家的统一，使人民各安其业，为汉朝的强大奠定了基础。

刘邦即位后，他的野心、权术和侮慢作风也得到发展。如有人诬告韩信“谋反”，他就假借游猎云梦，大会诸侯，把韩信逮捕起来，最后夷其三族。朱熹曾说：“韩信反无证见”（《朱子语类》卷一三五），王鸣盛也认为是“闾左蜚语”（《十七史商榷》卷四）。他完全是由于疑忌贤能，而采取阴谋陷害的手段的。赵相贯高等要杀他，因为他过赵时对赵王踞傲无礼。他出击黥布时，为流矢所中，病甚，医生来探视，他谩骂道：“吾以布衣提三尺剑取天下，此非天命乎？命乃在天，虽扁鹊何益！”态度何其侮慢、狂肆！未央宫建成，他大朝会诸侯群臣，捧玉杯，向太上皇祝贺说：

> 始大人常以臣无赖，不能治产业，不如仲力。今某之业所就孰与仲多！

则又是一幅夺取农民起义胜利果实后而洋洋自得的野心家和阴谋家的嘴脸。刘邦的企图在于反驳他父亲认为他“无赖”的批评，而实际上他的许多言行恰恰证明他的确是个无赖。

刘邦出身于农民，了解农民的疾苦，因此他所采取的一些政策和措施，往往符合农民的利益和要求。但是，刘邦又地主阶级化了，他在思想作风上有很深的剥削阶级烙印。随着斗争形势的发展，这两种不同阶级的思想也在他身上发展变化。司马迁具体、历史地描写他思想、行为、政策、措施方面的变化，具体、历史地描写他由一个农民起义领袖转化为一个封建帝王的历史过程。当然，司马迁在刘邦的传记中，主要不是揭露他的缺点，而是记述他的贡献。刘邦共活了 62 岁，从他 48 岁沛县人民杀了沛令，立他为沛公起，他的政治生涯共 14 年。在这 14 年中，秦汉之际波澜壮阔的阶级斗争形势把他推上了历史舞台,他顺应了这一历史潮流,完成灭秦,打败项羽,建立统一的汉朝的历史使命。

第九节　韩　信

韩信是楚汉战争中的重要人物,是辅助刘邦与项羽争夺天下并取得胜利的功臣。这样一个为汉王朝的建立立过汗马功劳的将领,最后却被擒、被斩、被烹了。司马迁着意写他一生在事功上的成就以及他对刘邦的耿耿忠心反而被杀害的悲惨结局。他在《自序》中说:“楚人迫我京索,而信拔魏赵,定燕齐,使汉三分天下有其二,以灭项籍。作《淮阴侯列传》。”正说明司马迁为韩信立传的意向。全篇传记可以韩信破齐后立为齐王为分水岭,分为前后两大部分。这之前,主要是用具体史实写韩信的功绩,已经“使汉三分天下有其二”;这之后,则是写韩信对刘邦极尽忠信反而遭诬陷而冤死。

司马迁在传记的开头,通过几件轶事写韩信早年的不遇和志向的非凡。接着写萧何对韩信的赏识,“至南郑,诸将行道亡者数十人”,而萧何独追韩信,并对刘邦说:“如信者,国士无双”,“必欲争天下,非信无所与计事者”。这就突出了韩信当时在楚汉战争中的重要作用。同时,要求刘邦设坛场具礼拜将,“诸将皆喜,人人各自以为得大将。至拜大将,乃韩信也。一军皆惊。”这是汉军首次立大将,也是在破项羽之前,汉军中唯一的大将。《留侯世家》中张良也说:“汉王之将独韩信可属大事,当一面。”设坛拜将之后,韩信针对刘邦的提问,提出了自己对楚汉双方不同的群众基础的分析,指出了楚在战略上的失计以及项羽思想作风上的缺点等,陈述了汉应采取的对策:

> 请言项王之为人也。项王喑噁叱咤,千人皆废,然不能任属贤将,此特匹夫之勇耳。项王见人恭敬慈爱,言语呕呕,人有疾病,涕泣分食饮,至使人有功当封爵者,印刓敝,忍不能予,此所谓妇人之仁也。项王虽霸天下而臣诸侯,不居关中而都彭城。有背义帝之约,而以亲爱王,诸侯不平。诸侯之见项王迁逐义帝置江南,亦皆归逐其主而自王善地。项王所过无不残灭者,天下多怨,百姓不亲附,特劫于威强耳。名虽为霸,实失天下心。故曰其强易弱。今大王诚能反其道:任天下武勇,何所不诛!以天下城邑封功臣,何所不服!以义兵从思东归之士,何所不散!且三秦王为秦将,将秦子弟数岁矣,所杀亡不可胜计,……秦父兄怨此三人,痛入骨髓,今楚强以威王此三人,秦民莫爱也。大王之入武关,秋豪无所害,除秦苛法,与秦民约,法三章耳,秦民无不欲得大王王秦者。于诸侯之约,大王当王关中,关中民咸知之。大王失职入汉中,秦民无不恨者。今大王举而东,三秦可传檄而定也。

这种对当时政局的分析,是全面而切合实际的。特别是能从人心向背着眼,指出汉胜楚乃势在必然,可谓独具卓见。这是其他汉将所不曾提出来的,也是张良、陈平等著名谋臣所不曾提出来的。刘邦听后,“大喜,自以为得信晚。遂听信计,部署诸将所击。”司马迁给予韩信这段见解以很高的评价,把它描写成汉军抗楚的决策。对此,班固在《汉书》卷三十四、司马光在《资治通鉴》卷九中,都全文抄下来了。这说明他们对司马迁的看法的首肯,也是认识到这段见解的重要性。

韩信是精于用兵的,司马迁用了很多笔墨描写他建立了赫赫战功。如写击魏时,“魏王盛兵蒲坂,塞临晋”,他“乃益为疑兵,陈船欲度临晋,而伏兵从夏阳以木罂缻渡军,袭安邑”。用佯渡临晋,阴袭安邑的策略，取得了胜利。破赵时，他“选轻骑二千人，人持一赤帜”，让他们于赵军“空壁逐我”时，“疾入赵壁，拔赵帜，立汉赤帜。”自己则率领万人“背水为阵”。两军交战时，他“佯弃鼓旗，走水上军”，“赵果空壁争汉鼓旗”，汉“军皆殊死战，不可败”。他所选的“奇兵二千骑，共候赵空壁逐利，则驰入赵壁，皆拔赵旗，立汉赤帜二千。”赵军“大惊，以为汉皆已得赵王将矣”。用背水为阵，引成安君空壁的战术，大破赵军。攻齐时，汉军与齐军夹潍水为阵，他“夜令人为万余囊，满盛沙，壅水上流，引军半渡，击龙且。佯不胜，还走。龙且……遂追信渡水。信使人决壅囊，水大至。龙且军大半不得渡，即急击，杀龙且。”用奇袭历下，囊沙壅水的办法，消灭齐军。并于击魏后，遂即写了“破代兵，禽夏说阏与”，于破赵后，立刻写了“发使使燕，燕从风而靡”。总之，描写韩信善于指挥谋划，能够出奇制胜，所向披靡，攻无不克。其用兵之神奇，使汉诸将都犹疑莫测：“此何术也？”最后又不能不叹服：“善，非臣所及也。”

司马迁不仅写了韩信精于用兵，为击破楚军建立了功绩，而且写了韩信军对刘邦作战的直接支援。如汉军于彭城败后，“信复收兵与汉王会荥阳，复击破楚京、索之间，以故，楚兵卒不能西。”又如“信之下魏破代”后，“汉辄使收其精兵，诣荥阳以距楚。”再如汉军于成皋被挫后，“拜韩信为相国，收赵兵未发者击齐。”这些都是在关键时刻对汉军的重要支持，在楚、汉决战中起了重要作用。

司马迁笔下的韩信作为汉军功臣的形象，当他破齐，立为齐王，“使汉三分天下有其二”时，便达到了高峰。从此，司马迁便调转笔锋写武涉、蒯通劝说韩信反汉，韩信则忠信不变，结果却被汉王所谋害的过程。从此，韩信这位大将便逐渐蒙受着无辜的疑忌和胁迫，并最后以自己的惨死完成一幕历史的悲剧。

司马迁先写了盱眙人武涉劝韩信说:“当今二王之事,权在足下。足下右投则汉王胜,左投则项王胜。项王今日亡,则次取足下。足下与项王有故,何不反汉与楚连和,参分天下王之?”韩信则辞谢说:“汉王授我上将军印,予我数万众,解衣衣我,推食食我,言听计用,故吾得以至于此。夫人深亲信我,我倍之不祥,虽死不易。”次写了齐人蒯通劝韩信说:“当今两主之命悬于足下。足下为汉则汉胜,与楚则楚胜。……莫若两利而俱存之,参分天下,鼎足而居,其势莫敢先动。夫以足下之贤圣,有甲兵之众,据强齐,从燕、赵,出空虚之地而制其后,因民之欲,西向为百姓请命,则天下风走而响应矣,孰敢不听!”韩信同样辞谢说:“汉王遇我甚厚,载我以其车,衣我以其衣,食我以其食。吾闻之,乘人之车者载人之患,衣人之衣者怀人之忧,食人之食者死人之事,吾岂可以向利倍义乎!”蒯通又进一步规劝说:“今足下戴震主之威,挟不赏之功,归楚,楚人不信;归汉,汉人震恐。足下欲持是安归乎!夫势在人臣之位,而有震主之威,名高天下,窃为足下危之。”而“韩信犹豫,不忍倍汉。又自以为功多,汉终不夺我齐。”通过武涉、蒯通的劝说和韩信的回答表明韩信功业极高和他对汉王的心迹。

司马迁越着意描写韩信功业之高和对汉王刘邦恪守忠信,就越深刻地揭露刘邦杀害韩信手段的凶险狠毒,越尖锐地戳穿了“汉王畏恶其能”的思想本质。韩信对汉王的忠诚达到执迷不悟的程度。他自以为能而有功,不介意于汉王的猜忌。破燕、赵之后,汉王“即其(指张耳、韩信)卧内上夺其印符,以麾召诸将,易置之。”并“夺两人军”,他没有丝毫警惕。平齐之后,他请立为假王,引起汉王大骂一场,他好像懵然不知,且以为“言听计用”。武涉、蒯通指出他功高震主的危险处境,他全然不能理会,还痴迷地认为“汉终不夺我齐”。灭项羽后,“高祖袭夺齐王军”,“徙齐王信为楚王”,他好像仍然未意识到自己将面临的可悲下场。直到他到下邳后,巡行所属县邑,出入严陈兵卫,被诬告为造反遭擒时,才知道“汉王畏恶其能”。韩信这些表现都足以增强他死非其罪的效果,加强他一生的悲剧性。

韩信被擒是他意想不到的,而却是刘邦思想发展的必然结果。果然,“人有上书告楚王信反”,刘邦用陈平的计策,诏令诸侯会于陈,“实欲袭信,信弗知。”到了楚地:

> 上令武士缚信,载后车。信曰:“果若人言,‘狡兔死,良狗烹;高鸟尽,良弓藏;敌国破,谋臣亡。’天下已定,我固当烹。”上曰:“人告公反。”遂械系信。

这段文字很微妙,闪烁其词,到底谁告韩信造反,仔细玩味是从刘邦口中道出,韩信的话则是对刘邦藉诬陷以滥杀功臣的凶险手段的指控!

韩信没有造反的念头,也根本不想造反。但从这次被擒,又被赦免,并委任为淮阴侯起,他却“日夜怨望,居常鞅鞅,羞与绛、灌等列”,“乃与哙等为伍。”他内心蕴含着不满和反抗。他常和刘邦谈论诸将的才能,当论及自己和刘邦才能的高下时:

> 上问曰:“如我,能将几何?”信曰:“陛下不过能将十万。”上曰:“于君何如?”曰:“臣多多而益善耳。”上笑曰:“多多益善,何为为我禽?”信曰:“陛下不能将兵,而善将将,此乃信之所以为陛下禽也。”

这是一段平常的谈话,但却包含着十分尖锐的矛盾。畏恶韩信才能的刘邦,被韩信当面指责为无能,这在刘邦心里引起的忌恨是可以想象的,而刘邦反戈一击,责问韩信:“何为为我禽?”这对无罪被缚的韩信来说,其刺激之深,也是不言而喻的。韩信深知自

己的言论可能造成更严重的祸患,所以他才打算和陈豨联合造反。他向陈豨披露自己的心迹:

> 淮阴侯挈其手,辟左右与之步于庭,仰天叹曰:“子可与言乎,欲与子有言也”。豨曰:“唯将军令之!”淮阴侯曰:“公之所居,天下精兵处也;而公,陛下之信幸臣也。人言公之畔,陛下必不信;再至,陛下乃疑矣;三至,必怒而自将。吾为公从中起,天下可图也。”陈豨素知其能也,信之,曰:“谨奉教!”

汉十年,陈豨果然起事。韩信便“夜诈诏赦诸官徒奴,欲发以袭吕后、太子。部署已定,待豨报。”不料被舍人弟告变,为吕后诱入,“使武士缚信,斩之长乐钟室。”这说明韩信是被迫走向反抗道路的,他本身并没有罪。梁玉绳《史记志疑》卷三十二说:“信之死冤矣。……大抵出于告变者之诬词及吕后与相国(萧何)文致之耳。史公依汉廷狱案叙入传中,而其冤自见。”这是另一种看法。实际上,司马迁所记韩信最后之起来造反,是符合韩信思想转变过程的,不一定是根据告变者的诬词而写的。

司马迁在完成了韩信被斩的描写之后,又增写了一段刘邦要烹蒯通的事:

> 蒯通至,上曰:“若教淮阴侯反乎?”对曰:“然,臣固教之。竖子不用臣之策,故令自夷于此。……”上怒曰:“烹之!”通曰:“嗟乎!冤哉烹也!……秦之纲绝而维弛,山东大扰,异姓并起,英俊乌集。秦失其鹿,天下共逐之,于是高材疾足者先得焉。……且天下锐精持锋欲为陛下所为者甚众,顾力不能耳。又可尽烹之邪!”高帝曰:“置之!”乃释通之罪。

这段描写说明了什么?造反的韩信被杀,而教韩信造反的蒯通却获释。其实,司马迁仍然是为了表现刘邦的“畏恶其能”。因为在刘邦看来，蒯通虽然怂恿别人造反，他自己却无能力夺取天下，韩信则不同，他能“割大弱强”，使“天下服听而归德”于自己，必须斩尽杀绝，“遂夷信三族”。这就进一步揭露了刘邦的险恶。《汉书》卷三十四《韩信传》因袭《史记》的原文而删掉了这段史实，使文章大为减色。顾炎武《日知录》卷二十六认为，这样就使《韩信传》“寥落不堪读”。这就说明这段文字在完成韩信全部传记中的重要作用。

司马迁写《淮阴侯列传》，着重在历史事实的叙述，不多加评论。他写韩信的一生不是孤立地去写，而是与当时的政治局势密切结合的。通过对韩信生平的描写，再现了秦汉之际由汉开始拜将定策，到楚汉对峙，到汉兴楚灭的全部历史演变过程，展示了由楚汉对抗到汉统治集团的内部矛盾的转化。这是这篇传记的突出成就。传记的结尾，用不少笔墨描写了韩信无辜的死亡，描写了韩信的悲剧结局。这不是偶然的，是司马迁对刘邦凶恶统治的指责和控诉。

第十节　萧何和曹参

萧何、曹参是汉朝初年的两任相国，萧何重在文治，曹参重在武功，他们是辅佐刘邦定天下的两个重要人物。司马迁为他们各自立传，记述了他们在秦汉之际这一历史阶段中的作用。

司马迁写《萧相国世家》的意图是“楚人围我荥阳，相守三年。萧何镇抚山西，推计踵兵，给粮食不绝，使百姓爱汉，不乐为楚”。（《自序》）这自然是本篇传记描写的重心，但是作为一个人物，他所体现的社会关系和政治内容却比这要丰富得多。它描写了萧何忠于刘邦，为刘邦一生的事业，为刘邦灭楚，建立汉朝统一的基础，立下了不朽的功勋，但却遭到刘邦时刻地猜忌、提防，最后在小心谨慎下，才得免于死亡。传记主要通过对萧何与刘邦的关系的描写，表示对这两个历史人物的不同看法和评价。

萧何在秦末，“以文无害为沛主吏掾”，因为不屈法害人，做了沛县小吏。在和秦御史监郡共事时，“常辨之”，判断事理很有见解。又“给泗水卒史事，第一”。做泗水郡卒史，才能超群。可见他是一个公正、有见识并才干非凡的人物。司马迁着意描写他与刘邦的密切关系，着意描写他在刘邦从平民到帝王的全部过程中，都给刘邦种种帮助。刘邦“布衣时”，他“数以吏事护高祖”。刘邦做亭长，他“常左右之”。刘邦去咸阳服役，官吏们都送钱三百，“何独以五”，只有他送刘邦五百。刘邦起义，被立为沛公，他“常为丞督事”，一直作为沛公的辅助，处理政务。刘邦灭秦，入咸阳，诸将士都先到国库争夺金帛财物，他“独先入收秦丞相御史律令图书藏之”。刘邦被封为汉王，其“所以具知天下阨塞，户口多少，强弱之处，民所疾苦者，以何具得秦图书也”。刘邦以韩信为大将军，是由于“何进言韩信”。刘邦从一个平民，到做县令，做汉王，每一步都得到萧何真诚的帮助。刘邦做了汉王之后，任萧何为丞相。从此，萧何便把精力集中到治理、巩固巴蜀和关中一带的地区上，使其成为支援刘邦东下的牢固后方。刘邦率兵东定三秦，他留守巴蜀，“填(通镇)抚谕告，使给军食。”安抚百姓，供给前方的兵员、粮草。刘邦与诸侯攻伐项籍，他“守关中，侍太子，治栎阳”。留守关中，治理后方，并“为法令约束，立宗庙社稷宫室县邑”，即定律令，立郡县，还“计户口转漕给军”。刘邦多次作战失利，他“常兴关中卒，辄补缺”，不断征发关中士兵，及时补充。此即刘邦所称道的“镇国家，抚百姓，给馈饷，不绝粮道，吾不如萧何”。(《高祖本纪》)可以说刘邦一生的全部事业都是在萧何的帮助下完成的。

刘邦对此也有清醒的认识。汉五年，论功行封时，“以萧何功最盛，封为酂侯，所食邑多。”群臣不服，以为萧何“未尝有汗马之劳，徒持文墨议论”。刘邦以狩猎为喻，批驳了群臣的肤浅之论，认为群臣“徒能得走兽耳，功狗也”，功如猎狗；而萧何则“发踪指示，功人也”，功如猎人。这自然表现了刘邦的踞傲无礼，蔑视群臣，同时也表示了对萧何的推崇。当按官职大小排列位次时，群臣都认为善攻城略地的曹参应列为第一，关内侯鄂千秋则持相反的观点：“夫曹参虽有野战略地之功，此特一时之事。夫上与楚相距五岁，常失军亡众，逃身遁者数矣。然萧何常从关中遣军补其处，非上所诏令召，而数万众会上之乏绝者数矣。夫汉与楚相守荥阳数年，军无见粮，萧何转漕关中，给食不乏。陛下虽数亡山东，萧何常全关中以待陛下，此万世之功也。今虽亡曹参等百数，何缺于汉？汉得之不必待以全。奈何欲以一旦之功而加万世之功哉！萧何第一，曹参次之。”他历数萧何在刘邦统一天下的每一关键时刻所起的重要作用，其功不在于攻城略地的战果，而在于为建立汉朝奠定了基业。这确是真知卓见。刘邦遂列萧何为第一，“赐带剑履上殿，入朝不趋。”可谓优宠极矣。司马迁这些记述，和他在《自序》中说明本篇写作的意图是一致的，其中包含着自己的感受和认识。他在篇末“赞语”中说：

> 萧相国何于秦时为刀笔吏，录录未有奇节。及汉兴，依日月之末光，何谨守管籥，因民之疾秦法，顺流与之更始。淮阴、黥布等皆以诛灭，而何之勋烂焉。位冠群臣，声施后世，与闳夭、散宜生等争烈矣。

极力赞扬萧何的功劳可与周初辅助文王、武王定天下的闳夭、散宜生媲美。

司马迁在描写了萧何为刘邦建立了赫赫功勋的同时,也描写了刘邦对萧何的时刻猜疑、妒忌。萧何的功劳越多,在关中百姓中的威信越高,刘邦的猜疑、妒忌越深。汉三年:

汉王与项羽相距京索之间,上数使使劳苦丞相。鲍生谓丞相曰:"王暴衣露盖,数使使劳苦君者,有疑君心也。"

名义是慰问,实际是探视动向。汉十一年:

上已闻淮阴侯诛,使使拜丞相何为相国,益封五千户,令卒五百人一都尉为相国卫。诸君皆贺,召平独吊。……召平谓相国曰:"祸自此始矣。上暴露于外而君守于中,非被矢石之事而益君封置卫者,以今者淮阴侯新反于中,疑君心矣。夫置卫卫君,非以宠君也。"

名义是益封置卫,实际是把他监守起来。汉十二年:

秋,黥布反,上自将击之,数使使问相国何为。相国为上在军,乃拊循勉力百姓,悉以所有佐军,如陈豨时。客有说相国曰:"君灭族不久矣。夫君位为相国,功第一,可复加哉?然君初入关中,得百姓心,十余年矣,皆附君,常复孳孳得民和。上所为数问君者,畏君倾动关中。"

名义是探问,实际是担心他在关中造反。很明显,司马迁是把萧何和刘邦对照写的,一个忠诚,一个奸诈,褒贬态度鲜明。在这种险恶的政治压力下,司马迁还写了萧何如何时刻考虑自全。第一次,他听谋士鲍生的话,"遣君子孙昆弟能胜兵者悉诣军所",取得了刘邦的信任。第二次,听召平的劝告:"让封勿受,悉以家私财佐军。"刘邦大喜。第三次,采纳门客的意见:"多买田地,贱贳贷以自污。"刘邦听后才放心。萧何不但时刻考虑自全,而且还时刻考虑子孙后代的安全：

> 何置田宅必居穷处，为家不治垣屋。曰："后世贤，师吾俭；不贤，毋为势家所夺。"

后代若贤能，就效法我的俭朴；若不贤，也不要被豪强所兼并。像他这样小心谨慎，处处考虑周到，还不免触刘邦之怒，被囚禁于廷尉。后来被赦出，还"恭谨，入，徒跣谢"。仍然对刘邦表现了无限的尊崇和恭敬。刘邦则说什么："吾故系相国，欲令百姓闻吾过也。"又要弄一种掩耳盗铃的故技。

萧何与曹参的关系并不好，当自己病重时，还向汉惠帝推荐曹参作为自己的继承人。他把个人的恩怨置之度外，而把汉王朝的利益放在第一位。萧何就是这样一个至死都忠于汉王朝，忠于自己职守的封建阶级的贤相。

司马迁通过对萧何与刘邦的关系的描述，突出并赞扬了萧何，赞扬萧何在刘邦事业中的作用，同时批判了刘邦，批判刘邦对萧何的猜疑、妒忌等。

司马迁写《曹相国世家》的意图是为曹参"与信定魏，破赵拔齐，遂弱楚人。续何相国，不变不革，黎庶攸宁。嘉参不伐功矜能，作《曹相国世家》。"(《自序》)很明显，他的传记可分两部分内容：其一是记述曹参辅佐刘邦打天下的武功；其二是记述继萧何为相国之后的政绩。但是，就武功而言，传记记述的不只是他在刘邦称帝后定魏、破赵、拔齐等功绩，而是从刘邦起事之日始，写他跟随刘邦东征西讨，"身被七十创，攻城略地"(《萧相国世家》)，建立了汗马功劳。

曹参在秦末"为沛狱掾"，即做沛县狱吏，和做沛主吏的萧何，都"居县为豪吏"。刘邦初为沛公，他就以中涓相从，击胡陵、方与，破秦御史监郡军；东下薛，击薛西之泗水郡守；又攻秦将司马𡰖于砀东；攻下邑以西，破章邯军；北救东阿，取陈，直追至濮阳；南救雍丘，杀秦将李由。其后，攻东郡尉军成武南，击王离军成阳南，围击赵贲军于开封，西击杨熊军于曲遇。然后，下阳武、轘辕、缑氏。南定南阳郡，西攻武关、峣关。至咸阳，灭秦。由于战功，曹参逐渐由中涓升迁为爰戚县令，爵位执珪。

灭秦之后，刘邦被封为汉王，同时拜曹参为将军。曹参又跟从刘邦还定三秦，击楚将章平军于好畤，围章邯军于废丘。以中尉出临晋关，至河内，下修武，渡围津，东破楚将龙且、项他，取砀、萧、彭城。又平定了汉将王武、程处、柱天侯的叛乱。击楚将羽婴于昆阳，回来攻武疆，遂至荥阳。曹参以将军、中尉的身份，追击诸侯，打败了项籍，前后共两年，取得了赫赫战功。

刘邦既定天下，便着手于削平异姓王的叛乱。曹参以假左丞相与韩信共攻魏王豹，取平阳，"尽定魏地，凡五十二城。"再从韩信破赵相国夏说军于邬县东，斩赵别将戚将军。又以右丞相属韩信，破齐历下军，取临淄，定济北郡，攻著、漯阴、平原、鬲、卢等，破龙且军于上假密，斩龙且，虏其将周兰，"定齐，凡得七十余县。"此即所谓"定魏，破赵，拔齐。"刘邦称帝后，曹参以军功拜齐相国，并封为平阳侯。

司马迁在记述曹参辅助刘邦定天下的战斗中，和《高祖本纪》所记载的"汉常困"不同，其中除了"击项籍军，汉军大败走"两句外，其余都是记述战必胜，攻必克，所向披靡的事迹。这样就突出了曹参军的顽强、无敌。他的战功如下：

> 凡下二国，县一百二十二；得王二人，相三人，将军六人，大莫敖、郡守、司马、候、御史各一人。

司马迁具体地记载他的战果，在于说明他是汉初建立军功最多的人。

司马迁在传记的后半部分，记述了曹参的政绩，记述曹参以黄老之术治天下所取得的成就。惠帝元年，改曹参为齐丞相。为商量“安集百姓”的措施，便召集“长老诸生”，结果“言人人殊”，拿不出好办法来。听说胶西有个盖公，“善治黄老言”，即请来议政。盖公“为言治道贵清静而民自定，推此类具言之。”曹参根据盖公的建议，“其治要用黄老术”，使得“齐国安集，大称贤相”，成为以黄老之术治天下的先驱。萧何死后，他做汉朝的第二任相国。其治国：

> 举事无所变更，一遵萧何约束。

完全按照萧何的政治措施办，并不稍加更改。对官吏的任免都根据能否推行黄老之术为准则：

> 择郡国吏木诎于文辞，重厚长者，即召除为丞相史。吏之言文刻深，欲务声名者，辄斥去之。

所谓“木诎于文辞，重厚长者”，即朴实、拙于言语而重实际的人。所谓“言文刻深，欲务声名”，即弄文舞墨，务虚名的人。前者是他所任用的，后者是他所罢斥的。他在做相国期间，“日夜饮醇酒”，无所事事，有谁来劝说，他就拉谁一起喝酒，直到喝醉，使人不得开口，曹参坚守萧何的政治措施，“无所变更”，是符合当时历史发展的要求的。汉初经过长期的战乱，人民饱受战祸之苦，普遍希望休息。因为只有休息，才能发展生产，只有休息，才能安定生活。对这一点，曹参是有充分认识的，但惠帝却不能领会，常怪曹参无所事事：

> 参免冠谢曰:“陛下自察圣武孰与高帝?”上曰:“朕乃安敢望先帝乎!”曰:“陛下观臣能孰与萧何贤?”上曰:“君似不及也。”参曰:“陛下言之是也。且高帝与萧何定天下,法令既明,今陛下垂拱,参等守职,遵而勿失,不亦可乎?”

曹参所谓“守职”、“勿失”,即遵循以黄老之术治天下而不变。这正反映了汉初社会发展的需要。王夫之说:“曹参因萧何之法而治”,是“唯其时之不得不因也”(《读通鉴论》卷二)。可谓深得汉初崇尚黄老之要旨。曹参为相国三年,百姓歌之曰:

> 萧何为法,𬘘若画一;曹参代之,守而勿失。载其清净,民以宁一。

这是人民对曹参严守萧何的政治路线,给社会带来的稳定和给百姓带来的安宁的赞美。司马迁对曹参的论赞说:

> 曹相国参攻城野战之功所以能多若此者,以与淮阴侯俱。及信已灭,而列侯成功,唯独参擅其名。参为汉相国,清静极言合道。然百姓离秦之酷后,参与休息无为,故天下俱称其美矣。

一方面肯定了曹参的战功如此之多,是因为和韩信共同取得的,这就客观地评价了曹参;一方面指出了曹参的清静无为的政策,是符合人民要求的,在历史上有着进步意义。

第十一节　张良和陈平

张良和陈平是刘邦属下的两个谋士,他们各以自己的策略、智谋辅佐刘邦打败了项籍,建立了汉朝,在历史上起了重要作用。司马迁在《自序》中谈到为这两个人立传的原因说:“运筹帷幄之中,制胜于无形,子房计谋其事,无知名,无勇功,图难于易,为大于细。作《留侯世家》。”“六奇既用,诸侯实宾从于汉;吕氏之事,平为本谋,终安宗庙,定社稷。作《陈丞相世家》。”这说明,他们对汉朝的具体贡献不尽相同,但都是以运筹智谋取得的。他们的智谋的基础是黄老之术,他们以黄老之术辅助刘邦定天下,又以黄老之术全身。

张良出身于“五世相韩”的韩国贵族,他的祖父开地曾任韩昭侯、宣惠王、襄哀王的丞相,父平曾任厘王、悼惠王的丞相。他的家庭与韩国的命运紧密联系着。所以当秦灭韩之后,他“弟死不葬,悉以家财求客刺秦王,为韩报仇”。博浪沙刺秦王,就是这种思想情绪的发泄。不幸,“误中副车”而失败了。他便“更名姓,亡匿下邳”。这不能说是违反历史发展的行为,因为张良企图刺杀的是残暴不仁的君主,尽管这个君主在历史上起过某种进步作用,但他毕竟是统治阶级,有压迫人民的方面,因此刺杀他就不能说没有意义。

张良隐居下邳时,最有意义的事是遇到“圯上老父”,接受《太公兵法》(此书已佚,梁阮孝绪《七录》载有《太公兵法》一帙,三卷),司马迁写道:

> 良尝闲从容步游下邳圯上,有一老父,衣褐,至良所,直堕其履圯下,顾谓良曰:“孺子,下取履!”良鄂然,欲殴之。为其老,强忍,下取履。父曰:“履我!”良业为取履,因长跪履之。父以足受,笑而去。良殊大惊,随目之。父去里所,复还,曰:“孺子可教矣。后五日平明,与我会此。”良因怪之,跪曰:“诺。”五日平明,良往。父已先在,怒曰:“与老人期,后,何也?”去,曰:“后五日早会。”五日鸡鸣,良往。父又先在,复怒

曰:"后,何也?"去,曰:"后五日复早来。"五日,良夜未半往。有顷,父亦来,喜曰:"当如是。"出一编书,曰:"读此则为王者师矣。后十年兴。十三年孺子见我济北,谷城山下黄石即我矣。"遂去,无他言,不复见。旦日视其书,乃《太公兵法》也。良因异之,常习诵读之。

这件事在张良一生的政治生涯中是个转折点。所谓《太公兵法》,即黄老之术。这之后,他体味到单凭刚锐之气、匹夫之勇是不能达到报仇的目的的,必须忍小忿而就大谋,讲究智谋和策略。也即运用黄老之术。苏轼在《留侯论》中说:"子房以盖世之材,不为伊尹太公之谋,而特出于荆轲、聂政之计,以侥幸于不死,此固圯上之老人所为深惜者也。是故倨傲鲜腆而深折之,彼其能有所忍也,然后可以就大事。"(《经进东坡文集事略》卷七)可谓深得圯上老人的本意。张良得《太公兵法》,"常习诵读之",领会其精义。这是他后来谋事决策大不同于以前的重要原因。

在秦末农民大起义的环境中,张良"亦聚少年百余人",起兵反秦。后来投到刘邦麾下,多次以《太公兵法》说刘邦,刘邦"善之,常用其策。"因此,他感叹说:"沛公殆天授。"圯上老人告诉张良:"读此则为王者师矣",这是本篇传记的纲。张良后来辅佐刘邦灭秦、定天下,应该都是运用这部兵法精神的结果,张良就是经常以这部兵法的精神为刘邦出谋划策的。

张良辅助刘邦的过程,可分为两个阶段。即他做韩国司徒的阶段和韩王成被杀他彻底归汉的阶段。张良知道项梁立楚怀王之后,便向他建议将韩国贵族韩成"立为王,益树党"。项梁采纳了他的建议,同时立他为韩国司徒。在任韩国司徒期间,他跟从刘邦下韩十余城,破杨熊军,南攻宛,西入武关。但在当时反秦的两大主力刘、项之间,张良还未明确站在哪一方面,他只是"为韩王送沛公”。为刘邦运筹谋划,不断推进抗秦的斗争。如当刘邦攻破武关,进而要袭击峣关时,他分析了敌我形势,认为“秦兵尚强,未可轻”,而“其将屠者子,贾竖易动以利”,因此派“郦食其持重宝啗秦将”。秦将果然叛秦,并要和刘邦共同西击咸阳。张良认为秦将虽然叛秦,士卒未相从,“不如因其解击之”,刘邦采纳了他的建议,大破秦军,取得了灭秦的关键性胜利。刘邦入秦宫,见宫室、重宝、美女等,便留恋不舍,张良谏戒说:“夫秦为无道,故沛公得至此。夫为天下除残贼,宜缟素为资。今始入秦,即安其乐,此所谓‘助桀为虐’。”这对刘邦起了振聋发聩的作用。刘邦听后,还军霸上。鸿门之会,是刘、项斗争的关键时刻,张良让“项伯具言沛公不敢倍项羽,所以距关者,备他盗之出入与非常也”。帮助刘邦脱离了险境。从此,张良完全站到刘邦一边了。刘邦被封为汉王,张良送至褒中,临别时,对刘邦说:“王何不烧绝所过栈道,示天下无还心,以固项王意!”刘邦采取了他的意见,烧绝栈道,使项籍“无西忧汉心”,而自己得乘机“还定三秦”。张良回到韩王成那里,项籍因为张良曾跟从刘邦,竟“不遣成之国”,“乃以为侯,又杀之彭城”。张良即自韩“间行归汉王”,彻底投身到刘邦营垒中去了。

张良来到刘邦营垒中之后,刘邦嘉其去楚归汉,能守信义,被封为成信侯。从此他便“常为画策臣,时时从汉王”。真正成为王者师了。这期间,张良为刘邦画策很多,其中最重要的是反对“复立六国后世”。汉三年,刘邦被项籍围困在荥阳,形势十分危急。郦食其劝谏刘邦“复立六国后世”,以取得诸侯的拥护,并挫败项籍。张良当场用筷子为刘邦画策,周密细致地分析了分封诸侯的危害性,提出了一系列的责难,最后说:

> 今复六国,立韩、魏、燕、赵、齐、楚之后,天下游士各归事其主,从其亲戚,反其故旧坟墓,陛下与谁取天下乎?……且

夫楚唯无强,六国立者复桡而从之,陛下焉得而臣之?诚用客之谋,陛下事去矣。

刘邦恍然大悟,大骂郦食其:“竖儒,几败而公事!”立即下令把要授给六国诸侯的印玺销毁。张良谏阻分封六国,是楚、汉斗争中的一件大事,它关系到统一的封建国家的建立和刘邦事业的成败问题。正是这一主张促进了国家的统一和刘邦事业的完成。以后,张良跟随刘邦转战南北,提出了一系列有远见的战略和策略。如韩信破齐,要自立为齐王,刘邦听了大怒,张良“说汉王,汉王使良授齐王信印”。又刘邦追楚兵到阳夏南,战不利,在固陵扎营坚守,“诸侯期不至”,张良“说汉王,汉王用其计,诸侯皆至”。又刘邦已定天下,行封,诸将不平,以为“所封皆萧、曹故人所亲爱,而所诛者皆生平所仇怨”。往往相与议论谋反。张良建议封其生平所憎而功极多者。刘邦封雍齿为什方侯,诸侯因此才平息下来。天下已定,建都问题突出出来。刘邦属下多山东人,都主张都洛阳。张良则从地理形势、战略地位、统一天下的角度着眼,认为关中“金城千里,天府之国也”,应都关中。于是“高帝即日驾,西都关中”。这为建立汉朝统一、巩固的政权奠定了基础。刘邦评张良说:“运筹策帷帐中,决胜千里外,子房功也。”即突出了张良的智谋、策略在汉朝建立中的作用。张良最后一次为刘氏画策,是刘邦欲废太子刘盈,立戚夫人子赵王如意,他设法保全了太子。“母爱者子抱”,他意识到这种“骨肉之间”棘手的问题,“难以口舌争也”。当吕泽强要他画策时,他只建议邀请刘邦想得到而终未得到的“商山四皓”来,“则一助也”。在“商山四皓”的维护下,刘盈的太子地位得以保存。废嫡立庶问题,是封建统治阶级的内部矛盾,但它却关乎国家的治乱。由于确保了太子的地位,国家免于动乱,社会得以安定。

张良自从接受《太公兵法》之后，便为“王者师”，一直为辅佐刘邦定天下发挥了重要作用。他那些有远见的战略和策略，都应当是《太公兵法》精神的体现，也即黄老之术的体现。黄老之术是他一切战略和策略思想的基础。司马迁在记述中赞扬了张良的功绩，赞扬了张良的战略和策略思想，实际上是赞扬了黄老之术在汉初社会斗争中的作用。

张良一生功勋盖世，但不愿受三万户之封，只愿封留，因为留是他与刘邦相会之处，其忠于刘邦的心迹可见。但刘邦定天下之后，他却屏除谷食，静居养生，“欲从赤松子游”。为什么呢？他说：“始上数在困急之中，幸用臣策。今天下安定……虽臣等百余人何益！”封建统治者那种可与同患难，不可与同安乐的历史教训，给他很深的影响。在那种险恶的政治环境中，也只能以黄老之术全身。吕后感激他计存太子的德惠，坚决劝他进食说：“人生一世间，如白驹过隙，何至自苦如此乎！”他才勉强进一食。功勋如彼，而清苦如此！司马迁在叙述张良晚年的处境时，流露出无限的同情，这种同情包含着对那个险恶的政治环境的不满和愤慨。

司马迁最后对张良的评价说：

> 高祖离困者数矣，而留侯常有功力焉，岂可谓非天乎！

又说：

> 余以为其人计魁梧奇伟，至见其图，状貌如妇人好女。盖孔子曰：“以貌取人，失之子羽。”留侯亦云。

他认为刘邦得到张良的辅佐，是得天之助。这与他在《秦楚之际月表》中认为刘邦得天下，“岂非天哉！岂非天哉”的思想是一致的。他还认为不能以貌取人，应该看一个人的品德精神。他想象张良的形象是“魁梧奇伟”，而张良的真实相貌则如“妇人好女”。很明显,他在张良的传记中是从想象出发创造了一个奇伟之人的品质和精神。

陈平出身于贫苦的农民家庭,少时好读书。其兄陈伯躬耕田野,而“纵平使游学”。其嫂则为其不事家业生产而厌恶他。后来,他娶同乡富人张负的孙女为妻,得到张家的资助,“游道日广”。他少时游学所学,应该就是黄老之术。

在乡里,他干了一件为众人所称赞的事,即为乡里人分祭肉:

> 里中社,平为宰,分肉食甚均。父老曰:“善,陈孺子之为宰!”平曰:“嗟乎,使平得宰天下,亦如是肉矣!”

这是对他所学黄老之术的第一次实践,同时也表现了他要用黄老之术治天下的深远抱负。他先投奔魏王咎,魏咎不用其说,便去魏归楚,项籍不信任他,他又通过魏无知见刘邦。和刘邦一席谈话,便很投机,刘邦立刻拜他为都尉。诸将都嫉妒他,而刘邦愈加宠幸,拜他为亚将,迁护军中尉。在刘邦麾下找到了施展智谋才能的场所。汉三年,刘邦被项籍久困于荥阳时,他分析了项籍为人之“意忌信谗”,因此建议刘邦“行反间,间其君臣,以疑其心”。刘邦派人到楚军中宣言,钟离眜等诸将为项王立功很多,但却得不到封赐,要和汉王联合,共同消灭项王,分王其地。项王果意不信钟离眜等。项籍既生疑心,派人使汉,刘邦为太牢具,见来使,佯惊说:“吾以为亚父使,乃项王使!”遂把太牢具换成恶草具。使者还报项籍,“项王果大疑亚父。”亚父要急攻荥阳,而项籍并不听信。亚父怒而辞归,疽发背而死。陈平离间了钟离眜、范增与项籍的关系,等于砍掉了项籍的两只臂膀,极大地削弱了项籍的实力。但怎样突破荥阳之围呢?陈平定了个金蝉脱壳之计,夜间大开城东门,让两千名妇女戴盔披甲出城应战,楚兵都来追击,他和刘邦等却从城西门逃跑了。荥阳突围是一次重要战役,它使汉军免于覆灭,而退至关中,收集散卒,再次东进。汉四年,楚汉战争经过了一个阶段,项籍的实力遭受极大的削弱,不得已提出以鸿沟为界,和刘邦平分天下的和议。刘邦有意和解,要引兵西归。陈平建议乘机灭楚,不能犹疑。刘邦"用陈平计,乃进兵追项羽"(《高祖本纪》)。终于"用其奇计策,卒灭楚"。汉六年,有人告发楚王韩信谋反,刘邦要出兵攻伐。陈平则出一奇计,让刘邦伪装巡游云梦,会诸侯于陈,当韩信郊迎之际,把韩信捕捉起来。刘邦采用了他的策略,达到了预期的目的,避免了兴师动众。汉七年,刘邦被匈奴围困于平城七天,"用陈平奇计,使单于阏氏,围以得开。""其计秘,世莫得闻。"他究竟出的什么计策?《集解》引桓谭《新论》云:"彼陈平必言汉有好丽美女,为道其容貌天下无有,今困急,已驰使归迎取,欲进与单于,单于见此人必大好爱之,爱之则阏氏日以远疏,不如及其未到,令汉得脱去,去,亦不持女来矣。阏氏妇女,有妒媢之性,必憎恶而事去之。"所谓其计秘,可能即指这些。刘邦被围平城,汉人都以为是奇耻大辱,陈平能以谋略解围,确是一项功绩。这之后,陈平常以护军中尉从刘邦击陈豨、黥布,"凡六出奇计","奇计或颇秘,世莫能闻也。"可以说刘邦平定天下,建立汉朝,每前进一步,都有陈平运筹的战略、策略在起作用。司马迁处处在写他是个"奇士"、"奇谋之士"。

陈平从受诏斩樊哙开始,所施展的智谋和才能便不完全是为了扶助汉王朝,而主要是为了自全。刘邦听信人们对樊哙的谗言,让陈平斩樊哙,召周勃代樊哙将。陈平鉴于樊哙是吕后妹吕媭的丈夫,乃当朝显贵,"宁囚而致上",不肯自己诛戮。在传诣长安的途中,听说刘邦死了,他担心吕媭因此谗毁他,便先去长安,至宫中,在刘邦灵柩前向吕后奏报出差之事,哭甚哀。吕后很同情他,说:“君劳,出休矣!”他仍然忧谗畏讥,坚决要求值宿宫中。吕后让他做郎中令,并“傅教孝惠”。因此,“吕媭谗乃不得行。”使自己免于被陷害。惠帝六年,陈平、王陵分别任左右丞相,吕后欲立诸吕为王,问王陵、陈平,王陵说:“不可”,陈平违心地说:“可”,以自全。吕后免去王陵的丞相职,而以审食其为丞相,“百官皆因决事”。吕媭谗毁陈平为相而无所事事,每日沉湎酒色。陈平听了,“日益甚”,以为荫蔽。吕后听后则“私独喜”,并对陈平说:“顾君与我何如耳,无畏吕媭之谗也。”可见陈平当时处境之艰难,而自己又能应付。吕后立诸吕为王,陈平听之任之。“及吕太后崩,平与太尉勃合谋,卒诛诸吕,立孝文皇帝。”使汉朝得免于动乱,国家的统一得到加强。司马迁赞扬这件事说:“陈平本谋也!”

既诛诸吕,文帝乃以周勃为右丞相,以陈平为左丞相。文帝明习国家大事,问周勃天下一年中刑狱案件、钱谷出入各多少?周勃都不能对答。又问陈平,陈平答以“有主者”,并进而明确自己的职责说:“宰相者,上佐天子理阴阳,顺四时,下育万物之宜,外镇抚四夷诸侯,内亲附百姓,使卿大夫各得任其职焉。”文帝才认识到陈平才能之高,大加赞赏,使“专为一丞相”,即为相国。陈平有功于汉朝,竟然不被废黜或诛戮,最后成为相国,这在汉朝是不多见的。为什么?由于他善于施展自己的才智和谋略。司马迁最后总结说:

> 陈丞相平少时,本好黄帝、老子之术。方其割肉俎上之时,其意固已远矣!倾侧扰攘楚、魏之间,卒归高帝。常出奇计,救纷纠之难,振国家之患。及吕后时,事多故矣,然平竟自脱,定宗庙,以荣名终,称贤相,岂不善始善终哉!非知谋孰能当此者乎?

司马迁赞扬陈平运用黄老之术所取得的成就。“方其割肉俎上之时，其意固已远矣！”是运用黄老之术的开始。自“倾侧扰攘楚、魏之间”至“称贤相”，是对黄老之术的施展。他一生的穷通际遇全凭黄老之术，“非知谋孰能当此者乎？”一言以蔽之，智谋而已。

第十二节　李　广

李广是汉朝的名将，由于出征匈奴而名扬天下。他有将才，为汉朝立下了汗马功劳，而终生不得意，最后竟被迫自杀。司马迁叙述他为李广立传的理由说：“勇于当敌，仁爱士卒，号令不烦，师徒向之。”（《自序》）他在李广的传记中确是具体地描写了这些方面，但实际上，他笔下李广这个人物所包含的内容比这些要丰富广阔得多。司马迁描写这个人物是倾注着自己的全部感情，并连带着自己的血肉的。他记述他的事迹，推许他的勇略，同情他的遭遇，并为他的不幸而不平。他是笔歌墨舞地完成了对这一人物的创造的。

司马迁在《李将军列传》中，记述李广是“世世受射”的良家子，他“为人长，猨臂”，“与人居则画地为军陈，射阔狭以饮。专以射为戏，竟死。”他出猎，见草中石，以为是虎而射之，“中石没镞”，并“尝自射虎”。足见他的勇力。司马迁记述说：“其善射亦天性也。虽其子孙他人学者，莫能及广。”善射的确是他的特点，他是凭藉着善骑射而取得军功的。文帝时，他“从军击胡，用善骑射，杀首虏多，为汉中郎。”景帝时，“徙为骑郎将。吴、楚军时，广为骁骑都尉，从太尉亚夫击吴、楚军，取旗，显功名昌邑下。”以后，历任各边郡太守，“皆以力战为名。”

李广善于治军。他之治军，与一般军事家之令严威重不同，而是仁爱士卒，宽缓不苛。他“得赏赐辄分其麾下，饮食与士共之”。又：

广之将兵，乏绝之处，见水，士卒不尽饮，广不近水；士卒不尽食，广不尝食。宽缓不苛，士以此爱乐为用。

他能与士卒同甘苦，共患难，并绝甘分少，因此得到士卒的拥护，都愿为他效力。他在任边郡太守兼管军防屯扎诸事时：

行无部伍行阵，就善水草屯，舍止，人人自便，不击刁斗以自卫，莫府省约文书籍事，然亦远斥候，未尝遇害。……然虏卒犯之，无以禁也；而其士卒亦佚乐，咸乐为之死。

和他同时任边郡太守的程不识，其治军与他相反，而是整饬严肃，“正部曲”，“治军簿至明”。司马迁有意识地把他和李广对比，以显示李广治军之“极简易”。司马迁的思想倾向明显的在李广方面，他写道：“是时汉边郡李广、程不识皆为名将，然匈奴畏李广之略，士卒亦多乐从李广而苦程不识。”他描写了李广正是依靠这种治军方法，率领部卒出击匈奴，屡建战功的。

“李广才气，天下无双”，智勇双全。这更具体地体现在他与匈奴的三次战役上。文帝时，他率领百骑，驰入敌前，挽救被匈奴射伤的中贵人。在敌我兵力悬殊的情况下，他假意诱敌，以骗得敌人不敢追击。他下令诸骑：“前！”并命令：“皆下马解鞍！”其骑曰：“虏多且近，即有急，奈何？”他说：“彼虏以我为走，今皆解鞍以示不走，用坚其意。”因此匈奴兵便不敢攻击。一个骑白马的匈奴将领出阵来监护其军，李广率十余骑射杀之，“而复还至其骑中，解鞍，令士皆纵马卧”。结果匈奴真以为汉有伏兵，即引兵退。在这次战役中，李广完全凭着勇敢和计谋战胜了敌人，保存了自己。武帝元光六年，他又出雁门，击匈奴。由于匈奴兵多，自己被生擒。匈奴骑兵“络而盛卧广”，系在两马之间。“广佯死，睨其旁有一胡儿骑善马，广暂腾而上胡儿马，因推堕儿，取其弓，鞭马南驰数十里，复得其余军，因引而入塞。”写出了他的骁腾和勇敢。他虽身负重伤，又被俘，却能凭藉着自己的敏捷和机警，脱身而归。武帝元狩三年，李广出右北平击匈奴，被左贤王四万骑所包围：

> 广为圆陈外向，胡急击之，矢下如雨。汉兵死者过半，汉矢且尽。广乃令士持满毋发，而广身自以大黄射其裨将，杀数人，胡虏益解。会日暮，吏士皆无人色，而广意气自如，益治军。军中自是服其勇也。

司马迁记叙说：“其射，见敌急，非在数十步之内，度不中不发，发即应弦而倒。”这里即写他临危不惧，意气自如，神色栩栩如生，因此被匈奴号之为“汉之飞将军”。李广就是这样一位射技高强，治军得法，智勇兼备，在抗击匈奴战争中屡建战功的人物。司马迁为李广立传的目的，在于写他的“勇于当敌，仁爱士卒”。在这方面，他的描写是相当充分的。

但是，司马迁描写的重心在李广建立功业却得不到封赏，不但得不到封赏，而且最后被迫自杀。这是为什么？用传记中记述文帝的话说是“不遇时”。文帝对李广说：“惜乎，子不遇时！如令子当高帝时，万户侯岂足道哉！”这句话肯定了高帝打天下时，能够任用人才，而惋惜文帝以后，天下晏安，人才被埋没了。在司马迁笔下，李广一生的行迹，“不遇时”是个中心线索，贯彻始终。如他从周亚夫出击吴、楚军，大败敌军于昌邑城下，功名显赫，但是：

> 以梁王授广将军印，还，赏不行。

因为李广以汉将受梁王的将军印，有功而不能受赏。又李广以卫尉为将军，出雁门击匈奴，为匈奴所生擒，夺得胡儿马逃归：

汉下广吏。吏当广所失亡多，为虏所生得，当斩，赎为庶人。

他孤军深入敌阵，不但无功，且几乎丧失了自己的生命。又李广从大将军卫青出定襄击匈奴，结果：

诸将多中首虏率，以功为侯者，而广军无功。

许多将领因斩首虏获都论功封侯，唯独李广无功。又李广与博望侯张骞一同出击匈奴，得到的待遇是：

广军功自如，无赏。

功过相当，也没有封赏。李广一生的战绩，主要表现在他对匈奴的征讨上。在对匈奴的战争中，才能、名声远在他之下的李蔡，都"为列侯，位至三公"，并且"诸广之军吏及士卒或取封侯"，而他却"不得爵邑，官不过九卿"。这是为什么？他对自己的遭际发生了怀疑。他私自问当时著名的占侯王朔说：

自汉击匈奴而广未尝不在其中，而诸部校尉以下，才能不及中人，然以击胡军功取侯者数十人，而广不为后人，然无尺寸之功以得封邑者，何也？岂吾相不当侯邪？且固命也？

这是李广从自身的不平遭遇中提出的疑问，实际上是对当时政治的不满，是对文、景、武帝三朝任人唯亲的政策的控诉。王朔虽然告诉他是由于对其杀已降者的报应，但司马迁的具体描写却是统治阶级的迫害所致。元狩四年，李广以前将军从卫青出击匈奴，卫青令李广所部与右将军赵食其的队伍合并前进，出东道。但东道水草少，不宜并队行进，当时李广年已六十有余，他要求居于前列,先死单于。卫青“阴受上诫,以为李广老,数奇,毋令当单于,恐不得所欲”。卫青便找到了好借口,徇私舞弊,欲趁此能立功的机会,私下成就公孙敖。司马迁在此画龙点睛地写道:“是时公孙敖新失侯,为中将军从大将军,大将军亦欲使敖与俱当单于,故徙前将军广。”卫青所以成就公孙敖,是因为卫青未受宠幸时,皇后由于妒恨其姊而把他捕捉起来,欲置他于死地,“其友骑郎公孙敖与壮士往篡取之”(《卫将军骠骑列传》),才得免于一死。卫青这样做完全为了报答救命私恩。李广知道他在徇私情,便不受令,卫青派长史封书与广:“急诣部,如书!”李广不得已,愠怒就部,出东道,但“军亡导,或失道,后大将军”,未能按期到达。事后,卫青问李广迷失道路的情况,又急责李广到幕府听审:

> 广曰:“诸校尉无罪,乃我自失道。吾今自上簿。”至幕府,广谓其麾下曰:“广结发与匈奴大小七十余战,今幸从大将军出接单于兵,而大将军又徙广部行回远,而又迷失道,岂非天哉!且广年六十余矣,终不能复对刀笔之吏。”遂引刀自刭。

这就写出了李广的“不遇时”,有政治上的原因,这种原因即汉武帝认为他“数奇”,对他不信任。最高统治者对他的不信任造成了他一生之不幸。而卫青令他“并于右将军军”,更是对他的政治陷害了。司马迁怀着深切的同情描写李广一生的遭际,在李广身上倾注着自己的政治观点和身世之感。如对李广仁爱士卒,宽缓不苛的治军方法的描写,即包含着自己的政治观点在内,他在《循吏列传》中说:“奉职循理,亦可以为治,何必威严哉!”并赞颂孙叔敖的政绩说:“三月为楚相,施教导民,上下和合。世俗盛美,政缓禁止,吏无奸邪,盗贼不起。”可见他是主张宽缓治国,反对谨于文法的。又如对李广为报效汉朝,深践戎马之地,其所摧败,功已暴露于天下,但却被排挤陷害的感叹,即渗透着自己忠而见谤以致下狱被刑的悲愤情绪。至于李广耻于“对刀笔之吏”而自刭,更饱含着自己由于身受狱吏的摧残而对狱吏的切肤之恨。但是,司马迁这样描写李广,也包含着对李广之孙李陵的同情。他也把自己对李陵的感情倾向注入对李广行迹的描写之中。如《报任安书》中写李陵之为人:“常思奋不顾身,以徇国家之急。其素所蓄积也,仆以为有国士之风。”“李陵素与士大夫绝甘分少,能得人死力,虽古之名将不能过也。”写李陵之出征匈奴:“提步卒不满五千,深践戎马之地,足历王庭,垂饵虎口,横挑强胡,仰亿万之师,与单于连战十有余日,所杀过半当。”又“转斗千里,矢尽道穷,救兵不至,士卒死伤如积,然陵一呼劳军,士无不起,躬自流涕,沬血、饮泣,更张空拳,冒白刃,北向争死敌者”。这些描写与李广的行迹完全一致。不能说这是李陵继承乃祖的遗风,而是司马迁把对李陵的看法、评价融汇于李广的形象中了。司马迁没有单独为李陵立传,《史记·李将军列传》末附有一段李陵传,据梁玉绳说这是后人妄续的,他在《史记志疑》卷三十三说:“此下皆后人妄续也,无论天汉间事《史》(《史记》)所不载,而史公因陵被祸,必不书之,其详别见于《报任安书》,盖有深意焉。观赞中但言李广而无一语及陵可见。且所续与《汉传》(《汉书·李广苏建列传》所载李陵事)不合,如族陵家在陵降岁余之后,匈奴妻陵又在族陵家之后,而此言单于得陵即以女妻之,汉闻其妻单于女,族陵母妻子,并误也。且汉之族陵家,因公孙敖误以李绪教单于兵为李陵之故,不关妻单于女。”又杭太史(世骏)云:“子长盛推李少卿(陵),以为有国士风,虽败不足诛,彼不死,欲得当以报。何云李氏名败,陇西之士为耻乎?断非子长笔。”这些意见是可信的。那么司马迁笔下有关李陵的事迹,只见于《报任安书》了。司马迁是把自己的身世之感和

对李陵的同情都倾泻于李广的思想行为之中,使李广这个人物更丰富更饱满,从而更动人了。他对李广的论赞说:

> 《传》曰"其身正,不令而行,其身不正,虽令不从"。其李将军之谓也?余睹李将军悛悛如鄙人,口不能道辞。及死之日,天下知与不知,皆为尽哀。彼其忠实心诚信于士大夫也?谚曰:"桃李不言,下自成蹊。"此言虽小,可以谕大也。

李广因为为人正派,而受到士卒的拥护和人民的爱戴,因为为人正派,却受到最高统治者的猜忌和外戚的排挤。历史是自己写的,自己的言行就是善恶的见证。李广虽然口不能道辞,但他的行为品德却能为人们所感动、传诵。这是司马迁对李广的赞扬,也是他对造成李广不幸结局的汉代统治阶级的批评。

第五章　司马迁的文笔

司马迁具有卓越的史学才能,班彪即誉之为“良史之才”(《后汉书·班彪传》),同时具有卓越的文学才能,刘勰称赞他“博雅弘辩之才”(《文心雕龙·史传》)。他的卓越的史才和文才,不仅表现在他对自己著作内容的论述上,也表现在他行文之间和文笔的运用上。刘向、扬雄都服其文笔之“善序事理,辨而不华,质而不俚;其文直,其事核;不虚美,不隐恶,故谓之实录。”(《汉书·司马迁传》)这是对他文章的极高推崇。司马迁对自己的文章也有所认识,他“鄙没世而文采不表于后”,即表现了他在文章方面的自负。因此,具体地分析司马迁文章的特点和成就,是论述司马迁的重要课题。

第一节　善序事理,辨而不华,质而不俚

司马迁文章的重要特点,即“善序事理,辨而不华,质而不俚”。这是对我国古代散文的重要发展和创造。赵翼《廿二史札记》卷一评论说:“古者左史记言,右史记事,言为《尚书》,事为《春秋》。其后沿为编年、记事二种。记事者以一篇记一事,而不能统贯一代之全;编年者又不能即一人而各见其本末。司马迁参酌古今,发凡起例,创为全史。本纪以序帝王,世家以记侯国,十表以系时事,八书以详制度,列传以志人物。然后一代君臣政事,贤否得失,总汇于一编之中。自此例一定,历代作史者遂不能出其范围,

信史家之极则也。”赵翼是从历史发展的观点评价司马迁文章在叙事方面的成就的。他看到了司马迁的独创性,也指出了司马迁“序帝王”,“记侯国”,“系时事”,“详制度”,“志人物”等全是用记叙的形式写作的,通过记叙反映一个时代政治的得失。他的看法是正确、中肯的,但还没有进一步论述所谓“善序事理”的意思是什么。我们认为司马迁文章之“善序事理”,表现为善于把握历史的重要问题,描述它的变化的脉络和原委,即善于从历史发展的过程中去“原始察终”。这是一种很高明的写作手法。

司马迁写《史记》,几乎全部是叙事的,通过叙事阐述历史演变的因果关系,表明自己对历史现象的分析和看法。在记叙历史的重要问题上尤其如此。如汉初王朝的统治者和诸侯王的矛盾和斗争,是当时政治的尖锐问题。司马迁在《高祖功臣侯者年表序》中叙述诸侯王的兴衰变化说:

> 余读高祖侯功臣,察其首封,所以失之者,曰:异哉所闻!《书》曰“协和万国”,迁于夏商,或数千岁。盖周封八百,幽厉之后,见于《春秋》。《尚书》有唐虞之侯伯,历三代千有余载,自全以蕃卫天子,岂非笃于仁义,奉上法哉?汉兴,功臣受封者百有余人。天下初定,故大城名都散亡,户口可得而数者十二三,是以大侯不过万家,小者五六百户。后数世,民咸归乡里,户益息,萧、曹、绛、灌之属或至四万,小侯自倍,富贵如之。子孙骄溢,忘其先,淫嬖。至太初百年之间,见侯五,余皆坐法陨命亡国,秏矣。罔亦少密焉,然皆身无兢兢于当世之禁云。

这里所说的“事理”,是古今封侯的问题。他指出古今封侯有相同之处,也有不同之处,而他主要叙述的是不同之处,即汉初百年之间功臣侯者变化的情况。其初由于天下初定,民生凋敝,诸侯国内的民户很少;后来随着生产的恢复和经济的发展,诸侯的势力也逐渐强大起来;但是因为“子孙骄溢”、“淫嬖”和“罔亦少密”,大都由尊宠而废辱。他用简练的文字从史实出发,评论当时的历史和政治,把汉初诸侯王的历史脉络清楚地表达出来。接着他又说:

居今之世,志古之道,所以自镜也,未必尽同。帝王者各殊礼而异务,要以成功为统纪,岂可绲乎?观所以得尊宠及所以废辱,亦当世得失之林也,何必旧闻?

他认为“志古所以自镜”,不能混同古今;为政之道,应事异则备变,以成功为准则,不可拘泥;当今的成败,有现实的原因,不能完全求之于古。在简洁的叙述中表达了一种朴素的辩证法观点。

司马迁的“善序事理”,除了明显地表现在对重要历史问题的论述上之外,也隐约地表现在他对一些政治斗争成败的描述中。这种描述很平淡,不被人注意,但仔细玩味,它与整个历史事件的发展有深刻的联系。如《魏其武安侯列传》开卷即提出“喜宾客”的问题,司马迁即着意描写宾客在窦婴、田蚡、灌夫三人政治生活上的成败利钝作用。如:

七国兵已尽破,封婴为魏其侯。诸游士宾客争归魏其侯。

孝景崩,即日太子立,称制,所镇抚多有田蚡宾客计策。

武安侯新欲用事为相,卑下宾客,进名士家居者贵之,欲以倾魏其诸将相。

籍福说武安侯曰:“魏其贵久矣,天下士素归之。”

武安侯虽不任职,以王太后故,亲幸,数言事多效,天下吏士趋势利者,皆去魏其归武安。

天下士郡诸侯愈益附武安。

魏其失窦太后,益疏不用,无势。诸客稍稍自引而怠傲。

夫不喜文学,好任侠,已然诺。诸所与交通,无非豪杰大猾。家累数千万,食客日数十百人。陂池田园,宗族宾客为权利,横于颍川。

灌夫家居虽富,然失势,卿相侍中宾客益衰。

及魏其侯失势,亦欲倚灌夫引绳批根生平慕之后弃之者。

灌夫亦持丞相阴事,为奸利,受淮南王金与语言。宾客居间,遂止,俱解。

魏其侯大媿,为资使宾客请,莫能解。

通篇传记自始至终都在不断地点染着宾客在他三人政治关系中的作用。窦婴是由于宾客为他出力而起家的,田蚡是由于宾客为他计策而得势的,灌夫也是由于宾客为他权利而横于颍川。因此,宾客对他们的亲疏、远近,正反映出他们各人在政治上的得意和失势。司马迁这样写"窦婴、田蚡、灌夫,则感其三人以宾客之结相倾危"(茅坤《史记钞·读史法》)。这是他所叙述的这段史实的"事理",而其文笔迤逦委婉何其平实自然!

所谓"辨而不华,质而不俚",是说翔实而不空疏,质朴而有文采,也即质文并茂之意。这种文笔对史学和文学都是至关重要的,因为无论对史学、文学,不能只发空论,而要有社会历史的根据,不能只记事实,还必须有文采。明何乔新《何文肃公文集》卷二评论说:"如叙游侠之谈,而论六国之势,则土地甲兵,以至车骑积粟之差,可谓辨矣,而莫不各当其实,是辨而不华也;叙货殖之资,而比封侯之家,则枣栗漆竹,以至籍藁鲐鲨之数,可谓质矣,而莫不各饰以文,是质而不俚也。"他是具体地论述了班固的观点。当然,这种事例很多,远不止于此。司马迁在《封禅书》中关于历代封禅的记载也明显地表现了这一特点。他在开卷序文中即申明帝王所以封禅和封禅对帝王的重要性:

> 自古受命帝王,曷尝不封禅?盖有无其应(犹德)而用事者矣,未有睹符瑞见而不臻乎泰山者也。虽(读作唯)受命而功不至,至梁父(二字衍文)矣而德不洽,洽矣而日有不暇给,是以即事用希。……每世之隆,则封禅答焉,及衰而息……

接着他历述自舜至武帝时各个时代封禅的情况。记载了哪些帝王功德足以封泰山禅梁父,哪些则不配;哪些帝王世隆而礼乐兴,哪些世衰而礼乐废。神堂社祠,俎豆珪币等事陈置罗列,可谓翔实。但都有条不紊,能够见盛观衰,写出历史的变化。如在叙述殷朝封禅兴衰的过程中说:"伊陟赞巫咸,巫咸之兴自此始。"又说:"由此观之,始未尝不肃祗,后稍怠慢也。"在叙述周灵王时,诸侯都不入朝,苌弘明鬼神,"依物怪欲以致诸侯",然后说:"周人之言方怪者自苌弘。"在叙述驺衍以阴阳五行显于诸侯,燕齐方士都不能通其术时,则说:"然则怪迂阿谀苟合之徒自此兴,不可胜数也。"在叙述秦始皇上泰山,为雨所阻,不得封禅,被儒生讥讽时,接着说:"此岂所谓无其德而用事者邪?"进一步申明了序文中所贬斥的帝王,直接抨击了秦始皇。这些描写既记载了史实,又点出了历史变化,都条理明晰,并非空言。司马迁在赞语中说:"余从巡祭天地诸神名山川而封禅焉。入寿宫侍祠神语,究观方士祠官之意,于是退而论次自古以来用事于鬼神者,具见其表里。"这是说明他是根据自己的见闻,由表及里,条分缕析地描述出来,所谓"辨而不华"者也。

何乔新在文章中所论到的《货殖列传》也是很好的事例。其中记载了全国各地的地理、气候、物产、风习、人情等,历历在目,了若指掌。如:

> 汉兴,海内为一,开关梁,弛山泽之禁,是以富商大贾周流

天下，交易之物莫不通，得其所欲，而徙豪杰诸侯强族于京师。关中自汧、雍以东至河、华，膏壤沃野千里，自虞夏之贡以为上田，而公刘适邠，大王、王季在岐，文王作丰，武王治镐，故其民犹有先王之遗风，好稼穑，殖五谷，地重，重为邪。及秦文、德、缪居雍，隙陇蜀之货物而多贾。献公徙栎邑，栎邑北却戎翟，东通三晋，亦多大贾。孝、昭治咸阳，因以汉都，长安诸陵，四方辐凑并至而会，地小人众，故其民益玩巧而事末也。南则巴蜀。巴蜀亦沃野，地饶卮、姜、丹砂、石、铜、铁、竹、木之器。南御滇僰，僰僮。西近邛笮，笮马、旄牛。然四塞，栈道千里，无所不通，唯褒斜绾毂其口，以所多易所鲜。天水、陇西、北地、上郡与关中同俗，然西有羌中之利，北有戎翟之畜，畜牧为天下饶。然地亦穷险，唯京师要其道。故关中之地，于天下三分之一，而人众不过什三；然量其富，什居其六。

这是关于关中地区的情况。接着他又历述三河、邯郸、燕、齐、邹、鲁、梁、宋、越、楚、颍川、南阳等地的天时、地利、物产、习尚等。最后总结说：

总之，楚越之地，地广人稀，饭稻羹鱼，或火耕而水耨，果隋蠃蛤，不待贾而足，地势饶食，无饥馑之患，以故呰窳偷生，无积聚而多贫。是故江、淮以南，无冻饿之人，亦无千金之家。沂、泗水以北，宜五谷桑麻六畜，地小人众，数被水旱之害，民好畜藏，故秦、夏、梁、鲁好农而重民。三河、宛、陈亦然，加以商贾。齐、赵设智巧，仰机利。燕、代田畜而事蚕。

这些既是各地的地理沿革，又是该处人民生活的实录；既是一段段历史的描摹，又是一幅幅社会风俗的画面；既是朴实的记述，又离奇变幻文采斐然。朱鹤龄在《愚庵小集》卷十三《读货殖传》

中即指出:“太史公《货殖传》将天时、地理、人事、物情历历如指诸掌,其文章瑰玮奇变不必言。”便是所谓“质而不俚”,质文并茂的意思。司马迁在开篇提出自己对发展经济的看法:“善者因之,其次利道之,其次教诲之,其次整齐之,最下者与之争。”这些描写都在于表现汉初,开关梁、弛山泽之禁,富商大贾周流天下,物产莫不沟通与交易,即所谓“因之”和“利道之”,是司马迁最推崇的经济政策。这是全文的中心。其所记述、所描写、所论议,大旨皆归于此。又可谓“善序事理”。他把天下古今都置于自己的视线之内,奋笔挥毫,不能抑止。胡应麟评论说:“子长叙事喜驰骋”(《少室山房笔丛》卷十三《史书佔毕》一),信然!

第二节　其文直,其事核

司马迁文章的另一重要特点是:“其文直,其事核。”即直书其事,不作曲笔,述事准确,并无伪造。关于这方面的成就,前人曾多次论述过。刘知几即说:“《史记》者,纪以包举大端,传以委曲细事,表以谱列年爵,志以总括遗漏,逮以天文地理,国典朝章,显隐必该,洪纤靡失,此其所以为长也。”(《史通》卷二《二体》)就是总论司马迁的文直事核。所谓“国典朝章,显隐必该,洪纤靡失”即讲的这一文章特点。何乔新更具体地论述说:“上自黄帝,下迄汉武,首尾三千余年,论著才五十万言,非文之直乎?纪帝王,则本《诗》、《书》。世列国,则据左氏。言秦兼诸侯,则采《战国策》。言汉定天下,则述《楚汉春秋》,非事之核乎?”(《何文肃公文集》卷二)他认为司马迁之文直,在于能用简洁的文字概括悠久的历史,事核在于述事必有所本,不作空言。其实,这是一个问题的两方面,文直指形式,事核指内容,二者结合,才构成司马迁文笔的特点。

“文直”即直笔无隐之意。王鸣盛在《十七史商榷》卷六中说：“子长于《封禅》、《平准》等书，《匈奴》、《大宛》等传，直笔无隐。”其实，岂止他所列举的二书、二传？整部《史记》何尝不如此！这是一种《春秋》笔法，司马迁继承了这种笔法。章学诚在《文史通义》中即说：“夫据事直书，善恶自见，《春秋》之意也。”（《文史通义》内篇四《繁称》）司马迁就是用直书其事的笔法来写《史记》的，即在直接的叙述中使社会历史生活自然呈现出来，不另外表示自己的意见。这种笔法，可以从他对自春秋战国至秦汉儒学发展历史的叙述中，明显的看出来。儒学在春秋战国本来具有匡时济世的精神，可是到了秦汉时期却变成了阿顺苟合、追逐利禄的学问。司马迁在记述这段历史时，先描写了孔、孟对当时剧烈变化的现实的不满，针刺统治者，要拨乱反正，提出了违时的救世药方。他在《自序》中记述孔子之意说：

周室既衰，诸侯恣行。仲尼悼礼废乐崩，追修经术，以达王道，匡乱世反之于正。

又在《孟子荀卿列传》中记述孟子之志说：

天下方务于合从连衡，以攻伐为贤，而孟轲乃述唐、虞、三代之德，是以所如者不合。退而与万章之徒序《诗》《书》，述仲尼之意，作《孟子》七篇。

这两段文字表明，孔、孟的儒学虽在匡时，但不切时宜。荀卿出现，儒学开始变化。他分析、综合和批判了各家学说，而完成了自己的理论。《孟子荀卿列传》记述说：

荀卿嫉浊世之政，亡国乱君相属，不遂大道而营于巫祝，信禨祥，鄙儒小拘，如庄周等又猾稽乱俗，于是推儒、墨、道德之行事兴坏，序列著数万言而卒。

这里说明荀子的学说承袭了孔、孟匡时济世的传统，同时又与孔、孟的学说不同，思想也有差异。到了李斯，儒学为之大变。他虽“从荀卿学帝王之术”，但他的思想与孔、孟、荀大不相同。司马迁在《李斯列传》中详细地记述了李斯入秦时辞别荀卿的一段话，其中心在讽刺李斯之驰骛世俗。司马迁评论说：

斯知六艺之归，不务明政以补主上之缺，持爵禄之重，阿顺苟合，严威酷刑，听高邪说，废嫡立庶。诸侯已畔，斯乃欲谏争，不亦末乎！

他的思想已不是儒学之遵循六艺，拯救世敝，而是“持爵禄之重，阿顺苟合”，已不追求儒家的理想政治，而是“严威酷刑，听高邪说，废嫡立庶”了。司马迁的记述表明，李斯不过是个鄙儒而已。秦末，秦始皇烧焚诗书，儒学备受摧残，《儒林列传》中写道：

及至秦之季世，焚《诗》《书》，坑术士，六艺从此缺焉。陈涉之王也，而鲁诸儒持孔氏之礼器，往归陈王。于是孔甲为陈涉博士，卒与涉俱死。

为什么“缙绅先生之徒负孔子礼器往委质为臣”？他说：

以秦焚其业，积怨而发愤于陈王也。

说明儒生在走投无路时，也会参加农民起义队伍，起来造反。

司马迁在《儒林列传》中记述，汉兴，景帝、窦太后都好黄老刑名之术，儒学虽然存在，但不为时所重。武帝即位，开始崇尚儒学。当时以叔孙通、公孙弘为代表的大多数儒者，他们的处境已不同于秦末的孔甲，他们的政治态度也不同于春秋时的孔子。他们变违时为趋时，变嫉俗为随俗，变追求理想为竞逐利禄。社会风气为之大变。《刘敬叔孙通列传》记载,鲁两生讥讽叔孙通说:“公所事者且十主,皆面腴以得亲贵。”叔孙通恬不知耻地笑道:“若真鄙儒也,不知时变。”司马迁传写汉朝儒林,他们所学虽然不同,但目的只有一个,即竞逐利禄。叔孙通以“知当世之要务”,博得汉高祖的宠幸,司马迁深有感慨地说:

叔孙通希世度务,制礼进退,与时变化,卒为汉家儒宗。

公孙弘以“诚饰诈欲以钓名”,为汉武帝所爱悦:

天子察其行敦厚,辩论有余,习文法吏事,而又缘饰以儒术,上大悦之。

在司马迁笔下,汉代儒学虽然表面上尊奉孔子,遵循六艺,但实际上是趋炎附势、阿谀逢迎。儒学的本来精神已经丧失殆尽。通过这些史实的记录,表明司马迁对儒学发展的不同阶段,有肯定,有否定,有分析,有批判,特别是讽刺了儒学末流——汉儒。他的意图在于表明自己有孔子作《春秋》的精神,而和汉儒不同调。这些描写,即所谓“据事直书,善恶自见,《春秋》之意也”。钱大昕在评论班固写《汉书》时说:“然较之史公之直笔,则相去远矣。”(《十驾斋养新余录》卷中)则从反面赞扬了司马迁“文直”的特点。

“事核”即述事准确。司马迁在《伯夷列传》中说:“学者载籍极博,犹考信于六艺。”又在《五帝本纪》中说:“百家言黄帝,其文不雅驯,荐绅先生难言之。”说明他的著述以六艺为根据,诸子争鸣称引古人古事以自证,其意本不在历史,多不可取。所以他据戴记以纪五帝,而不取百家;据《论语》以传太伯,而疑许由、正轶诗。至于记上古轶事,举凡庖犠蛇身人首之说,女娲炼石补天之谈,都非雅驯之文,尽删薙无遗。可见司马迁写作的求实精神。尽管其中有些史事,如人们所指责者,“甚多疏略,或有抵梧。”(《汉书·

司马迁传》)但顾颉刚先生说得比较好:“第我辈指摘之者是一事,而古史真相又为一事。以甲校乙,固足以明乙之非,然又何足以知甲之必是?故不得谓我辈一加指摘,即可揭发其事实之真相也。学不求进于古人,何贵乎有吾辈?抑徒有求进之心,而不知固其之壁垒,则虽取宠一时,终将为不知晦朔之朝菌耳。”(《史记》校点本序文)我们不能苛求古人,而应当从古人所处的具体环境中去认识古人。如果认识到古代的历史文化环境和文献典籍不足的条件,那么司马迁在这方面的成就,便没有能与之抗颜者了。

司马迁述事必取信于六艺,以求史实的准确无误。如《殷本纪》记载有关殷的始祖契说:

> 殷契,母曰简狄,有娀氏之女,为帝喾次妃。三人行浴,见玄鸟堕其卵,简狄取吞之,因孕生契。契长而佐禹治水有功。帝舜乃命契曰:“百姓不亲,五品不训,汝为司徒而敬敷五教,五教在宽。”封于商,赐姓子氏。契兴于唐、虞、大禹之际,功业著于百姓,百姓以平。

这段文字是综合《诗经·商颂》之《玄鸟》、《长发》而成。又记载汤伐桀于鸣条说:

> 汤乃兴师率诸侯,伊尹从汤,汤自把钺以伐昆吾,遂伐桀。汤曰:“格女众庶,来,女悉听朕言。匪台小子敢行举乱,有夏多罪,予维闻女众言,夏氏有罪。予畏上帝,不敢不正。今夏多罪,天命殛之。今女有众,女曰‘我君不恤我众,舍我啬事而割政’。女其曰‘有罪,其奈何?’夏王率止众力,率夺夏国。有众率怠不和,曰‘是日何时丧?予与女皆亡’!夏德若兹,今朕必往。尔尚及予一人致天之罚,予其大理女。女毋不信,朕不食言。女不从誓言,予则帑僇女,无有攸赦。”以告令师,作《汤誓》。

这段史实全采自《尚书·汤誓》。司马迁在《赞》文中说:“余以《颂》次契之事,自成汤以来,采于《书》《诗》。”又《周本纪》记载周始祖后稷的事迹说:

> 周后稷,名弃。其母有邰氏女,曰姜原。姜原为帝喾元妃。姜原出野,见巨人迹,心忻然说,欲践之,践之而身动如孕者。居期而生子,以为不祥,弃之隘巷,马牛过者皆辟不践;徙置之林中,适会山林多人,迁之;而弃渠中冰上,飞鸟以其翼覆荐之。姜原以为神,遂收养长之。初欲弃之,因名曰弃。弃为儿时,屹如巨人之志。其游戏,好种树麻、菽,麻、菽美。及为成人,遂好耕农,相地之宜,宜谷者稼穑焉,民皆法则之。

这段文字又全是采摭《诗经·大雅·生民》篇融汇而成。这都是对古代史的记述,对近代史和当代史也同样重视史实的准确性。但他已不是取信于儒家的典籍,而是“细史记石室金匮之书”(《自序》),根据汉王朝藏书处所收藏的各国史书和汉朝的档案资料。关于他对历史记述的真实性,我们可以从他对秦汉时期中央集权不断加强的描述中看得出来。中央集权制的加强,是秦汉史上的一大特点。但如何加强中央集权的统治,秦与汉并不完全相同。秦朝是郡县制逐渐代替着分封制,汉朝则是分封同姓王与“削藩”的斗争。司马迁在《秦始皇本纪》中记载两次关于立郡县和封诸侯的争论。一次是丞相王绾与廷尉李斯的争论,王绾主张封诸侯,李斯主张设郡县。李斯说:

> 周文武所封子弟同姓甚众,然后属疏远,相攻击如仇雠,诸侯更相诛伐,周天子弗能禁止。今海内赖陛下神灵一统,皆为郡县,诸子功臣以公赋税重赏赐之,甚足易制。天下无异意,则安宁之术也。

他总结了历史经验，认为分封之弊在于诸侯易于搞分裂，立郡县便于加强中央对地方的统治。另一次是齐博士淳于越与周青臣、李斯的争论。两次争论的结果，都是主张立郡县的意见取胜，于是“分天下以为三十六郡，郡置守、尉、监”。中央集权的郡县制代替了封建制。

汉代既实行郡县制，又分封同姓王，其目的在于使郡县制“形错诸侯间，犬牙相临”（《汉兴以来诸侯王年表序》），以巩固中央集权。司马迁在《汉兴以来诸侯王年表序》中详细、具体地记述了这两种制度并行的情况和变化。汉朝分封同姓王，与从前“分民分疆土”的封侯建国不同，而是规定封国内的重要官吏由朝廷任命，法令由朝廷制订，军队由朝廷掌管。以此来控制封国。但是随着封国政治、经济、军事的发展，便形成为“独立王国”，与汉朝廷相对抗。汉王朝为了削弱他们的势力，便采取了“削藩”措施，实行“推恩”法，把诸侯王的封国由大化小，达到了“强本干，弱枝叶”，巩固中央集权的目的。司马迁在《袁盎晁错列传》、《平津侯主父列传》、《绛侯周勃世家》等篇中，生动、具体地描写了汉初分封与“削藩”的斗争，反映了新制度代替旧制度的演变过程。

司马迁对秦汉时期加强中央集权的记述，主要是写出了封建制向郡县制的转变，世袭贵族制向公卿官僚制的转变。当时虽然仍有分封子弟的现象，但是诸侯王对皇朝是直接的隶属关系，地方的卿相、守令，中央可以随时任免，与古时诸侯独立于王朝的状况不同。这是当时历史发展的总趋势，司马迁用直笔真实地描述了这一历史趋势。

在我国古代，著述史书每为本朝的事迹讳饰，能文直事核是十分少见的。刘知几即曾慨叹：“史之不直，代有其书。”（《史通》卷七《曲笔》）著作者为了避祸远害，往往篡改史事。司马迁能无所畏惧,面对现实,信笔直书,确是难能可贵的了。

第三节　不虚美,不隐恶

司马迁文章还有一个重要特点,即“不虚美,不隐恶。”也即写作态度严谨,描绘历史准确,善恶必书,而且恰如其分。对“美”,不虚夸,对“恶”,不隐讳。这方面的成就,何乔新具体评论说:“伯夷古之贤人,则冠之于传首;晏婴善与人交,则愿为之执鞭;其不虚美可知。陈平之谋略,而不讳其盗嫂受金之奸;张汤之荐贤,而不略其文深意忌之酷;其不隐恶可见。”(《何文肃公文集》卷二)我们即从何乔新的论述出发,具体分析司马迁这方面的成就。

司马迁是怀着一种愤慨、同情和赞美的感情写《伯夷列传》的。在这篇传记中,他主要不是记述伯夷、叔齐的事迹,而是传写他们的高尚精神,是借伯夷、叔齐的不幸遭遇而抒情和发议论。其中表述了自己的写作态度和写《史记》的思想意图等。这种写法,很像《屈原列传》,而与其他传记不同。明陈懿典《读史漫笔》即指出:“屈原、伯夷乃太史公列传变体。叙事中忽入议论,议论中忽接叙事,离合变化,如神龙乘云驭风,莫可端倪。”的确道出了这篇传记写作上的特点,即不在写人物的事迹,而在传人物的精神。

林駉《古今源流至论》后集卷九《史学》说:“以伯夷居于列传之首,重清节也。”伯夷、叔齐有关“清节”的事迹,司马迁在其传记中只写了一段:

> 伯夷、叔齐,孤竹君之二子也。父欲立叔齐,及父卒,叔齐让伯夷。伯夷曰:“父命也。”遂逃去。叔齐亦不肯立而逃之。国人立其中子。于是伯夷、叔齐闻西伯昌善养老,盍往归焉。及至,西伯卒,武王载木主,号为文王,东伐纣。伯夷、叔齐叩

马而谏曰："父死不葬，爰及干戈，可谓孝乎？以臣弑君，可谓仁乎？"左右欲兵之。太公曰："此义人也。"扶而去之。武王已平殷乱，天下宗周，而伯夷、叔齐耻之，义不食周粟，隐于首阳山，采薇而食之。及饿且死，作歌。其辞曰："登彼西山兮，采其薇矣。以暴易暴兮，不知其非矣。神农、虞、夏忽焉没兮，我安适归矣？于嗟徂兮，命之衰矣！"遂饿死于首阳山。

这段文字说明伯夷、叔齐是主张礼让反对掠夺，主张仁政反对暴政的，而且为坚持自己的政治信仰不惜牺牲自己的生命。司马迁深为这种精神所感动，他说："余悲伯夷之意。"又因为孔子所谓"伯夷、叔齐不念旧恶，怨是用希"，"求仁得仁，又何怨乎？"与史实不合，他说："睹轶诗可异焉。"因此采摭史实，以反驳孔子的错误观点，并传写伯夷、叔齐的真正精神。从轶诗《采薇》看，伯夷、叔齐何尝不怨！在司马迁看来，一个重清节的人遭遇不幸，"能无怨乎？"（《屈原列传》）他们含怨怀恨是正常的现象。

此外，司马迁再没有记述伯夷、叔齐的事迹，全是传写他们的精神。如：

或曰："天道无亲，常与善人。"若伯夷、叔齐，可谓善人者非邪？积仁洁行如此而饿死！

这自然是谴责天道之不公平，同时也是赞美伯夷、叔齐的高洁品格和宁死不屈的精神。又如：

若至近世，操行不轨，专犯忌讳，而终身逸乐，富厚累世不绝。或择地而蹈之，时然后出言，行不由径，非公正不发愤，而遇祸灾者，不可胜数也。

这虽然是指斥近代历史上黑白不分、是非倒置的现象，残暴者享富贵，忠贞者遭祸患等，但也从正反两方面传写出伯夷、叔齐的清廉节操及其悲剧结局。他还用孔子对廉洁之士的赞颂来表现伯夷、叔齐：

> 子曰“道不同不相为谋”，亦各从其志也。故曰“富贵如可求，虽执鞭之士，吾亦为之。如不可求，从吾所好”，“岁寒，然后知松柏之后凋。”举世混浊，清士乃见。岂以其重若彼，其轻若此哉？

一个廉洁之士，是不会与自己政治理想不同的人共事的，也不会抛弃自己的信仰去追求富贵，他们的高尚节操越是在乱世越表现得明显，只有这种人才应当为世所重。孔子所谈的是一个“积仁洁行”的人应采取的行为，实质上，司马迁是借此以赞扬伯夷、叔齐的高尚品德。

司马迁对伯夷、叔齐并不局限于一般的赞美上，而是要通过自己的写作传播他们的美德，使伯夷、叔齐的精神永存。他说：“君子疾没世而名不称焉。”疾恨自己至死而声名不被人称述，所以用贾谊的话“贪夫徇财，烈士徇名，夸者死权，众庶冯生”以喻自己为“徇名”而写《史记》。并且引《易·系辞》：“同明相照，同类相求。”“云从龙，风从虎，圣人作而万物睹。”说明物各从其类和自己要学孔子那样，通过著述使万物的情伪毕现。“伯夷、叔齐虽贤，得夫子而名益彰。”自己为他们写传记，也是进一步辨析世情之轻重，使伯夷、叔齐的高尚品德和精神更加发扬光大。

我们今天对伯夷、叔齐的评价，可能与司马迁不同。但是，司马迁当时从自己的政治立场出发，依照自己的道德标准去赞美他们，不是没有根据的，是有现实意义的，可谓“不虚美”。

司马迁用同样的态度描写屈原。在《屈原贾生列传》中，他并没有写出屈原一生完整的事迹，而主要是传写他的精神。写屈原被谗遭嫉而赋《离骚》，身处浊世而不苟合取容。对屈原刚直不阿的性格十分向往，对他的不幸遭遇寄予深切同情。他说："余读《离骚》、《天问》、《招魂》、《哀郢》，悲其志。适长沙，观屈原所自沉渊，未尝不垂涕，想见其为人。"他倾注着全副感情和满腔热血赞扬屈原说：

其文约，其辞微，其志洁，其行廉，其称文小而其指极大，举类迩而见义远。其志洁，故其称物芳。其行廉，故死而不容自疏。濯淖污泥之中，蝉蜕于浊秽，以浮游尘埃之外，不获世之滋垢，皭然泥而不滓者也，推此志也，虽与日月争光可也。

结合屈原一生的行迹和他的创作看，这种赞扬绝非过当，相反，没有这等文字，便不足以表现屈原的真正精神。

司马迁不仅不无根据地夸饰和赞美一个历史人物，而且也不隐讳一个历史人物的缺点。而是从实际出发，按照历史的本来面貌，善恶必书，毫不吝情。何乔新所谓"张汤之荐贤，而不略其文深意忌之酷"，自然道出了这方面的特点，但对司马迁关于张汤这个人物优缺点的描述的分析是很不够的。司马迁在《酷吏列传》中写张汤是个既"向上意"，即看君主眼色行事，又"傅古义"，即缘饰以儒术的酷吏。他的为人，有可肯定的方面，也有可批判的方面，司马迁描写他值得肯定的方面，是他做廷尉时向汉武帝荐贤，常扬人之善，蔽人之短，把错误归于自己，把成绩让给别人。如记述他：

奏谳疑事，必豫先为上分别其原，上所是，受而著谳决法廷尉絜令，扬主之明。奏事即谴，汤应谢，向上意所便，必引正、监、掾史贤者，曰："固为臣议，如上责臣，臣弗用，愚抵于此。"罪常释。间即奏事，上善之，曰："臣非知为此奏，乃正、监、掾史某为之。”其欲荐吏,扬人之善蔽人之过如此。

因此,在当时博得好的声誉。而且他做廷尉、御史大夫多年,死后却家无余财:“汤死,家产直不过五百金,皆所得奉赐,无他业。”司马迁赞扬说:“其廉者足以为仪表。”认为可以作为封建官吏的表率。

同时,司马迁又揭露他为人的另一方面,即“为人多诈,舞智以御人。”干了许多诡诈多端的事。他“己心内虽不合,然阳浮慕之。”阴一套,阳一套,完全是一个两面派。他“务在深文”,以酷察为忠,按照汉武帝的意旨断狱,“所治即上意所欲罪,予监史深祸者;即上意所欲释,与监史轻平者。”是封建统治者的忠实爪牙。

在执法的过程中,他也有可肯定和被批判的两方面。一方面为了打击豪强、宗室、外戚、猾吏、“豪强并兼之家”,这对巩固中央集权是有积极意义的;一方面为了镇压人民,推行严刑峻法,使得官事耗废,民不聊生。司马迁写他打击豪强、宗室的情况说:“治陈皇后蛊狱,深竟党与。”“所治即豪,必舞文巧诋。”“及治淮南、衡山、江都反狱,皆穷根本。”当时汉武帝本想释放与淮南、江都等谋反有关的严助和伍被,他争辩说:“伍被本画反谋,而助亲幸出入禁闼爪牙臣,乃交私诸侯如此,弗诛,后不可治。”汉武帝采纳了他的意见。接着,司马迁记述说:“其治狱所排大臣自为功,多此类。”说明他在打击豪强、宗室方面的作用。对他这种行径,司马迁颇多称许:

张汤以知阴阳,人主与俱上下,时数辩当否,国家赖其便。

而且认为能够“禁奸止邪”。

司马迁还写他舞文弄法,大事兴作,搞得民心思变说:“百姓不安其生,骚动,县官所兴,未获其利,奸吏并侵渔,于是痛绳以罪。

则自公卿以下，至于庶人，咸指汤。”张汤又成为天下人所嫉恨的对象，是社会动乱的根源。所以，司马迁在《平准书》中说，张汤死，“而民不思”。就是从人民的角度对张汤罪恶行径的鞭笞和批判。

司马迁就是这样既描写出人物值得肯定的方面，又揭露了他们的缺点，表现了一种严谨的写作态度。

这种写作特点，在《河渠书》中也表现得比较充分。《河渠书》并非以写人物为主，而是写历代的水利工程。但汉代的水利工程是在汉武帝支持下进行的，因此，相对地突出了汉武帝的形象。司马迁在整部《史记》中，对汉武帝没有讲过几句好话，几乎全是揭露和批判。但在本篇中既表现了他的政绩，又揭露了他的昏庸、缺点。对他功过的记述，不虚夸，不隐讳，恰如其分。如写他对兴修水利，发展生产，始终是支持的，司马迁反复书明“天子以为然”。在塞瓠子口时，司马迁写道：“自河决瓠子后二十余岁，岁因以数不登，而梁楚之地尤甚。”说明当时河患之严重。于是“天子乃使汲仁、郭昌发卒数万人塞瓠子决”。并且“自临决河”，“令群臣从官自将军已下皆负薪窴决河”，自己亲临现场指挥。终于完成了治河工程，“于是卒塞瓠子，筑宫其上，名曰宣房宫。而道河北行二渠，复禹旧迹，而梁、楚之地复宁，无水灾。”取得了治河的巨大胜利。又汉武帝采取大司农郑当时的建议，“引渭穿渠起长安，并南山下，至河三百余里。”三年而成，“通，以漕，大便利。其后漕稍多，而渠下之民颇得以溉田矣。”为富国裕民创造了有利条件。其他通河穿渠，引水溉田成功的事例如：

> 朔方、西河、河西、酒泉皆引河及川谷以溉田；而关中辅渠、灵轵引堵水；汝南、九江引淮；东海引钜定；泰山下引汶水：皆穿渠为溉田，各万余顷。佗小渠披山通道者，不可胜言。

这些都是在汉武帝塞瓠子口的行动的影响下完成的。司马迁写汉武帝在这方面的成绩,是满怀深情的。同时,司马迁也写汉武帝的昏庸和由于失算而出现的问题。如河在瓠子决口,东南注入钜野,武帝原拟派人塞河,丞相田蚡的食邑鄃在河北,不但无水灾,而且收成很多,因此反对塞河,对武帝说:"江河之决皆天事,未易以人力为强塞,塞之未必应天。""而望气用数者亦以为然。"司马迁接着写道:

于是天子久之不事复塞也。

这就揭露了汉武帝的昏庸和愚蠢。又武帝采纳河东太守番系的建议,"穿渠引汾溉皮氏、汾阴下,引河溉汾阴、蒲坂下。"乃"发卒数万人作渠田。数岁,河移徙,渠不利,则田者不能偿种。久之,河东渠田废。"劳民伤财而无所收获。其他如"通褒斜道及漕事","发数万人作褒斜道五百余里。道果便近,而水湍石,不可漕。"修龙首渠,"作之十余岁,渠颇通,犹未得其饶。"都由于预先失于周密的计算,任意大兴土木,滥用民力,结果徒劳一场。在朴实的记述中,包含着对汉武帝的谴责。

司马迁是忠于历史事实和社会生活的,对历史事实和社会生活中的是非得失、善恶功过,完全按照其本来的面貌去写,不加任何雕饰,所以能真实地再现历史生活。班固誉之为"实录",这不但是对他的著作内容的高度评价,也是对他的写作笔法的高度评价。

第四节　原始察终,见盛观衰,承敝通变

司马迁写作的基本方法是"原始察终"、"见盛观衰"、"承敝通

变”。他正面声称，他的著述要“罔罗天下放失旧闻，王迹所兴，原始察终，见盛观衰。”又声称：“礼乐损益，律历改易，兵权山川鬼神，天人之际，承敝通变，作八书。”（《自序》）他明确地提出自己写《史记》的方法，并且自觉地坚持用这些方法进行写作。

所谓“原始察终”，就是考察历史人物或历史事件产生的原因、经过和结果，对其整个过程进行全面的分析，得出足资借鉴的经验；不是孤立、片面地看问题，更不是以偏概全。司马迁无论传人或记事，都尽量地把终始的情况讲述清楚。通过记事反映历史变化的终始，从他的十“表”看得最真切。他在《十二诸侯年表序》中说：

> 儒者断其义，驰说者骋其辞，不务综其终始；历人取其年月，数家隆于神运，谱谍独记世谥，其辞略，欲一观诸要难。于是谱十二诸侯，自共和讫孔子，表见《春秋》、《国语》学者所讥盛衰大指著于篇，为成学治古文者要删（删为册之本字）焉。

他批评了社会上各家不能对历史事件的发展过程进行综合分析，像儒者之“断其义”，断章取义，数家之“隆于神运”，大讲天运，因此便不能得出历史发展的全貌。他自己则与各家的做法相反，特别注意考察历史事件的终始。他在《高祖功臣侯者年表序》中说：

> 于是谨其终始，表其文，颇有所不尽本末；著其明，疑者阙之。

他以谨慎的态度论述历史事件的终始情况，不杜撰，不乱发议论。具体到《十二诸侯年表序》，论述西周末年至春秋时期一段历史的情况说：

> 及至厉王，以恶闻其过，公卿惧诛而祸作，厉王遂奔于彘，

> 乱自京师始，而共和行政焉。是后或力政，强乘弱，兴师不请天子。然挟王室之义，以讨伐为会盟主，政由五伯，诸侯恣行，淫侈不轨，贼臣篡子滋起矣，齐、晋、秦、楚其在成周微甚，封或百里或五十里。晋阻三河，齐负东海，楚介江淮，秦因雍州之固，四海迭兴，更为伯主，文武所褒大封，皆威而服焉。

就把这一时期周室衰落、诸侯恣行、五霸迭兴等历史演变之迹描述出来。

在《十二诸侯年表》中，他更具体地把春秋时期周王室和鲁、齐、晋、秦、楚、宋、卫、陈、蔡、曹、郑、燕、吴等十三个诸侯国的政治、军事等事列成表，以表示周王室和诸侯国的兴衰大势。此外，如《六国年表序》论述战国时期历史发展的概略，《秦楚之际月表序》论述秦末和楚汉相争时期历史递遭的形势，《汉兴以来诸侯王年表序》论述西汉前期诸侯王的盛衰之变。在司马迁笔下，这些重要的历史阶段，其终始情况，历历在目。

通过传人反映历史变化的终始情况，在《史记》中表现得更明显。因为构成司马迁著述核心的十二本纪、三十世家、七十列传等，都是通过历史人物的活动反映历史变化的。如他在吴、齐、鲁、燕、管蔡、陈杞、卫、宋、晋、楚、越、郑、赵、魏、韩等"世家"中，记述了许多先秦氏族贵族兴亡盛衰的历史，真实地反映了那些氏族贵族在自身的发展中，到了战国时期日益衰落的始末，反映了那些作为新兴势力代表的卿、大夫如何逐渐兴起的原由。《鲁周公世家》中记载，鲁文公长妃哀姜生子恶和视，次妃敬嬴生子俀。襄仲杀了恶和视，而立俀为国君。然后司马迁写道："鲁由此公室卑，三桓强。"说明鲁国从文公以后，政权便落在季氏手中。篇末赞语里借孔子的话感叹说："甚矣鲁道之衰也！洙泗之间龂龂如也。"氏族贵族那些丑恶的东西赤裸裸地暴露出来，虽然"其揖让之礼则从矣,而行事何其戾也?”表面上揖让之礼还保存,所谓“断断如也”,而实际上的行动却乖戾得很!又《晋世家》记载吴延陵季子出使晋国,见赵文子、韩宣子、魏献子说:“晋国之政,卒归此三家矣。”说明三家分晋的开始。同时记载齐晏婴到晋国去,叔向对他说:

> 晋,季世也。公厚赋为台池而不恤政,政在私门,其可久乎!

指出晋国动乱的根源在晋君奢侈昏庸,政权旁落,最后司马迁评论说:“晋文公,古所谓明君也,亡居外十九年,至困约,及即位而行赏,尚忘介子推,况骄主乎?灵公既弑,其后成、景致严,至厉大刻,大夫惧诛,祸作。悼公以后日衰,六卿专权。”历述晋国氏族贵族衰亡和卿大夫专权的过程。同样的史实,《赵世家》记述栾书弑晋厉公,更立襄公孙为悼公时写道:“晋由此大夫稍强。”又记述晋六卿诛公族祁氏、羊舌氏之后写道:“晋公室由此益衰。”都特别着意于历史的演变程序和盛衰之迹。在《卫康叔世家》中,记载周公以成王之命封康叔为卫君时,告诉康叔说:

> 纣所以亡者以淫于酒,酒之失,妇人是用,故纣之乱自此始。

用纣之所以亡,以告诫康叔。司马迁就是通过描述这些历史人物的活动,来探索历史发展的原因和结果,来反映历史变化的始末。此外,在《秦始皇本纪》、《李斯列传》、《王翦列传》、《蒙恬列传》等篇中,通过对秦始皇、李斯、王翦、蒙恬、赵高等人的描述,反映了秦并六国,一统天下,实行严刑峻法,大兴役作,劳民伤财,最后灭亡,这一秦朝兴衰的历史。在《项羽本纪》、《高祖本纪》、《陈涉世家》、《留侯世家》、《张耳陈馀列传》等篇中,通过对陈胜、吴广、项羽、刘邦等人的描述,反映了秦末农民大起义,推翻秦朝,楚汉相争,汉朝建立等秦汉之际的历史演变。在《孔子世家》、《孟子荀卿列传》、《老子韩非列传》、《叔孙通列传》、《平津侯列传》、《儒林列传》等篇中,通过对孔子、孟子、邹衍、荀子、老子、庄子、申不害、韩非、叔孙通、公孙弘、董仲舒等哲人的描述,反映了自周秦至秦汉各种学术流派的演变进程。在《货殖列传》中,通过对范蠡、子贡、白圭、乌氏倮、巴寡妇清、蜀卓氏、程郑、宛孔氏、刁间等工商业者的描述,反映了春秋末年至秦汉期间民营手工业和商业的发展概貌。

司马迁无论记事传人,都倾心于描述其产生、发展和结局,反映历史发展的终始情况,考察历史变化的因果关系,阐明历史盛衰的脉络趋势。

所谓"见盛观衰",即在考察历史的进程中,能从盛世看出衰败的征兆,从表面的煊赫看到内里蕴含着的危机。司马迁在记述三代至秦汉的历史时,往往写出盛中有衰的景况。这在《平准书》中表现得最为出色。《平准书》"赞"语说:

> 故《书》道唐虞之际,《诗》述殷周之世,安宁则长庠序,先本绌末,以礼义防于利;事变多故而亦反是。是以物盛则衰,时极而转,一质一文,终始之变也。《禹贡》九州,各因其土地所宜,人民所多少而纳职焉。汤武承弊易变,使民不倦,各兢兢所以为治,而稍陵迟衰微。齐桓公用管仲之谋,通轻重之权,徼山海之业,以朝诸侯,用区区之齐显成霸名。魏用李克,尽地力,为强君。自是之后,天下争于战国,贵诈力而贱仁义,先富有而后推让。故庶人之富者或累巨万,而贫者或不厌糟糠;有国强者或并群小以臣诸侯,而弱国或绝祀而灭世。以至于秦,卒并海内。……于是外攘夷狄,内兴功业,海内之士力耕不足粮饷,女子纺绩不足衣服。古者尝竭天下之资财以奉其上,犹自以为不足也。无异故云,事势之流,相激使然,曷足怪焉。

这里所谓“事势之流”，即历史演变的形势；所谓“物盛则衰，时极而转”，即国家的盛衰之变；所谓“一质一文，终始之变”，即不同的政治，随着历史的变化，而递相更迭。其中，还列举了许多历史上的史实，具体说明没有一成不变的治世之道，治世之道是随着时世之不同而变化的，也没有永久巩固的政权，政权都是有盛有衰，盛之始，衰之渐也。在《平准书》中，他详述盛衰之变。他先写汉初之盛，把汉初数十年间经济、政治、道德方面的盛况突出出来。如写经济方面的富庶：

汉兴七十余年之间，国家无事，非遇水旱之灾，民则人给家足，都鄙廪庾皆满，而府库余货财。京师之钱累巨万，贯朽而不可校。太仓之粟陈陈相因，充溢露积于外，至腐败不可食。

又写政治方面的安定：

众庶街巷有马，阡陌之间成群，而乘字牝者傧而不得聚会。守闾阎者食粱肉，为吏者长子孙，居官者以为姓号。

再写道德方面的重仁义：

故人人自爱而重犯法，先行义而后绌耻辱焉。

从这种盛况之中，他看到了衰象，指出：

物盛而衰，固其变也。

事物的发展，走向它的反面，盛极则衰，这是变化的规律。那么盛极而衰的原因是什么？他分析说：

当此之时，网疏而民富，役财骄溢，或至兼并豪党之徒，以武断于乡曲。宗室有土公卿大夫以下，争于奢侈，室庐舆服僭于上，无限度。

即兼并豪党之徒、贵族、封君、大官僚等贪得无厌、争夺兼并、奢侈无度所促成的。但是促成盛衰之变的原因,不只是这些,更重要的是汉武帝所采取的一系列政策措施。他写道:

> 自是之后,严助、朱买臣等招来东瓯,事两越,江淮之间萧然烦费矣。唐蒙、司马相如开路西南夷,凿山通道千余里,以广巴蜀,巴蜀之民罢焉。彭吴贾灭朝鲜,置沧海之郡,则燕齐之间靡然发动。及王恢设谋马邑,匈奴绝和亲,侵扰北边,兵连而不解,天下苦其劳,而干戈日滋。

指出汉武帝对外用兵,造成国家财政枯竭,万民罢敝,他又写道:

> 入物者补官,出货者除罪,选举陵迟,廉耻相冒,武力进用,法严令具。兴利之臣自此始也。

指出汉武帝为挽救因用兵造成的财政危机而采取的措施,反而是许多弊端产生的根源。司马迁主要是揭露汉武帝所推行的一些措施,是盛衰之变的最重要原因。

司马迁是善于见盛以观衰的,他从汉武帝统治时期表面上的功业煊赫,看到内部的矛盾重重。"兴利",却带来难治之弊;任法,而犯法者众;"外施仁义",乃日益虚伪。所谓"盛世"云云,不过是虚有其表而已。

所谓"承弊通变",即从弊端中看到变化,也就是说他看历史现象是在矛盾中发展的,而不是僵化、静止的。司马迁在《高祖本纪》"赞"中有一段名言:"夏之政忠。忠之敝,小人以野,故殷人承之以敬。敬之敝,小人以鬼,故周人承之以文。文之敝,小人以僿,故救僿莫若以忠。"这自然是司马迁重要的历史观,他认为政治是随着历史发展而变化的,政治应该"承敝通变"。但同时也可以看作是他在这种历史观指导下的写作方法。他是从历史上各种社会矛盾中看到历史的演变,描述其发展过程的。他写三代的政治都是随着世异而备变的。秦承周"文之敝",没有任何改变,所以灭亡;汉初吸取这个教训,随时应变,符合了历史的要求。所以他在《高祖本纪》"赞"中又说:"周秦之间,可谓文敝矣。秦政不改,反酷刑法,岂不缪乎?故汉兴,承敝易变,使人不倦,得天统矣。"他是否定秦而肯定汉初政治的。汉人变秦之苛法为约法三章,反其政于忠,使人民都得到安宁,所以值得赞美。司马迁在《史记》的其他篇章中也描述了汉能"承敝通变"以代秦的历史变化情况,如《酷吏列传序》说:

> 法令者治之具,而非制治清浊之源也。昔天下之网尝密矣,(司马贞《索隐》案:《盐铁论》云"秦法密于凝脂。")然奸伪萌起,其极也,上下相遁,至于不振。当是之时,吏治若救火扬沸,非武健严酷,恶能胜其任而愉快乎!言道德者,溺其职矣。……汉兴,破觚而为圜,斲雕而为朴,网漏于吞舟之鱼,而吏治烝烝,不至于奸,黎民艾安。由是观之,在彼不在此。

又如《萧相国世家》"赞"说:

> 及汉兴,依日月之末光,何谨守管籥,因民之疾秦法,顺流与之更始。

再如《曹相国世家》"赞"说:

> 参为汉相国,清静极言合道。然百姓离秦之酷后,参与休息无为,故天下俱称其美矣。

这些都描述出汉初的政治是承秦之敝而适时应变的。司马迁往往先写秦政之敝,再写汉初之变,在历史的矛盾中说明变化。如他在《秦楚之际月表序》中说:

秦既称帝，患兵革不休，以有诸侯也，于是无尺土之封，堕坏名城，销锋镝，钼豪杰，维万事之安。然王迹之兴，起于闾巷，合从讨伐，轶于三代，向秦之禁，适足以资贤者为驱除难耳。故愤发其所为天下雄，安在无土不王。

秦始皇称帝之后，认为天下战乱不休的原因，在分封诸侯。为了维护秦朝的长治久安，便不分封诸侯，并采取了一系列的残暴手段以巩固自己的统治。但是事与愿违，天下终于大乱，二世而亡，刘邦夺取了政权。秦始皇想使自己的江山永固，而无“尺土之封”，但是，“安在无土不王”，刘邦还是分封了诸侯王，秦王想不变，历史还是变了。

司马迁“承敝通变”的写作方法，比较集中地体现在对秦汉之际历史现象的描述上。他描写了汉之所以代秦，是因为汉初的政治是随着历史的变化而变化的，是适应时代的要求而采取了相应的措施，描写汉之代秦是符合历史发展进程的。

从以上的论述看，“原始察终”、“见盛观衰”、“承敝通变”的写作方法，要求真实、具体、客观、历史地描写社会历史的变化，要求描写社会历史生活的全过程，揭示社会历史的矛盾和斗争，并展示社会历史发展的未来。司马迁自觉地运用这种方法写作，使他的著作《史记》成为一部现实主义历史。

第五节　于序事中寓论断

司马迁写作的另一基本方法，是于序事中寓论断。顾炎武即指出：“古人作史有不待论断，而于序事之中即见其指者，惟太史公能之。《平准书》末载卜式语，《王翦传》末载客语，《荆轲传》末载鲁句践语，《晁错传》末载邓公与景帝语，《武安侯田蚡传》末载武帝语,皆史家于序事中寓论断法也。"(《日知录》卷二十六)"于序事中寓论断"确是司马迁写作的基本方法。司马迁对历史的评价,只是通过对具体史实的叙述体现出来,此外不另作评论。这是一种优良的史笔,同时也是一种卓越的文笔。因为文学作品即要求作家直写事实,在直接描写事实中寓褒贬,于叙述事实之外,不另表示自己的观点。

在顾炎武所举的五个例子中,《平准书》末记载元封元年,天旱,武帝令诸官求雨,"卜式言曰:'县官当食租衣税而已,今弘羊令吏坐市列肆,贩物求利。亨弘羊,天乃雨。'"是借卜式的话批判桑弘羊的"兴利"政策,实质上是"与民争利",是对人民的法外压榨和剥削。《王翦传》末记载,秦二世时,王翦及其子王贲已死,王翦之孙王离率兵击赵,有人预言王离是秦之名将,必然取胜。但"客曰:'不然。夫为将三世者必败。必败者何也?必其所杀伐多矣,其后受其不祥。今王离已三世将矣。'"是借客人的话批判王翦、王贲、王离三代为将,杀人过多,终必失败。《荆轲传》末记载,当鲁句践听说荆轲刺秦王失败后,"私曰:'嗟乎,惜哉其不讲于刺剑之术也!甚矣吾不知人也!曩者吾叱之,彼乃以我为非人也!'"是借鲁句践的话惋惜荆轲剑术之不精,准备之不足,竟至失败。《晁错传》末记载,晁错被诛之后,邓公对景帝说:"夫晁错患诸侯强大不可制,故请削地以尊京师,万世之利也。计画始行,卒受大戮,内杜忠臣之口,外为诸侯报仇,臣窃为陛下不取也。"是借邓公的话指责景帝诛伐晁错之不当。《武安侯田蚡传》末记载,武帝听说武安侯接受淮南王的金钱贿赂之后说:"使武安侯在者,族矣。"是指武帝的话表示对武安侯的憎恨。顾炎武所举的例子有一个共同的特点,即都是借别人的话来表示自己的观点,而且都放在一篇之末。这固然是司马迁于序事中寓论断的一种方式,但是,更重要的是在对历史事实的直接叙述中表现自己的评价,并不借用别人的意见。而这种方式,比借别人的话以表述自己的观点更朴实、更深入,因此更具有艺术力量。

司马迁有时是从正面叙述中表示自己的态度,有时则从侧面或其他方面。《卫将军骠骑列传》对卫青、霍去病的描写,就是从正面表示自己的态度的。如写卫青、霍去病的出身。卫青"姊卫子夫自平阳公主家得幸天子","子夫为夫人,青为大中大夫。"元朔元年春,"卫夫人有男,立为皇后。其秋,青为车骑将军,出雁门。"之后卫青官至大将军,而且三个儿子都得封侯。当时的甯乘画龙点睛地说:

> 将军所以功未甚多,身食万户,三子皆为侯者,徒以皇后故也。

霍去病是卫皇后姊之子,"年十八,幸,为天子侍中。"后来不断升迁,司马迁写道:

> 日以亲贵,比大将军。

这些,都用朴实的文字,记述了卫青、霍去病以外戚得亲贵、显荣。又如写他们的治军,对卫青无所称述,说明他之无能。对霍去病,则说:

> 少而侍中,贵,不省士。其从军,天子力遣太官赍数十乘,既还,重车余弃粱肉,而士有饥者。其在塞外,卒乏粮,或不能自振,而骠骑尚穿域蹋鞠,事多此类。

在正面叙述中贬斥霍去病治军之严苛,只图自己的享乐,不顾士卒的死活。再如写他们的战争经历,先写霍去病所部都是选取的精兵:"诸宿将所将士马兵亦不如骠骑,骠骑所将常选,然亦敢深人。”但是否能取得理想的战果呢？不然，大都得不偿失。有名的元狩四年春对匈奴的战役，是“上令大将军青、骠骑将军去病将各五万骑，步兵转者踵军数十万。”在战场上好像立下了赫赫战功，结果呢？司马迁写道：

两军之出塞，塞阅官及私马凡十四万匹，而复入塞者不满三万匹。

说明他们表面上战功辉煌，实质上失多于得，得不偿失。最后写他们之为人及结局。写卫青：“大将军为人仁善退让，以柔和自媚于上，然天下未有称也。”写霍去病：“少言不泄，有气敢任。”“天子为治第，令骠骑视之，对曰：‘匈奴未灭，无以家为也。’由此上益重爱之。”他们没有什么才能，全凭谄媚取宠，并获得高官厚禄。

司马迁就是这样完全通过记述史实，表现了这两个为君主所宠幸的，然而却没有任何将略的庸才形象，并且包含着对汉统治者对匈奴战争用非其人的谴责。作者最后感叹说：“且欲兴圣统，唯在择任将相哉！唯在择任将相哉！”即申明了全篇的本意。

司马迁有时也从侧面叙述中表示自己的态度。《萧相国世家》本是写萧相国的传记，但却从侧面揭露了汉高帝的猜忌。萧何是辅佐汉高帝定天下的功臣，为汉朝的建立立下了不朽的功勋。高帝一方面认识到“萧何功最盛，封为酂侯，所食邑多”，认为“功不可忘也”，排位次，“令萧何第一，赐带剑履上殿，入朝不趋”，可谓尊崇已极。另一方面却猜疑萧何有篡夺汉家政权的可能，因此，时时警惕，处处提防。如汉三年，汉王与项羽相距京、索之间，萧何守关中：

上数使使劳苦丞相。鲍生谓丞相曰：“王暴衣露盖，数使使劳苦君者，有疑君心也。”

然后鲍生为萧何出了一个解除高帝疑忌的计策,萧何按照鲍生的计策,让自己的子孙昆弟能当兵的全去高帝军队服兵役,于是"汉王大悦"。这就从侧面揭露了高帝内心的秘密。又汉十一年,陈豨反,高帝亲自将兵出击。后听说淮阴侯已被诛,便"使使拜丞相何为相国,益封五千户,令卒五百人一都尉为相国卫。诸君皆贺,召平独吊"。原因是:

> 召平谓相国曰:"祸自此始矣。上暴露于外而君守于中,非被矢石之事而益君封置卫者,以今者淮阴侯新反于中,疑君心矣。夫置卫卫君,非以宠君也。"

这一次不只是"数使使劳苦丞相",而是进一步"置卫卫君",在叙述中表明疑忌的加深。然而,萧何又听从召平的计策,把全部家产用来佐军,以释高帝之疑,"高帝乃大喜"。又呈现了高帝灵魂深处的猜忌和偏私。汉十二年秋,黥布反,高帝又亲自将兵出击,并再"数使使问相国何为":

> 相国为上在军,乃拊循勉力百姓,悉以所有佐军,如陈豨时。客有说相国曰:"君灭族不久矣。夫君位为相国,功第一,可复加哉?然君初入关中,得百姓心,十余年矣,皆附君,常复孳孳得民和。上所为数问君者,畏君倾动关中。今君胡不多买田地,贱贳贷以自污?上心乃安。"

这一次萧何还采用老办法对待高帝,已经不行了。因为形势在发展,不但陈豨反,黥布也反,对他的猜忌更深了,所以萧何有灭族的危险。司马迁在描述中一步步揭示汉高帝的自私和阴险。最后萧何再次听从客人的计策,"上乃大悦",而得以自全。这些记述随着历史事件的发展,而更鞭辟入里,对高帝虽无一贬辞,而情伪毕露,诚微辞之妙选,亦狙击之辣手矣。

司马迁还从其他方面的叙述中表明自己对历史事件和人物的评价。例如《魏其武安侯列传》记述魏其侯窦婴为拯救灌夫，和武安侯田蚡在“东朝廷辩”时的一段故事。窦婴“盛推灌夫之善”，田蚡“又盛毁灌夫所为横恣，罪逆不道”。争论相持不下。汉武帝问朝臣：“两人孰是？”诸朝臣作如下回答：

> 御史大夫韩安国曰：“魏其言，灌夫父死事，身荷戟，驰入不测之吴军，身被数十创，名冠三军，此天下壮士，非有大恶，争杯酒，不足引他过以诛也，魏其言是也。丞相亦言，灌夫通奸猾，侵细民，家累巨万，横恣颍川，凌轹宗室，侵犯骨肉，此所谓‘枝大于本，胫大于股，不折必披’，丞相言亦是。唯明主裁之！”主爵都尉汲黯是魏其。内史郑当时是魏其，后不敢坚对。余皆莫敢对。上怒内史曰：“公平生数言魏其、武安长短，今日廷论，局趣效辕下驹，吾并斩若属矣！”即罢起入，上食太后。

这段描写充分表现了司马迁对诸人物的评价。对汉武帝，既表现了他对田蚡的不满，又表现了他在王太后面前不敢正面表态，不得不借别人泄气。对韩安国，则勾画出他的圆滑，他之能得到再度起用，做了御史大夫，是向田蚡贿赂的结果，他当然不能反对田蚡，同时他知道武帝是同情窦婴的，所以也不敢反对窦婴，因此采取模棱两可的态度。对汲黯，则描绘了他的爽直，果敢无私。这和《汲郑列传》所写“面折，不能容人之过。……好直谏，数犯主之颜色”的精神是一致的。对郑当时，则记述他的软弱，他虽然赞助窦婴，但在王太后的东宫中又不敢坚持自己的正当意见。《汲郑列传》即说他“趋和承意，不敢甚引当否”。司马迁通过记述这一矛盾紧张的事件，对处于矛盾中的人物，各寓褒贬，表现了鲜明的态度。

“东朝廷辩”之后，司马迁缀述一笔：

郎中令石建为上分别言两人事。

这好像是一种随意之笔,无关紧要,实际上却包含着对石建为人的论述。石建是以“恭谨”著称的,《万石张叔列传》中所附他的传记写他:“为郎中令,事有可言,屏人恣言,极切;至廷见,如不能言者。是以上乃亲尊礼之。”这一笔即写出他这一特点。他并不当朝廷辩,而事后对武帝细谈,阴一面,阳一面,取得武帝的宠信。司马迁用简短的一笔,即写出这个人物灵魂的阴暗和龌龊。

于序事中寓论断,是司马迁写作的基本方法,这种方法明确地说即把自己对社会、历史现象的态度、看法和评价,通过记述具体事实表现出来。他曾借孔子的话说:“我欲载之空言,不如见之于行事之深切著明也。”(《自序》)即说明他采用这种方法的思想基础。用事实寓褒贬,本来是孔子写《春秋》时即采用的方法。但是孔子的《春秋》只是个大事记,没有具体的事件和人物,序事很简短,所寓的内容也就不多。司马迁则全面、系统地写历史,他不但翔实地记述了具体的事件和人物,而且翔实地记述了具体的事件和人物产生、发展和终结的全过程。通过对事件和人物发展过程的记述,考察历史兴衰成败的原因,并表明自己的态度。因此,于序事中寓论断的特色便表现得很鲜明、突出,成为他写作方法上的独创。这种写作方法的运用,是他的著作取得如此高的成就的重要原因。

当然,司马迁在著作中也采用了一些专门议论的形式,或一些夹叙夹议的形式,但都不是主要的,最主要和成就最高的莫过于于序事中寓论断了。

第六节　以人物为本位

我国文学史上最早的历史散文是《尚书》和《春秋》。《尚书》

以记言，《春秋》以记事。到《左传》出现之后，开始变记言、记事为记传，能粗略描述一些历史人物的梗概，是记传文学之祖。而《史记》则是这种记传文学的嫡传。司马迁是以写人物传记的形式来写历史的，整部《史记》可以说是以人物为中心展开了我国约三千年的社会生活史的。梁启超在《中国历史研究法》中即说："其最异于前史者一事，曰以人物为本位。"司马迁在"本纪""世家""列传"中写了各阶级、各阶层的人物。无论从历史或从文学方面讲，这都是一项创造。

司马迁描写人物，特别着重从社会历史环境中加以表现，写人物受不同的历史环境的影响，有着不同的经历、遭际，并在历史变革中为历史条件所制约，各有不同的结局。和单纯的文学创作不同，他笔下的人物都交织着广阔、复杂、多面的历史现象，是历史生活的再现。例如在《魏其武安侯列传》中，司马迁主要写了三个人物，即窦婴、田蚡和灌夫。其中的窦婴、田蚡是外戚，灌夫是将门之子。他们都是统治阶级的上层人物，各有不同的政治背景，因此，政治生涯、宦途遭遇也完全不同。

窦婴凭着窦太后、景帝的支持，地位日益提高。梁人高遂对他说："能富贵将军者，上也；能亲将军者，太后也。"就直截了当地点出了促成他富贵的政治因素。他被封为魏其侯之后，每朝议大事，"诸列侯莫敢与亢礼。"其气焰之盛，可以倾诸将相。司马迁在着重描写窦婴活动的政治背景的同时，还注意突出窦婴的个性，突出窦婴个性在政治斗争中的作用。窦婴为人好"沾沾自喜，多易"，即骄傲自满，轻举易动，而且"不知时变"，不知乘时变化的道理。他的骄傲自满、轻举易动，明显地表现在对栗太子被废的态度上。作为太子太傅，当栗太子被废时，他屡次争辩不成，便干脆"屏间处而不朝"，行动确实轻率了些，高遂即指出"是自明扬主上之过"，以致引起景帝的不满,使他失去了在桃侯免相之后,出任丞相的机会,并且终景帝之世再没有升迁。武帝即位,由于窦太后的关系和田蚡表面的推尊,他登上了丞相的职位。同样由于轻举易动,触怒了窦太后,又终于被罢免。窦太后好黄、老之言,他和田蚡、赵绾、王臧等则"务隆推儒术,贬道家言。"信仰不同,政治路线不同,矛盾发展到赵绾"请无奏事东宫",即不让武帝把政事奏知窦太后。窦太后盛怒,"乃罢逐赵绾、王臧等,而免丞相、太尉"。他便以侯家居。当能亲他的窦太后一死,他的政治生命基本上结束了。从此,司马迁着重突出他个性中之"不知时变"。在"益疏不用"的情况下,他仍然企图挽回已经失去的地位。他交纳灌夫,想攀附田蚡,竟被田蚡所卑弃。田蚡向他强索田地,他大为怨恨说:"老仆虽弃,将军虽贵,宁可以势夺乎?"然而他攀附田蚡的观念并未动摇。当诏贺田蚡娶燕王女为夫人时,灌夫本不想去,他却"强与俱",在宴会上又为田蚡等所凌辱。在灌夫被械系时,他锐身拯救,他的妻子劝阻说:"灌将军得罪丞相,与太后家忤",他说什么"侯自我得之,自我捐之,无所恨!且终不令灌仲孺独死,婴独生。"可以说逆形势而动,"不知时变"到极点了。"东朝廷辩"时,他"盛推灌夫之善","因言丞相短",结果以欺谩君上之罪弃市。司马迁就这样描写了窦婴在景帝、窦太后在世时的得势和失势,描写了他在武帝、王太后当权时企图挽回已经失去的势力而不可得。司马迁描写了这个人物活动的历史环境,描写了具体的历史环境决定了这个人物的命运。

田蚡与窦婴不同,他的政治靠山是王太后、武帝,他是依靠王太后和武帝由诸郎做到丞相的。他的姐姐王太后原是景帝的宠姬,由于长公主为她出力,才得到景帝的宠幸,以至于立为皇后。田蚡也就随之逐渐贵幸起来。田蚡未得势之前,在外戚中的地位远远比不上显赫的窦婴。所以在窦婴面前,他总是卑躬屈节,“往来侍酒魏其,跪起如子姓。”为了攀附窦婴,他不择手段:“蚡事魏其,无所不可。”同时,由于他“辩有口,学《槃盂》诸书”,得到王太后的赏识,这又为他的仕宦生涯增添了新的政治因素。景帝死后,武帝即日即位,王太后“称制,所镇抚多有田蚡宾客计策”。他竟成了王太后在政治上的得力帮手,被封为武安侯,进而做了太尉。司马迁着重写他“负贵而好权”的个性。《外戚世家》也说他“贪,巧于文辞”,即道出了他的阴险和狡狯。他想做丞相时,便“卑下宾客,进名士家居者贵之,欲以倾魏其诸将相”。做了丞相之后,“又以为诸侯王多长,上初即位,富于春秋,蚡以肺腑为京师相,非痛折节以礼诎之,天下不肃。”他用尽了权术,以笼络人心,制服天下,建立自己的威严。他凭藉王太后,挟持武帝,贪欲专权:

> 当是时,丞相入奏事,坐语移日,所言皆听。荐人或起家至二千石,权移主上。上乃曰:“君除吏已尽未?吾亦欲除吏。”尝请考工地益宅,上怒曰:“君何不遂取武库?”

这更是“负贵而好权”的生动写照。他还以丞相之尊倨傲于人。窦婴听灌夫说他要幸临,便“益市牛酒,夜洒扫,早帐具至旦。平明,令门下候伺。至日中,丞相不来。”原来他在家高卧未起,把和灌夫的约言当作玩话,竟完全忘了。这种自尊自贵,得意忘形,即使对待自己的同母兄弟王信,也不例外。他“尝召客饮,坐其兄盖侯南向,自坐东向,以为汉相尊,不可以兄故私桡。”可谓自负尊贵至极。他向窦婴索田,说什么“何爱数顷田”!认为凭藉着自己的地位,窦婴何敢不给田!东朝廷辩时,他恬不知耻地说:“天下幸而安乐无事,蚡得为肺腑,所好音乐狗马田宅。蚡所爱倡优巧匠之属。”公开声明自己的贪鄙、奢侈爱好。因此,他“治宅甲诸第,田园极膏腴,而市买郡县器物,相属于道。前堂罗钟鼓,立曲旃,后房妇女以百数。诸侯奉金玉狗马玩好,不可胜数。"司马迁描写了这个人物一生活动的政治背景,即"负贵",同时描写了他的权谋、诡诈和贪鄙,即"好权"。正是这种政治背景作用于他的思想性格,形成了他擅弄权谋、贪鄙、骄横的特征。

灌夫与窦婴、田蚡不同,他是以军功起家的。吴、楚反时,他由于驰入吴军而名闻天下,被任为中郎将,又由于治淮阳,而入为太仆。司马迁特别描写了他"无术而不逊"的性格,即对待任何事情没有手腕却偏要放肆地去干。如他"刚直使酒,不好面谀。贵戚诸有势在己之右,不欲加礼,必陵之。诸士在己之左,愈贫贱,尤益敬,与钧。稠人广众,荐宠下辈,士亦以此多之",具有一种陵贵恤贱的侠客作风。他"好任侠,已然诺。诸所与交通,无非豪桀大猾。家累数千万,食客日数十百人。陂池田园,宗族宾客为权利,横于颍川",又是一个地方强豪。司马迁毫无隐饰地传录颍川儿歌:"颍水清,灌氏宁;颍水浊,灌氏族。"以表现当地人民对他的愤怒。他"坐法去官",失势家居后,也不甘居人下,仍想多和列侯宗室交通以为名高。他一方面倚重窦婴,一方面又攀附田蚡。"使酒骂座"一段充分表现了他的"无术而不逊"。他粗率、暴躁,漠视一切权贵,不顾客观形势,放肆狂言。结果以"骂座不敬"罪被诛。他是窦婴、田蚡两人关系中的牺牲者。司马迁把他安插在窦、田矛盾之中,不是没有原因的,其原因就是为了更具体地揭示统治阶级内部的复杂矛盾和斗争。司马迁评论说:

> 魏其、武安皆以外戚重。灌夫用一时决策而名显。魏其之举,以吴楚;武安之贵,在日月之际。

就明确道出了他们各自活动的社会背景和斗争的政治意义。司马迁把他们结合起来写,把他们三人合传,就是要从他们互相依赖互相制约的关系中去考察当时的社会,认识当时的现实,反映当时的历史的。

在描写人物方面,司马迁很注意把握人物的基本特征。人物的基本特征,体现人物的思想倾向,体现人物的政治态度。只有把握人物的基本特征,才能揭示出社会本质的某些方面。司马迁通过对人物基本特征的描述,揭示了当时社会和统治阶级的本质。他在《万石张叔列传》中,写石奋祖孙三代都以"恭谨"闻名于郡国,写了他们许多"驯行孝谨"的事例。如写石奋之子石建为郎中令、石庆为太仆的表现,便很具体、生动:

> 建为郎中令,书奏事,事下,建读之,曰:"误书!'马'者与尾当五,今乃四,不足一。上谴死矣!"甚惶恐。其为谨慎,虽他皆如是。
>
> 庆为太仆,御出,上问车中几马,庆以策数马毕,举手曰:"六马。"庆于诸子中最为简易矣,然犹如此。

这种对最高统治者毕恭毕敬的神态,我们今天看来未免愚蠢可笑,然而这却是这伙官僚们的真实灵魂。他们"无他大略,为百姓言",全凭仰承统治者的鼻息而得到尊宠:

> 建为郎中令,事有可言,屏人恣言,极切;至廷见,如不能言者。是以上乃亲尊礼之。

他们阴一面,阳一面,鬼鬼祟祟,然而正是这一套作风却使自己的官职不断升迁。"元狩元年,上立太子,选群臣可为傅者,庆自沛守为太子太傅,七岁迁为御史大夫。元鼎五年秋,丞相有罪,罢。制诏御史:'万石君先帝尊之,子孙孝,其以御史大夫庆为丞相,封为牧丘侯。'"在国家多事,武帝巡狩,诸臣各有进用的情况下,"事不关决于丞相,丞相醇谨而已。在位九岁,无能有所匡言。”然而,其“子孙为吏,更至二千石者十三人”。司马迁就是这样以描述石建、石庆的个性特征,来揭露汉武帝的淫威和专制,揭露当时官场中的一种恭谨自保的政治风气。在《卫将军骠骑列传》中,司马迁描写了卫青的“奉法遵职”。卫青是卫夫人的弟弟,炙手可热的外戚,在征伐匈奴时有功,官拜大将军。就他的职位、声威而论,是有权自己诛罚不称职的将相的。然而恰巧相反,他特别恭谨自己的职守,不敢越雷池一步。他率兵出定襄击匈奴,右将军苏建丧师逃回,议郎周霸谏议斩苏建以明军威,他则说:“使臣职虽当斩将,以臣之尊宠而不敢自擅专诛于境外,而具归天子,天子自裁之,于是以见为人臣不敢专权,不亦可乎?”他处处想到自己的职守,“以和柔自媚于上。”苏建曾劝他效法古名将招选贤者,他又说:“彼亲附士大夫,招贤绌不肖者,人主之柄也。人臣奉法遵职而已,何与招士!”可见他是把官职看作封建官僚机构中的工具而已。在《平津侯主父列传》中,司马迁还描写了公孙弘的阿谀逢迎。这个圆滑老儒,表面上“其行敦厚”,实际上虚伪诡诈。他“每朝会议,开陈其端,令人主自择,不肯面折廷争”。“尝与公卿约议,至上前,皆倍其约以顺上旨。”他全凭能顺承武帝的旨意而得到重用,从博士、御史大夫一直升为丞相。司马迁描写这些人物的基本特征,突出这些人物的基本特征,是为了揭露在封建专制主义统治下,公卿大臣无所作为,“为丞相备员而已。”(《张丞相列传》)甚至连生命都难保。

在描写人物方面,司马迁还注意用一个人物的生活琐事概括其一生的活动。这些生活琐事,似乎是不经意的叙述,其实是作者的匠心所在,是关于一个人物一生的政治得失的描写。他在《李斯列传》中,开卷写李斯“年少时,为郡小吏,见吏舍厕中鼠食不洁,近人犬,数惊恐之。斯入仓,观仓中鼠,食积粟,居大庑之下,不见人犬之忧。于是李斯乃叹曰:‘人之贤不肖譬如鼠矣,在所自处耳!’”这是一件小事,似乎无关紧要,但司马迁却借以写出了李斯的全部人生观。李斯从荀卿学帝王之术,游说秦始皇,听从赵高而立二世,上督责书,狱中上书,都不过为的是求“所自处”。李斯位极人臣时,喟然而叹曰:“当今人臣之位无居臣上者,可谓富贵极矣。物极则衰,吾未知所税驾也!”后来他和赵高合谋立二世,“乃仰天而叹,垂泪太息曰:‘嗟乎! 独遭乱世,既以不能死,安托命哉!’”到腰斩咸阳市时,他“顾谓其中子曰:‘吾欲与若复牵黄犬俱出上蔡东门逐狡兔,岂可得乎!’”都是在最紧要的关头,念念不忘如何“自处”的利害关系。从全篇列传看,在一定意义上,老鼠的故事,简直就是李斯一生的缩影。又司马迁在《陈涉世家》开卷写“陈涉少时,尝与人佣耕,辍耕之垄上,怅恨久之,曰:‘苟富贵,无相忘!’”这一段记述,好像只是陈涉为人佣耕时的一句玩话,然而司马迁却用以概括他未来的成败。陈涉起义后,到称王,王陈六月,“其故人尝与佣耕者闻之,之陈,扣宫门曰:‘吾欲见涉。’宫门令欲缚之。自辩数,乃置,不肯为通。陈王出,遮道而呼涉。陈王闻之,乃召见,载与俱归。入宫,见殿屋帷帐,客曰:‘夥颐! 涉之为王沈沈者!’……客出入愈益发舒,言陈王故情。或说陈王曰:‘客愚无知,颛妄言,轻威。’陈王斩之。”此后,司马迁接着陈述说:“诸陈王故人皆自引去。由是无亲陈王者。”这说明陈涉违背了佣耕时的诺言,抛弃了贫苦伙伴,脱离了群众,因此导致起义的失败。司马迁用一个小故事,说明历史上一个大问题。此外,他在《陈丞相世家》中写陈平为里社宰时,分肉食很平均,得到里社人的称赞,他说:“嗟乎,使平得宰天下,亦如是肉矣!”后来果然做了丞相。他在《酷吏列传》中写张汤年青时审讯偷肉吃的老鼠,“视其文辞如老狱吏。"后来竟成了残酷的滥施刑法的官吏。可见,司马迁有关生活琐事的描写,都不是随意之笔,而是经过深思熟虑的安排,是为了表现人物,表现人物一生的重要活动。用小故事说明大问题,正见司马迁的文学才能。

在描写人物方面,司马迁对所要采用的材料,都加以缜密的选择,并非有文必录。他在《留侯世家》中说:"(留侯)所与上从容言天下事甚众,非天下所以存亡,故不著。"张良是辅助刘邦定天下的人物,不是关于兴亡成败的言行,都不足以表现这个人物,所以舍弃不用。这是司马迁处理材料的一条总原则。因此,他经常采用"互见法",即在本人传记中有碍于突出其主要特征和基本倾向的材料,便放在其他传记中去写。如《项羽本纪》集中描写项羽的叱咤风云,气盖一世的英雄形象,而把有损于他的英雄性格的政治上军事上的错误放在《淮阴侯列传》中写。《信陵君列传》集中描写信陵君"礼贤下士",而把他不收留魏齐的事放在《范睢蔡泽列传》中写。这是司马迁普遍采用的方法。他有时明确注明:"其事在《商君》语中"(《秦本纪》),"语在《晋》事中"(《赵世家》),"语在《淮阴侯》事中"(《萧相国世家》),"语在《田完世家》中"(《滑稽列传》),等等,不胜枚举。有时不注明,而实际在运用。这种写法,固然可以避免重复,更重要的是描写人物的需要,是突出人物基本特征的需要。

司马迁描写人物的才能是很高的,为了完整、突出、逼真地表现一个人物,他调动了一切艺术手段。他描写的虽然是历史人物,必须根据历史事实,不能虚构,但在处理、剪裁事实时,又包含着自己对事实的体会、认识和想象。因此他的描写过程同时也就是再创造。

第七节　择其言尤雅者

司马迁在语言方面的成就是很高的，他是一位语言艺术巨匠，是一位伟大的语言艺术家。对语言他下过很深的琢磨和锤炼工夫，他说：“百家言黄帝，其文不雅驯。”(《五帝本纪》)不雅驯，即芜杂，不确切。对这种语言，他就舍弃了，只选择、摄取那比较确切的，即“择其言尤雅者”。这说明他对语言曾经经过一番去粗取精的加工过程。

司马迁所熔铸和创造的语言，在我国语言艺术史上有划时代的意义。他继承并融汇了周、秦的语言成就，形成了自己统一的语言风格，开辟了后来“古文辞”的先路，成为历代文学家学习的楷模。后人所谓“文必秦汉”，实际上即指取法司马迁的文章。

司马迁统一的语言风格，即平易、简洁、流畅、生动。柳宗元即评论说：“太史公甚峻洁”(《注释音辩唐柳先生集》卷三十四《报袁君陈秀才避师名书》)。章炳麟也说：“其所描写，皆虎虎有生气。”(《制言》月刊第五十三期《略论读史之法》)尽管他笔下各阶层的人物操着不同的语言，他在记述这些人物活动时，也各运用不同的语言，但是总为这统一的语言风格所统摄。这种统一的语言风格是贯彻他全部著述的美学要素。

司马迁的语言素材，主要取自三个方面，即先秦的文献典籍，当时通行的书面语和群众中习用的口语。对这些语言素材，他都通过自己的观点加以认真地审查和提炼，因此，他的语言是我国人民和我们民族语言的结晶。

司马迁“采经摭传”，总是把其中的古奥艰深的文字通俗化，改易成平浅流畅，适合于当时人的口吻。宋人王观国在其《学林》

中说：

> 司马迁好异而恶与人同。观《史记》，用《尚书》、《战国策》、《国语》、《世本》、《左传》之文，多改其正文。改绩用为功用，改厥田为其田，改肆觐为遂见，改宵中为夜中，改咨四岳为嗟四岳，改协和为合和，改方命为负命，改九载为九岁，改格奸为至奸，改慎徽为慎和，改烈风为暴风，改克从为能从，改濬川为决川，改恤哉为静哉，改四海为四方，改熙帝为美尧，改不逊为不训，改胄子为稚子，改维清为维静，改天工为天事，改底绩为致功，如此类甚多。（引自《史记会注考证·五帝本纪考证》）

王观国是从泥古的角度批评司马迁对古代语汇的改易，但却从反面道出了司马迁对古籍的通俗化过程。具体如对"佶屈聱牙"的《尚书·尧典》，他便将其恰当地改变成当代通晓明白的语言。《尧典》云：

> 曰若稽古，帝尧，曰放勋。钦明文思安安，允恭克让，光被四表，格于上下。克明俊德，以亲九族。九族既睦，平章百姓。百姓昭明，协和万邦。乃命羲和，钦若昊天，历象日月星辰，敬授民时。

司马迁在《五帝本纪》中则改写为：

> 帝尧者，放勋。……黄收纯衣，彤车乘白马。能明驯德，以亲九族。九族既睦，便章百姓。百姓昭明，合和万国。乃命羲和，敬顺昊天，数法日月星辰，敬授民时。

这就把古语的简直和语意不明之处改成明白显豁。其他如对《逸周书》、《左传》、《国语》、《国策》的采用，亦同此例。通过这种窜易增删，形成了自己独具特征的统一的语言风格。在他“略推三代，录秦汉，上记轩辕，下至于兹”（《自序》）的著述过程中，对古今语言的沟通作出了重要的贡献。

司马迁大量采用的是当时的书面语。无论记叙历史人物和评价历史事件，都以当时的书面语为主。这些书面语也不是随便摄取的，而是经过他精心地推敲、锤炼，以致更简洁而富于表现力。如在《管晏列传》中，他写管仲对鲍叔的知己之感：

> 管仲曰：“吾始困时，尝与鲍叔贾，分财利多自与，鲍叔不以我为贪，知我贫也。吾尝为鲍叔谋事而更穷困，鲍叔不以我为愚，知时有利不利也。吾尝三仕三见逐于君，鲍叔不以我为不肖，知我不遭时也。吾尝三战三走，鲍叔不以我为怯，知我有老母也。公子纠败，召忽死之，吾幽囚受辱，鲍叔不以我为无耻，知我不羞小节而耻功名不显于天下也。生我者父母，知我者鲍子也。”

他对管仲认鲍叔为知己，写了五个方面，其中连用了五个“不以我为”和五个“知我”，这就特别突出了他们的亲密关系，最后说：“生我者父母，知我者鲍子也。”则把他们的关系提到可以同父母比并的高度了。又如《魏世家》记述魏公子无忌和魏王论议“存韩安魏”的策略时说：

> 通韩上党于共、宁，使道安成，出入赋之，是魏重质韩以其上党也。今有其赋，足以富国。韩必德魏、爱魏、重魏、畏魏，韩必不敢反魏，是韩则魏之县也。

两句之中，五用魏字，则存韩对魏的重要性便特别突出出来了。司马迁就是这样对一言一语的意趣神色都细心地琢磨、加工，对一句话一个字的稳妥轻重都玩味、斟酌，既含义丰富，又意味深长。

司马迁还采用了不少流行的口语，这些口语主要是用于人物的对话，同时也用于行文之中。虽是口语，经过司马迁的抉择、润色，却毫无杂质，并生动而富于表现力。《苏秦列传》记叙苏秦出游数岁，大困而归，兄弟嫂妹妻妾都嗤笑他，后来做了从约长，并相六国，他的昆弟妻嫂却另是一副面孔，乃"侧目不敢仰视，俯伏侍取食。"苏秦和他嫂子有一段对话：

苏秦笑谓其嫂曰："何前倨而后恭也？"嫂委蛇蒲服，以面掩地而谢曰："见季子位高金多也。"苏秦喟然叹曰："此一人之身，富贵则亲戚畏惧之，贫贱则轻易之，况众人乎！"

这段话全是明白浅显的语言，活现出一副封建社会的世态。又《张仪列传》记叙张仪在楚相处饮酒，楚相亡失玉璧，疑心是他所盗，因此把他抓起来，掠笞数百。之后，他的妻子和他有一段对话：

其妻曰："嘻！子毋读书游说，安得此辱乎？"张仪谓其妻曰："视吾舌尚在不？"其妻笑曰："舌在也。"仪曰："足矣。"

全是简洁的口语，讽刺了一个说客的无赖和自私。此外，如《汲郑列传》写汲黯指责汉武帝用人之不当："陛下用群臣如积薪耳，后来者居上。"《魏其武安侯列传》写"东朝廷辩"时，汉武帝申斥内史郑当时在王太后面前，对魏其侯和武安侯的是非不敢置一辞，为"局趣效辕下驹"。《田敬仲完世家》写田成子相齐简公，修厘子之政，齐人都心向田成子，作歌云："妪乎采芑，归乎田成子！""妪乎"即噢呀。这些都是用口语来表现人物的声貌、神态，使人物形象惟妙惟肖。

司马迁对方言、俗语和足以表现人物的语词也注意采用。这种语言对描写不同阶级、阶层的人物十分重要。司马迁随手取来，运用自如,恰如其分,符合人物的身份和思想,使人物声态并作。如《陈涉世家》写陈涉称王之后,当年尝与他佣耕的人来见他的一段:

> 陈胜王凡六月。已为王,王陈。其故人尝与佣耕者闻之,之陈,扣宫门曰:"吾欲见涉。"宫门令欲缚之。自辩数,乃置,不肯为通。陈王出,遮道而呼涉。陈王闻之,乃召见,载与俱归。入宫,见殿屋帷帐,客曰:"夥颐!涉之为王沈沈者!"楚人谓多为夥,故天下传之,夥涉为王,由陈涉始。

司马迁不但写出了佣耕者操楚地方言"夥颐"、俗语"沈沈",而且写出了他的言行完全符合一个农民的身份。"吾欲见涉","遮道而呼涉"。对一个农民来说,他没有帝王至尊的观念,不懂谒见的礼节,所以道路遮拦,称名道姓,活现出一个粗朴、戆直的农民形象。又《张丞相列传》写汉高帝要废嫡立庶,御史大夫周昌口吃,直言谏阻,急切之间说不出话来:

> 周昌廷争之强,上问其说,昌为人吃,又盛怒,曰:"臣口不能言,然臣期期知其不可。陛下虽欲废太子,臣期期不奉诏。"上欣然而笑。

把一个急于进谏,而又口不能道辞,只有"期期""期期"的直臣的声貌,逼真地描绘出来。这些语言的运用,可以显示出人物的生活环境,人物的社会经验、教养和心理等,显示出人物的特殊生活史。

此外,司马迁还采用了很多谚语和民谣来丰富自己的文学语言。谚语、民谣是群众实际生活经验的概括,是群众智慧的结晶。它内容丰富,含义深刻。司马迁如同经典似的把它引用来作为论证历史事件的根据和评价历史人物的标准。

例如他引用的谚语:

语有之,“以权利合者,权利尽而交疏”,甫瑕是也。(《郑世家赞》)

甚矣,“安危在出令,存亡在所任”,诚哉是言也!(《楚元王世家赞》)

语曰:“能行之者未必能言,能言之者未必能行。”孙子筹策庞涓明矣,然不能蚤救患于被刑。吴起说武侯以形势不如德,然行之于楚,以刻暴少恩亡其躯。悲夫!(《孙子吴起列传赞》)

鄙语云:“尺有所短,寸有所长。”白起……王翦……彼各有所短也。(《白起王翦列传赞》)

鄙语曰:“利令智昏”,平原君贪冯亭邪说,使赵陷长平兵四十余万众,邯郸几亡。(《平原君列传赞》)

语曰:“当断不断,反受其乱。”春申君失朱英之谓邪?(《春申君列传赞》)

语曰:“千金之裘,非一狐之腋也;台榭之榱,非一木之枝也;三代之际,非一士之智也。”信哉!(《刘敬叔孙通列传赞》)

语曰:“变古乱常,不死则亡”,岂错等谓邪!(《袁盎晁错列传赞》)

语曰:“不知其人,视其友”。二君之所称诵,可著廊庙。(《张释之冯唐列传赞》)

“女无美恶,居宫见妒;士无贤不肖,入朝见疑。”故扁鹊以其伎见殃,仓公乃匿迹自隐而当刑。(《扁鹊仓公列传赞》)

“毋为权首,反受其咎”,岂盎、错邪?(《吴王濞列传赞》)

谚曰:“桃李不言,下自成蹊。”此言虽小,可以谕大也。(《李将军列传赞》)

号曰:“宁见乳虎,无值宁成之怒”。(《酷吏列传》)

鄙人有言曰:“何知仁义,已飨其利者为有德。”(《游侠列传》)

谚曰:“人貌荣名,岂有既乎!”於戏,惜哉!(《游侠列传赞》)

谚曰:“力田不如逢年,善仕不如遇合”,固无虚言。(《佞幸列传》)

谚曰:“千金之子,不死于市。”此非空言也。(《货殖列传》)

谚曰:“百里不贩樵,千里不贩籴。”居之一岁,种之以谷;十岁,树之以木;百岁,来之以德。德者,人物之谓也。(《货殖列传》)

这些谚语都具有哲理性,或用以评价历史人物,或用以总结历史经验,或用以说明政治得失,使自己的论证建立在群众智慧的基础之上。

又如他引用的民谣:

百姓歌之曰:“萧何为法,觏若画一;曹参代之,守而勿失。载其清净,民以宁一。”(《曹相国世家》)

颍川儿乃歌之曰:“颍水清,灌氏宁;颍水浊,灌氏族。”(《魏其武安侯列传》)

民有作歌歌淮南厉王曰:“一尺布,尚可缝;一斗粟,尚可舂。兄弟二人不能相容。”(《淮南衡山列传》)

这些民谣或歌颂清静无为的理想政治,或诅咒强豪之横行乡里,或讽刺统治阶级内部的互相倾轧,不同程度地表现了人民的希望、爱憎和褒贬态度。

司马迁对人民群众的生活、经验极为熟察和深悉，所以对他们语言的选择、提炼也极其精确、深刻和丰富，运用这种语言，足以加强作品的表现力。

司马迁对语言，专心熔炼散句，而有意识地避免偶句，使他的著述的语言接近当时普通的口语。因此《史记》中有些文字，从语言风格上也可以判断出它的真伪。如《南越列传赞》是以四字为韵的句法，这绝不可能是司马迁的手笔，而是后人羼入的。司马迁熔炼的散句，最长者达 28 字，如《平准书》云："毋赋税南阳汉中以往郡各以地比给初郡吏卒奉食币物传车马被具"，"吏卒"以下十一字是"给"字注语。最短者仅一言。其间有各种句式和句法，表现不同的语意和文气。有议论中夹带叙事的，如《吕太后本纪》云："孝惠为人仁弱，高祖以为不类我，常欲废太子，立戚姬子如意，如意类我。""类我"与"不类我"之间数字即是叙事。有叙述中加注语的，如《项羽本纪》云："汉王乃封侯公为平国君。匿弗肯复见。曰：'此天下辩士，所居倾国，故号为平国君。'""匿弗肯复见"显然不是汉王的指令，而是司马迁的注语。有言简而意赅的，如《孔子世家》云："故所居堂弟子内，后世因庙藏孔子衣冠琴车书。"这句话"内"字上省略"所居"二字，"庙"字用作动词，意思是孔子所居之堂弟子所居之内，后世因以为庙而藏孔子之衣冠琴车书。有言有尽而意无穷的，如《高祖本纪》云："汉王三让，不得已，曰：'诸君必以为便，便国家。'"语意未完，全文的意思应该是必以为便国家，也可以商量。又如《项羽本纪》云："当是时，诸将皆慑服，莫敢枝梧，皆曰：'首立楚者，将军家也。今将军诛乱。'"句末"诛乱"后，省略了许多文字，语意无穷。又如《孟尝君列传》云："秦虽强国，岂可以请人相而迎之哉！折秦之谋，而绝其霸强之略。""略"字之后文气未完，盖写冯驩说齐王之急迫。此外，还有其他各种句法,如《楚世家》云:“予我下东国,吾为王杀太子,不然,将与三国共立之。”“下东国”即东国的下方,指楚东部的东边。又“三国以兵割周郊地以便输而南器以尊楚,臣以为不然”。“输而南器”,即,“输器而南”的倒装句。又如《孔子世家》云:“夏人殡于东阶,周人于西阶,殷人两柱间。”“周人”后省“殡”字,“殷人”后省“殡于”二字,逐句省字,文法灵活。又如《淮南衡山列传》云:“其非吏,他,赎死金二斤八两。”“他”字用法奇特,犹如今天的“及其他”。这些都说明司马迁所运用的句式、句法,变幻多端,毫无准则,然而参差错落,摇曳多姿。

司马迁翻译了不少典重的古语,采用了大量当时流行的书面语、口语、俗语、方言、谚语和民谣,熔炼成自己平易、简洁、流畅、精确、统一的语言风格。他的语言就是这样疏疏落落,有一种不整齐之美,生动、活泼而富于表现力。

司马迁采取了我国人民和我们民族的语言,又提炼、丰富和发展了我国人民和我们民族的语言,对我们祖国的语言,作出了巨大的贡献。

结 束 语

司马迁的《史记》是继承了它以前的史学和文学的优良传统而取得如此高的成就的。他是我国史学和文学传统的继承者，同时又是它的发展、创造者。

在史学方面，司马迁主要吸取了《尚书》、《春秋》、《左传》、《国语》、《战国策》等的内容和创作精神。他特别推崇《春秋》，并深为孔子作《春秋》的精神所感动。他说："先人有言：'自周公卒五百岁而有孔子。孔子卒后至于今五百岁，有能绍明世，正《易传》，继《春秋》，本《诗》、《书》、《礼》、《乐》之际？'意在斯乎！意在斯乎！"他以孔子的继承者自居，并以孔子作《春秋》的精神作为自己写《史记》的动力。他继承了以前的史学传统，同时在体制、内容上又有很大的创造。司马贞《补史记·序》即说：

> 太史公，古之良史也。……慨《春秋》之绝笔，伤旧典之阙文，遂乃错综古今，囊括记录。……父作子述，其勤至矣。然其叙劝褒贬，颇称折衷，后之作者，咸取则焉。夫以首创者难为功，因循者易为力，自左氏之后，未有体制，而司马公补立纪传规模，别为书表题目。……其间礼、乐、刑、政，君举必书，福善祸淫，用垂炯诫，事广而文局，词质而理畅，斯亦尽美矣。

这里比较具体地说明司马迁对他以前的史学的继承和创造。他继承了古代编史的方式，创造了新的体制，成为后世历代写史遵循不易的准则。他继承了《春秋》寓褒贬的方法，而易以新的尺度，成为后代史学家取法的根据。他继承了《春秋》垂训来世的精神,把《史记》写成作为人们学习和为人处世的教科书。郑樵《通志·序》说:

> 司马氏世司典籍,工于制作,故能上稽仲尼之意,会《诗》、《书》、《左传》、《国语》、《世本》、《战国策》、《楚汉春秋》之言,通黄帝、尧、舜至于秦、汉之世,勒成一书,分为五体……使百代而下,史官不能易其法,学者不能舍其书。六经之后,惟有此作。

也指出司马迁对以前史学传统的继承,和在前人的基础上自己的发展和创造。对他的成就,作了充分的肯定和评价。

在文学方面,司马迁吸取了《诗经》和《楚辞》的创作方法和精神,并发扬光大。他在《史记》中曾多次称述《诗经》的写作动机、意义和作用。在《自序》中说:"夫《诗》《书》隐约者,欲遂其志之思也。"说明诗的产生,是诗人意有所郁结的结果。又说:"《诗》三百篇,大抵贤圣发愤之所为作也。"说明诗的创作是作者发愤以抒情。《十二诸侯年表序》说:"周道缺,诗人本之衽席,《关雎》作。仁义陵迟,《鹿鸣》刺焉。"直接道出社会动乱是诗的讽刺特征产生的基础。《司马相如列传赞》云:"《大雅》言王公大人而德逮黎庶,《小雅》讥小己之得失,其流及上。所以言虽外殊,其合德一也。"认为诗有讽谏作用。司马迁称述《诗经》这些写作动机、意义和作用,也就是他自己在这些方面对《诗经》的吸取和继承。诗人的发愤作诗,讥刺社会,讽谏意义等,正是司马迁所继承和发展的。

司马迁对《离骚》也是推崇备至,赞不绝口的。他在《屈原贾生列传》中对《离骚》的产生,《离骚》的内容、意义和讽谏作用等,作了全面的论述。其观点和对《诗经》的看法完全一致。他正面评价《离骚》说：

> 《国风》好色而不淫，《小雅》怨诽而不乱。若《离骚》者，可谓兼之矣。……其文约，其辞微，其志洁，其行廉，其称文小而其指极大，举类迩而见义远。其志洁，故其称物芳。其行廉，故死而不容自疏。濯淖污泥之中，蝉蜕于浊秽，以浮游尘埃之外，不获世之滋垢，皭然泥而不滓者也。推此志也，虽与日月争光可也。

这不但赞扬了《离骚》的风格，而且赞扬了《离骚》的写作特点和精神。他对《离骚》的产生、意义和讽谏作用的描写，都包含着自己的写作感受在内。对《离骚》的赞扬，也包含着自己的血泪。是《离骚》精神感召着他，并在他的著作中闪烁着思想艺术的光辉。茅坤《史记钞·序》说："太史公所为《史记》百三十篇……指次古今，出风入骚。"即指出它对《诗经》和《楚辞》的继承关系。又《史记钞·读史法》说："屈宋以来，浑浑噩噩，如长川大谷，探之不穷，揽之不竭，蕴藉百家，包括万代者，司马子长之文也。"又指出他对屈宋文章的创造和发展。

《史记》是我国古代光辉灿烂文化孕育而成的。司马迁撰述的目的是"究天人之际，通古今之变"。即记述了从远古到秦汉，特别是秦汉时期的历史事实和社会生活，完成了划时代的信史和史诗。司马迁的意向是"述往事，思来者"。章学诚评云："撰述欲其圆而神……神以知来。""撰述欲来者之兴起……知来拟神也。"（《文史通义》内篇一《书教》下）"体圆"谓富于变化，不拘一格，"神"谓精神，即他不但生动形象地总结历史经验，而且希望后来者从其中吸取有益的借鉴，重要者在寄希望于未来！

[附录]

司马迁"究天人之际"的哲学观点在其文学著述中的体现

最近读《史记》，未尝不废书而叹，深感司马迁留给我们的精神遗产的深刻、丰富，它像一座宝库，使我们取之不尽，用之不竭。仅以他提出的写作主张"究天人之际"而论，历来人们都从不同的角度加以探讨，见仁见智，各具卓识，但仔细琢磨、玩味，还有不曾被人们认识到的新的意思。我同意有的同志的意见，即司马迁这句话表现了他的哲学观点，他提出了一个主观和客观的关系问题，提出了人和环境(包括自然环境和社会环境)、人在历史发展中的作用问题，并且要探讨这个问题。但是同志们在论述这一问题时，往往以《天官书》、《律书》和《自序》为例证加以解释，而未能从人物传记描写方面来论述，而这却是《史记》内容的中心。我认为司马迁这一哲学观点具体地渗透到对人物传记的描写上，具体地体现在对人物的塑造上。因此，本文想结合司马迁的文学描写，探讨一下他"究天人之际"的意义。

首先，在"天"与"人"的关系上，司马迁认为究竟人起积极作用，还是只是消极的对之无可奈何？从他的具体描写看，他的认识是前者而不是后者。他们描写的是以人的社会活动为基本内容，他的著述体例如十二本纪、三十世家、七十列传，即以人物活动为中心。梁启超指出："其最异于前史者一事，曰以人物为本位。"(《中国历史研究法》)即说明他在这方面的突出成就。尽管他对人物活动的描写,包含有以帝王将相为主体的历史观,但他确是看到了人在社会生活、历史发展过程中的重要作用。他笔下的人物对他们所处的特殊环境都不是消极被动的,而是产生着积极、重要的影响。如他写商鞅为秦国变法,促进了秦国政治、经济、军事的大发展,造成了"道不拾遗,山无盗贼,家给人足。民勇于公战,怯于私斗,乡邑大治"(《商君列传》)的局面。写李斯以帝王之术说秦王,使秦富国强兵,二十余年,竟并天下。写萧何和曹参辅助刘邦定天下,一个重在文治,一个重在武功,为汉朝的建立立下了不朽的功勋,他们的功绩,百姓歌颂说:"萧何为法,颟若画一;曹参代之,守而无失。载其清净,民以宁一。"(《曹相国世家》)为人们创造了一个休养生息的社会环境。他还写了信陵君一身系魏国的安危,廉颇、蔺相如二人系赵国的存亡等,并明确地提出"安危在出令,存亡在所任"(《楚元王世家》)的见解。这都说明司马迁重视人在社会生活中的作用,强调人在历史环境中是一种积极因素。更明显的是他写了陈涉在灭秦事业中的功绩,并指出:"秦失其政,而陈涉发迹,诸侯作难,风起云蒸,卒亡秦族。天下之端,自涉发难。"(《自序》)认为陈涉的活动开辟了一个历史新时期。司马迁把人在社会生活中的作用,提到如此高的程度,是他以前的作家所不曾做到的。

其次,司马迁从对"天"与"人"的关系认识出发,从强调"人"在历史环境中的重要作用出发,他笔下的一些主要人物都是不屈服于环境,并和社会、历史环境作顽强斗争的。他的这种意识也渗透到他自己的思想行动中来。身受腐刑,是封建刑法下的牺牲者,但他并未自杀,而"隐忍苟活",为什么呢?"恨私心有所不尽,是以就极刑而无愠色"。他要"述往事,思来者",让将来的人们从自己忠而被刑的遭遇中吸取教训。《报任安书》简直是一篇对汉武帝残暴统治的控诉书！抒发了自己的悲伤、愤慨和不屈的反抗精神。在《伯夷列传》中，他虽然未写伯夷、叔齐多少具体事迹，却传达出了他们那种高尚的情操，前人所谓“以伯夷居于列传之首，重清节也”（林炯《古今源流至论》后集卷九《史学》）。在那种是非颠倒，善恶不分的社会中，伯夷叔齐不食周粟，宁肯饿死于首阳山上，以示不屈。在《屈原列传》中，他记述了屈原为实现自己的政治主张与楚怀王作坚决的斗争。但是在那“王听之不聪也，谗谄之蔽明也，邪曲之害公也，方正之不容也”的历史条件下，他的政治主张如何能实现！他遭谗被谤，忧愁幽思，作《离骚》以明志，并最后怀沙沉江，身殉自己的理想。在司马迁之前，孔子并没有一个完整具体的形象，也没有如此崇高的地位，自司马迁写《孔子世家》开始，孔子才作为一个有政治理想的一代哲人的形象出现。他为了推行自己的政治主张而游说诸侯，但却到处碰壁，并终于失败了。政治上的失败，他力图用著述来挽回。他删《诗》，序《易》，修《书传》，正《雅》《颂》，著《春秋》，意在通过著述达到对当时社会拨乱反正的目的。司马迁赞扬了孔子一生与时世不苟合取容的精神。司马迁还为一个并未建立王朝，但在特定历史环境中起重要作用的项羽立“本纪”。他写项羽的一生是奋斗的一生，英勇不屈的一生。从斩殷通起义，到钜鹿大战，到推翻秦王朝，到楚、汉战争，他“身七十余战，所当者破，所击者服，未尝败北”。左冲右突，“欲以力征经营天下”，即要用武力创立一个历史新时代。最后，终于被困垓下，但他至死对自己一生的作为毫不悔悟。司马迁所写另一个与项羽的行迹相似的人物是李广。李广是汉朝的一员名将，为了保卫汉家天下，自结发与匈奴大小七十余战，立下汗马功劳，却得不到任何封赏。司马迁写出了造成他一生悲剧的原因是汉武帝认为他“数奇”和卫青对他的政治陷害。面对统治阶级的诬陷，他引刀自刭，以示反抗。司马迁所描写的这些人物，都是与他们各自的环境作斗争并坚决不屈的。这些描写与他对“天”与“人”的关系的认识密切相关，是他的这一哲学观点的反映。如上所述，他是把“人”作为自然、社会环境中的积极因素看待的，认为“人”在社会发展中起重要作用，因此在他笔下特别突出了“人”对历史环境不屈的斗争精神。

最后，我们还应该看到，司马迁不仅写出了“人”在社会历史中的积极作用，而且写出了“天”对“人”的约束力，即自然、社会历史对“人”的约束力。他写出了一个人无论发挥多大的顽强斗争精神，都不能超越特定的社会环境、违背历史发展的趋势。他在自己的著述中经常强调“自然之势”，“物之理也”。他笔下的人物如项羽，他失败后，感叹说：“此天亡我也，非战之罪。”即说明自己的可悲下场是自然、历史条件造成的。又如刘邦，他的德行、能力都不如古代的帝王，为什么“受命若斯之亟也”？司马迁解释说：“岂非天哉，岂非天哉！”也说明是历史发展促成的。司马迁对“天道”不满意，但他所写的伯夷、叔齐的行径却不能违背这种“天道”。他写李广一生不得意，原因是“不遇时”，是时代使然。他批评魏其侯“不知时变”（《魏其武安侯列传》），不了解乘时变化的道理，一定要逆形势而动。在《刺客列传》中，他共写了五个刺客，其中四个行刺都成功了，只有荆轲失败了。为什么呢？因为燕太子丹欲荆轲“诚得劫秦王，使悉反诸侯侵地，若曹沫之与齐桓公，则大善矣；则不可，因而刺杀之”。即令荆轲用曹沫挟持齐桓公的办法对待秦王，可是形势变了，仍用旧办法怎么成呢？此其所以败也。司马迁又在《魏世家》赞语中说：“说者皆曰魏以不用信陵君故，国削弱至于亡，余以为不然。天方令秦平海内，其业未成，魏虽得阿衡之佐，曷益乎？”他既肯定信陵君对魏存亡的重要作用，又指出秦灭六国是历史发展的必然，信陵君个人是不能逆转的。

司马迁具体描写了社会、历史环境的发展和变化，同时描写了人物在这一环境中的积极作用，人物的行动若符合客观形势的发展，在一定程度上能够改进环境、推动历史的发展。他还描写了自然、社会、历史自有其发展过程，它最终决定着人物的思想行动，人物的行动不可能超出社会、历史的发展条件而取得成功，天道运行，乃“四时之大顺，不可失也”，“顺之者昌，逆之者不死则亡。”（《自序》）他笔下许多人物的悲剧根源即在于此。这是司马迁“究天人之际”的哲学观点的具体体现，其中包含着朴素的辩证唯物主义思想。司马迁用这种哲学观点为指导进行写作，所以使他的巨著《史记》能取得如此高的成就，在史学、文学领域大放异彩！

对《李将军列传》的几点认识

司马迁是伟大的历史家并文学家。作为历史家的司马迁，是把人的社会活动看作历史的基本内容，一定阶级的代表人物的活动，更与历史有密切的关系。司马迁即通过写这些人物，特别是写一些有代表性的人物的身世和社会活动来反映历史。作为文学家的司马迁，是把人作为描写的主要对象，文学必须借助人，才能表现一定时期的社会生活。人是社会关系的总和。只有通过人才能揭示出社会的本质和复杂的阶级关系。司马迁通过描写人的思想、言行、感情、精神，来反映当时社会的矛盾、斗争和变化。他用一部以人物为中心的史传巨著，完成了历史与文学所赋予他的崇高使命。

在司马迁所写的众多人物中，《李将军列传》中的李广是写得极其完整、丰富、具有真挚感情的。

那么我们怎样看待这个人物呢？司马迁为李广立传的意图是什么？他在《自序》中说：

> 勇于当敌，仁爱士卒，号令不烦，师徒乡之。作《李将军列传》。

可见他的目的在记述李广在治军方面的才能。同样，他在本篇传记的赞语中说：

> 《传》曰"其身正，不令而行；其身不正，虽令不从。"其李将军之谓也？

也主要是从军事才能方面赞扬李广的，诚然，这是本篇传记所写的重要内容，也是李广这员良将所具有的鲜明特征。司马迁写李广治军的思想是简易和省约文书，如：

> 广行无部伍行阵，就善水草屯，舍止人人自便，不击刀斗以自卫，莫府省约文书籍事。

并且把他和程不识治军之谨于文法作对比，然后插叙说："是时汉边郡李广、程不识皆为名将，然匈奴畏李广之略，士卒亦多乐从李广而苦程不识。"表明了自己对两种治军方法的取舍态度。李广这种简易治军的思想基础，在于他惠爱士卒，能深得军心，因此士卒皆乐为其所用。司马迁记述说：

> 广之将兵，乏绝之处，见水，士卒不尽饮，广不近水，士卒不尽食，广不尝食。宽缓不苛，士以此爱乐为用。

而且他肯于为部下承担责任，当军迷失道，误了会师的期约，卫青责令其幕府人员受审时，他亲自去质对说："诸校尉无罪，乃我自失道。吾今自上簿。"

对枉加之罪，能锐身自任，为士卒开脱。士卒皆深受感动。司马迁在记述李广这些行迹时充满了赞美之情。实际上其中也包含着他自己的政治观点。司马迁是主张宽缓治国，反对严刑峻法的。他在《循吏列传》中说："奉职循理，亦可以为治，何必威严哉！"并赞扬孙叔敖"三月为楚相，施教导民，上下和合，世俗盛美，政缓禁止，吏无奸邪，盗贼不起"。在《吕后本纪》的赞语中说："孝惠皇帝、高后之时，黎民得离战国之苦，君臣俱欲休息乎无为，故惠帝垂拱，高后女主称制，政不出房户。天下晏然。刑罚罕用，罪人是希。民务稼穑，衣食滋殖。"称誉惠帝、高后时实行与民休息无为的政绩。相反，在《酷吏列传》中开宗明义即指出："法令者治之具，而非制治清浊之源也。”这些政治观点与李广治军的方法完全是一致的,所以他赞扬李广,同时也抒发了自己的政治理想。

与此紧密相关,司马迁还写了李广在军事方面的果敢和才略,并特别突出了李广的善射,“广家世世受射”,因为善骑射,杀首虏多,得为汉中郎。他“为人长,猨臂”,“与人居则画地为军阵,射阔狭以饮。专以射为戏,竟死。”善射这一特长贯穿于他生活的每个领域之中。他“见草中石,以为虎而射之,中石没镞”。箭能穿石,亦见其筋力之强,箭术之高。其“所居郡闻有虎,尝自射之。及居右北平射虎。……竟射杀之”。他多次与虎搏斗,为虎所伤,也在所不辞。司马迁概括地叙述他的箭法说:

> 其射,见敌急,非在数十步之内,度不中不发,发即应弦而倒。

这种临阵近攻的战术,一方面杀敌能够奏效,另一方面也容易为敌人所困辱。李广一生“与匈奴大小七十余战”,都是采用这种战术,其得、失亦如上述。

司马迁笔下李广的骁勇、才略,都在他率领少数士卒深入敌境,施展智谋,战胜敌人,保全了自己方面表现出来。李广并不是一员横冲直撞的猛士,而是一位能根据敌、我不同的具体情况摆阵势、订策略的良将。如他曾率百骑追赶并擒杀了三个匈奴射雕的能手,之后,遇到匈奴数千骑劲旅,士卒都大为恐惧,要往回跑。怎么办？司马迁有这样一段描写:

> 广曰:“吾去大军数十里,今如此以百骑走,匈奴追射我立尽。今我留,匈奴必以我为大军诱之,必不敢击我。”广令诸骑曰:“前!”前未到匈奴陈二里所,止,令曰:“皆下马解鞍!”其骑曰:“虏多且近,即有急,奈何?”广曰:“彼虏以我为走,今皆

解鞍以示不走,用坚其意。”于是胡骑遂不敢击。有白马将出护其兵,李广上马与十余骑奔射杀胡白马将,而复还至其骑中,解鞍,令士皆纵马卧。是时会暮,胡兵终怪之,不敢击。夜半时,胡兵亦以为汉有伏军于旁,欲夜取之,胡皆引兵而去。

李广对敌、我情况进行了冷静的分析,采取了相应的策略,以百骑当数千骑,取得了这次战斗的胜利。在出雁门山与匈奴的一场战争中,李广军败,被生擒。司马迁有这样一段描写:

胡骑得广,广时伤病,置广两马间,络而盛卧广。行十余里,广详死,睨其旁有一胡儿骑善马,广暂腾而上胡儿马,因推堕儿,取其弓,鞭马南驰数十里,复得其余军,因引而入塞。匈奴捕者骑数百追之,广行取胡儿弓,射杀追骑,以故得脱。

李广以超人的胆略、骁捷的行动,逃脱了敌人的网络,在某种意义上也是一种胜利。在与博望侯张骞共同出击匈奴的一次战役中,他被左贤王所将之四万骑包围。为了稳定军心,他“使其子敢往驰之。敢独与数十骑驰,直贯胡骑,出其左右而还,告广曰:‘胡虏易与耳。’军士乃安”。根据被围困的具体形势,他另是一种布阵和战斗的方式:

广为圆陈外向,胡急击之,矢下如雨。汉兵死者过半,汉矢且尽。广乃令士持满毋发,而广身自以大黄射其裨将,杀数人,胡虏益解。……军中自是服其勇也。明日,复力战,而博望侯军亦至,匈奴军乃解去。

为“圆陈外向”,以抵挡敌人的包围,用大黄弩射杀其裨将,以使敌人丧胆。他的战略战术是根据形势的不同而灵活多变的。

李广在出塞作战时,无论情况多么危急、艰难,他都毫无顾及而肯于承担重任。他随卫青出击匈奴，即请求说："臣结发而与匈奴战，今乃一得当单于，臣愿居前，先死单于。"可见他与汉代那些"全躯保妻子之臣"不同，而是"常思奋不顾身以徇国家之急"、"出万死不顾一生之计，赴公家之难。"(《汉书·司马迁传》)用生命报效国家的"国士"。

司马迁描写了李广这样一个勇敢有才略，仁爱士卒，士卒亦乐为其用，为保卫汉家天下立下汗马功劳的人物，但是这个人物不但不被汉代统治者所重用和封赏，反而走向自刭的道路。这是为什么？这是司马迁在本篇传记中所提出的问题。司马迁思想之敏锐、深刻，不在于他对自己所提出的问题的正面解释上，而在于他对事实的具体记述之中。他的正面解释可能是错误的，但他的具体记述却真实地说明了李广一生不幸产生的原委。

传记开篇即记载当文帝时，李广为郎官，文帝见了他说：

> 惜乎，子不遇时！如令子当高帝时，万户侯岂足道哉！

这句话暗含着司马迁自己对李广终生不遇的解释。用"不遇时"三字形容李广，并不科学，但却透露了文、景以后，特别是汉武帝时代政治腐朽，不善于用人的事实。这句话是全篇传记的纲，是中心线索。司马迁即围绕这一中心记述李广屡建战功，却得不到任何封赏，最后竟被迫自杀的悲剧结局的。

景帝当国，李广以骁骑都尉"从太尉亚夫击吴、楚军，取旗，显功名昌邑下。以梁王授广将军印，还，赏不行。"

武帝即位，李广以卫尉为将军，出雁门击匈奴，匈奴兵多，为其生擒，旋夺得胡儿马逃归，"汉下广吏。吏当广所失亡多，为虏所生得，当斩，赎为庶人。"

元朔六年，李广以后将军，从属于大将军卫青，出定襄击匈奴，

"诸将多中首虏率,以功为侯者,而广军无功。"

元狩二年,李广以郎中令与博望侯张骞共同出击匈奴,敌、我双方兵力相差悬殊,战斗激烈,"吏士皆无人色,而广意气自如,益治军。"匈奴军终不能胜,而"广军功自如,无赏。"

司马迁就是这样具体地记述了李广与匈奴英勇战斗而得不到封赏的原因。之后,叙述了一笔李广的从弟李蔡的晋升过程:"景帝时,蔡积功劳至二千石。孝武帝时,至代相。以元朔五年为轻车将军,从大将军击右贤王,有功中率,封为乐安侯。元狩二年中,代公孙弘为丞相。蔡为人在下中,名声出广下甚远,然广不得爵邑,官不过九卿,而蔡为列侯,位至三公。"而且"诸广之军吏及士卒或取封侯"。这些是非倒置的现象,不能不引起李广的怀疑,他曾和望气王朔私下谈论:

> 自汉击匈奴而广未尝不在其中,而诸部校尉以下,才能不及中人,然以击胡军功取侯者数十人,而广不为后人,然无尺寸之功以得封邑者,何也?岂吾相不当侯邪?且固命也?

李广并无希图封赐的思想,他为人廉洁,"得赏赐辄分其麾下,饮食与士共之。终广之身,为二千石四十余年,家无余财,终不言家产事。"可见他并不想追求什么功名富贵。这里是愤慨之言,是对其一生的不平之鸣。这也不能说明他相信天命,相反是他从一生不幸的遭遇中对天命产生了怀疑,对天命提出了质询。这当然也包含着司马迁自己的思想在。司马迁在《伯夷列传》中更明确地表现了这种思想。他针对伯夷、叔齐砥行立名而饿死的遭际,对历史和当时社会一切不平的现象提出质问:

> 或曰:"天道无亲,常与善人。"若伯夷、叔齐,可谓善人者非邪?积仁絜行如此而饿死!且七十子之徒,仲尼独荐颜

渊为好学。然回也屡空,糟糠不厌,而卒蚤夭。天之报施善人,其何如哉?盗蹠日杀不辜,肝人之肉,暴戾恣睢,聚党数千人横行天下,竟以寿终。是遵何德哉?此其尤大彰明较著者也。若至近世,操行不轨,专犯忌讳,而终身逸乐,富厚累世不绝。或择地而蹈之,时然后出言,行不由径,非公正不发愤,而遇祸灾者,不可胜数也。余甚惑焉,傥所谓天道,是邪非邪?

司马迁是相信天命的,在本篇传记中,他还提到李广"数奇",认为李广之不能封侯是上天对其杀已降的报应。李广与匈奴大小七十余战,最后还得听审、对质,"岂非天哉"?这与《项羽本纪》写项羽失败之后感叹说"此天亡我也"同调。但是,当他描写的人物的行迹有许多用天命解释不通时,又不能不对天命产生怀疑。天命观念、天人感应学说,是汉武帝用以巩固其统治的思想武器。而司马迁笔下的人物对天命的怀疑,其矛头正是针对汉武帝的。这恰是司马迁思想上最有价值的部分,也是他笔下的人物最具有思想光辉的部分。

司马迁写李广的不幸遭际,更明显的是在元狩四年。这一年,大将军卫青、骠骑将军霍去病出击匈奴,他屡次请行,要求居于前列,先死单于。然而——

天子以为老,弗许;良久乃许之,以为前将军。

并且暗中告戒卫青:

以为李广老,数奇,毋令当单于,恐不得所欲。

卫青找到了借口,欲趁此能立功的机会,私下成就公孙敖。司马迁在此画龙点睛地指出:

是时公孙敖新失侯，为中将军从大将军，大将军亦欲使敖。与俱当单于，故徙前将军广。

这就戳穿了卫青内心的秘密。卫青之所以偏袒公孙敖，是因为卫青在未受宠幸时，皇后因妒恨其姊而逮捕了他，欲置他于死地。“其友骑郎公孙敖与壮士往篡取之”，才得免一死。卫青为报救命之恩，成全了公孙敖，反而逼李广自杀了。李广亲自去卫青幕府听审，说：

广结发与匈奴大小七十余战，今幸从大将军出接单于兵，而大将军又从广部行回远，而又迷失道，岂非天哉！且广年六十余矣，不能复对刀笔之吏。

终于“引刀自刭”。可见李广并非不能建立功勋，更非命运不好，而是统治阶级迫害所致，是汉武帝和外戚陷害的结果。李广“终不能复对刀笔之吏”的誓言，包含着司马迁自己的隐痛。不仅在此，在其他篇章中也随处流露着。如《老子韩非列传》：“余独悲韩子为《说难》，而不能自脱耳。”又《孙子吴起列传》赞：“孙子筹策庞涓明矣，然不能早救患于被刑。”又《廉颇蔺相如列传》赞：“知死必勇，非死者难也，处死者难。”又《魏豹彭越列传》赞：“魏豹、彭越……怀畔逆之意，及败，不死而虏囚，身被刑戮，何哉？中材以上，且羞其行，况王者乎！彼无异故，智略绝人，独患无身耳。”等等，不胜枚举。那么，这里对李广的描写，李广之耻对刀笔吏，简直是他自己感情的倾泻了。

司马迁完成了对李广的描写。从他“原始察终”的历史观点看，他记述了李广一生行迹的全过程，通过李广这个人物考察了文帝和景帝、特别是武帝时代的历史，剖析了汉代所谓盛世的政治情况。从他“发愤著书”的文学观点看，司马迁从李广的政治悲剧中感受到自己的遭遇，产生了共鸣，在李广身上倾注着自己的血泪，对汉代的统治提出了控诉！这就是作为历史家和文学家的司马迁在描写李广这个人物时所体现的意义和精神！